CCTV 12 社会与法

法律讲堂 生活版

U0963531

罪爱

姜志强律师解密伦理疑案20例

姜志强◎著

中国出版集团公司
中国民主法制出版社
全国百佳图书出版单位

2014·北京

图书在版编目（CIP）数据

罪爱：姜志强律师解密伦理疑案20例/姜志强著. —北京：中国民主法制出版社，2014.9

ISBN 978-7-5162-0580-8

Ⅰ. ①罪… Ⅱ. ①姜… Ⅲ. ①法伦理学—案例—中国

Ⅳ. ①D90-053

中国版本图书馆CIP数据核字（2014）第197765号

图书出品人：肖启明

图 书 策 划：刘海涛

责 任 编 辑：石　松　董　理

书名/罪爱——姜志强律师解密伦理疑案20例

作者/姜志强　著

出版·发行/中国民主法制出版社

地址/北京市丰台区玉林里7号（100069）

电话/63055259（总编室）　63057714（发行部）

传真/63055259

http：//www.npcpub.com

E-mail：mzfz@npcpub.com

经销/新华书店

开本/16开　710毫米×1000毫米

印张/14　**字数/**177千字

版本/2014年9月第1版　2014年9月第1次印刷

印刷/河北省永清县金鑫印刷有限公司

书号/ISBN 978-7-5162-0580-8

定价/29.00元

序

不要让罪与罚成为爱的“救赎”

最近两年，在央视《法律讲堂》《热线12》等很多法治栏目中，你总能看到一张包拯般黝黑的面庞，与之相伴的是略显夸张的手势、滔滔不绝的言词……而这个人关于法律问题的点评和解读，更是常见于报端刊首，甚至电台的广播中。

他，就是姜志强，一名职业律师。老姜算是律师界曝光率较高的人物了。但他高调亮相的背后，却不是虚荣自大、沽名钓誉。相反，他为人谦逊，一向好学。而这也是老姜最令我欣赏的优点。

老姜出书了，可喜可贺！

对于熟悉他的人来说，这并不意外。扎实的法律专业知识，丰富的司法实践经验，再加上多年职业律师生涯的积淀，他腹中的案例自然不会少。而能言善辩的老姜，讲起案例来环环相扣，悬念丛生，相信不会让读者失望。

只是当我看到书稿时，还是略感意外。本以为他选择的案例会是震惊中外的大案要案，没想到却是我们生活当中关于伦理问题的“小案子”。我不是学法律出身，却阴错阳差做了十多年法治节目的记者。站在大众传播的角度，我更愿意把很多法律问题当成社会问题来看。大案要案的报道固然夺人眼球，但对于普通人来说，多半会沦为茶余饭后的谈资。而发生在我们身边的“小案子”，虽然感觉有些鸡毛蒜皮，却能给读者切身的警醒和启示。

谈到罪与爱，我觉得关乎伦理的小案子恰恰可以诠释其中的纠结和真谛。“爱与恨”向来是人类永恒的主题，身边人的爱恨情仇就更容易和我们产生共鸣；“罪与罚”作为法律规范的底线，周围人的功过是非则更容易引起我们的关注。我想，这正是本书的书名——《罪爱》独具匠心之处，也是老姜选择

“伦理疑案”来写的一个初衷吧。可见，一本书不需要写得惊天地、泣鬼神，能够让人读着有意思，读着有意义，点滴积累，就能彰显水滴石穿的力量。

可“读着有意思，读着有意义”这十个字写起来容易，真要做到却很困难，特别是写一本关于法律的书。曾几何时，很多法治栏目都会把大段的法律条款直接搬上电视屏幕。而如今普法早已不再是简单机械的告知，更多的是要探讨法律背后的理性思辨，表现情与法的矛盾纠结。因此，那些“情有可原，法不可恕”的案例越来越多地被挖掘、被呈现。

老姜的这本《罪爱》精心挑选了他在《法律讲堂》主讲的20个精彩案例，情爱百转千回，法理耐人寻味。这20个案例，你可以读得很快，因为每个的可读性都很强，都有强烈的悬念吸引着你一气呵成把它读完。当然，你也可以读得很慢，因为案例虽然说的是别人，却能映照出自己，折射出当下人的生活与思考。七情六欲，人皆有之。如果你爱过，也恨过，那么仔细品味，就会咂摸出人生百味。

读过之后，你就会发现，案例里的主人公离你我如此之近。他们都是普通人，都曾经被“爱”所包围。只不过，有人爱得累了，有人爱得痛了，也有人爱得恨了……看完这20个案例，也许我们会更明白什么才是真正的“爱”。而终有一天，这些爱恨情仇会被时间裹挟，变成历史，留给后人评说。在我看来，能把案例当成段子来讲，是一种能力；而能把案例当成历史来讲，就是一种责任了。后者，老姜做到了。

倘若这篇序能对老姜和这本书有所帮助，我想不是因为我这番粗浅而胆大的“解读”。要知道，当读者读完本书之后，自然会对“罪爱”有更加深刻的理解和把握。而我能做的仅仅是祝福：祝老姜今后的事业和生活一帆风顺！祝读者朋友们心想事成！也祝那些纠缠在爱与恨、罪与罚漩涡中的人们，能够清醒地看清别人、认识自己！最后，希望像姜志强律师一样用实际行动来点滴记录中国法治进程的人越来越多！

中央电视台《今日说法》栏目首席记者　马洪涛

目　录

CONTENTS

爱情买卖

关键词　收买被拐卖的妇女罪　可以不追究刑事责任的情形

2011年6月的一个深夜，因为顾大鹏娶亲而喧闹了一天的村子终于安静了下来，人们都进入了熟睡中。然而，就在这时，从新房中却传来了新娘柳眉惊恐的尖叫："啊！你是谁?！你想干什么?！"接着还传来了激烈的厮打声和砸碎东西的声音。

在这洞房花烛夜里，到底发生了什么恐怖的事呢？

当天一早，新娘柳眉就蒙着大红盖头，坐着花轿，来到顾家，跟新郎顾大鹏举行了一场盛大的中式婚礼。到了晚上，坐在婚床上的柳眉，依然蒙着那个大红盖头，甜滋滋地等着心爱的人——顾大鹏来掀盖头。这盖头她已经小心翼翼地顶了一天，没敢叫任何人碰。因为一早给她蒙上盖头的喜娘再三叮嘱，除了新郎，不许任何人动盖头，否则就不吉利。

然而，夜已经很深了，却迟迟不见顾大鹏现身，柳眉不由得有些着急。就在这时，柳眉听到新房门"吱"响了一下，立刻心中一喜，想着："顾大鹏总算来掀我的盖头了。"果然，柳眉的盖头被慢慢掀了起来。柳眉也羞答答地抬起眼向自己盼望已久的新郎望去。

然而，当柳眉看到新郎的脸时，突然发出了一声撕心裂肺的尖叫"啊！"就像是看见了异常可怕的东西似的。那么，柳眉到底看见了什么？

原来，就在盖头被掀起的那一刻，柳眉看到的不是新郎顾大鹏那张清秀温和的脸，而是一个陌生男人喷着酒气的通红的丑脸。而那个男人闷声不吭，上来就把柳眉往床上推，意图不轨。柳眉又惊又怕，一边挣扎一边尖叫：

“你是谁?！你想干什么?！”说着两个人就厮打了起来，柳眉顺手拿起茶壶向那个男人头上狠命砸去。“啪”伴随着茶壶的破碎声，那个男人捂着头踉跄地倒在了地上。柳眉这才发现，那个男人的一条腿是跛的。

这时，顾大鹏的父母也冲进了新房。柳眉一看到自己的公公婆婆，就像是看到了救星，赶紧向他们跑去，想向他们哭诉自己这可怕的遭遇，得到他们的保护和安慰。

然而，更匪夷所思的怪事发生了！

柳眉的公公婆婆对于受害的儿媳根本不理睬，而是直接奔到了那个半夜闯进新房施暴的陌生男人身边，又是揉，又是搀，还一脸心疼的表情。

自己的公婆为什么会这样对待一个伤害自己的男人？这个一身酒气的跛腿丑男人究竟是谁？新郎顾大鹏又到哪里去了？为什么总是不见他？……

柳眉想到这些，完全慌了。她觉得眼前发生的这一切既诡异又可怕。她忙不迭地问公婆：“这个男人是谁？是谁呀?”

柳眉的公婆闻言转过头来，生气地对她说：“你还好意思问这个男人是谁！今天全村的人都看到了，你跟他拜的天地。他就是你的新郎、我们的独生子顾大鹏呀！”

柳眉一听这话，脑子“嗡”的一下，立刻天旋地转。她瞪大眼睛喊道：“这不可能！不可能！！他绝对不是顾大鹏，我的新郎不是他！”

自己的公公婆婆都说这个男人就是新郎顾大鹏，村民们也看到了柳眉跟这个男人拜天地。为什么柳眉现在却一口咬定这个男人绝对不是自己的新郎？这中间究竟发生了什么？

一切还得从头说起……

柳眉的娘家在外省一个偏远的农村。由于村里比较穷，人们都纷纷把女儿嫁到外地，盼着她们能过上好日子。一来二去，便有越来越多的外地人来村子里相亲。

就在一个月前，邻居张大婶也带人来柳眉家相亲。相亲的小伙儿名叫顾大鹏，是家里的独生子，陪他一起来的是他的父亲顾老爹。据张大婶说，她自己的闺女就是嫁到了顾家的邻村。那一带又养人又聚财，家家户户日子过得都很滋润。而顾老爹听说张大婶的闺女贤惠温顺、孝敬老人，便也想来这里娶个姑娘回去。于是就找到了张大婶，央求她给做个媒。

在仔细问过顾家父子的情况后，柳眉的爸妈觉得这是真心想娶自己闺女回家过日子的人，而且家境不错，更为重要的是顾大鹏相貌清秀，性情温和，很招人喜欢。不过，他们并没有立刻答应这门亲事，因为光他们中意不算，要柳眉中意才行。

柳眉是村里出了名的漂亮姑娘，但脾气倔，性子烈。她家里已经来过十几拨相亲的，柳眉硬是一个没看上，全给回绝了。她发誓，一定要找个自己中意的。柳眉的父母也拗不过她。

那么，这个顾大鹏，柳眉会中意吗?

对于顾大鹏，柳眉不仅中意，简直就是一见钟情。而顾大鹏也非常喜欢柳眉。两个人很快就陷入了热恋，一天到晚形影不离，非常甜蜜。柳眉的父母一看这情形，高兴地答应了顾家的亲事。而顾老爹也很爽快地给了柳家5万元作为彩礼。三周后，顾大鹏顺顺当当地把柳眉从娘家娶了出来。

一到顾家所在的村子，顾大鹏的父母就把柳眉安排在顾大鹏的小姨家暂住，并告诉柳眉当地都是先办婚礼后领证，让柳眉就在这儿等着顾家的花轿三天后把她风风光光地抬进大门，而这三天，按照风俗，她跟顾大鹏就不能再碰面了。

柳眉跟顾大鹏正处在一日不见如隔三秋的热恋阶段。这三天，柳眉度日如年，就盼着两人洞房里早点相见。可是在新婚之夜，盖头一掀，柳眉却发现眼前是一个陌生的跛脚丑男人，而她的公公婆婆却说这个男人就是他们的独生子、新郎顾大鹏。

对于眼前发生的一切，柳眉觉得简直不可思议，她疑惑不安地连声追问：如果这个男人是顾大鹏的话，那么当初那个把自己从娘家娶出来的顾大鹏又是谁?而顾老爹却一口咬定说，他只有一个儿子，就是眼前这个顾大鹏。当初去柳家就是给这个顾大鹏娶老婆。现在，柳家把他的彩礼也收了，村里人也都看到柳眉跟这个顾大鹏拜过了天地。所以，你柳眉就必须给这个顾大鹏当媳妇。

听到这话，柳眉觉得自己要疯了。难道当初那个顾大鹏是自己的幻觉吗？根本就不曾存在过？柳眉找不到答案，因为那个顾大鹏就像人间蒸发了一样消失得无影无踪，而顾家也早已切断了她跟外界的一切联系。柳眉叫天天不应，叫地地不灵。

然而，性格刚烈的柳眉断不肯就这样屈服了。每次，顾大鹏想跟她圆房时，她都拼命反抗。顾大鹏腿跛、个儿也小，架不住柳眉跟他这样拼命，所以每回都头破血流地败下阵来，只得到别的房去睡。一个月过去了，顾大鹏都没能得逞。

顾老爹夫妇见儿子这副惨样，又心疼又没辙。顾老太还直怨顾老爹说："你不总说张大婶的闺女嫁来以后多温顺吗？怎么一个村出来的，咱家就摊上这么一个火爆刚烈的主儿。看把咱儿子给打的。你还给了柳家5万元彩礼，真是花钱买罪受！"顾老爹也恼得直冲儿子嚷："你要是再制服不了你媳妇，就赶紧把她送回娘家，把彩礼钱要回来，免得什么都落不下，还整天鸡飞狗跳的。"顾大鹏听了这话，气恨恨地说："就冲她对我下手那个狠，我就是把她卖了，也不会送她回娘家。"

这之后，顾大鹏动不动就拿要卖柳眉的话逼柳眉从了自己，却回回都被柳眉硬生生地顶了回去。柳眉愤恨地说，自己是宁肯死，也不会从的。

一天半夜，柳眉一个人在新房睡得正熟，突然听到窗户"啪"地响了一声，她一下就惊醒了。黑暗中，柳眉看见有两个粗壮的男人站在自己的床头。柳眉心想不好，刚要张口叫，就被他们塞住了嘴、蒙上了眼、反绑了起来。迷蒙中，柳眉感觉他们扛起了自己，离开了新房，向外面奔去。

他们是谁？是打劫的？还是帮顾大鹏收拾自己的？或者说，这该死的顾大鹏已经把自己卖给了他们，让他们继续折磨自己？柳眉越想越怕，越想越绝望，不知道在前面等着她的又是怎样不堪的一幕。

柳眉感觉没走多久，两个男人就把她扛进了一个屋子，然后把她放在椅子上，关上门走了。屋子里似乎早就有个人，因为她听到了那个人粗重的呼吸，可那个人却一声不吭。柳眉吓得浑身颤抖。

过了好一阵，柳眉听到那个人走上前来，解开了自己的蒙眼布。柳眉惊恐地睁开了眼。当她看见那个人的脸时，就像被雷劈了似的，完全僵住了。因为那个人竟然是——“顾大鹏”！

但是，眼前的这个“顾大鹏”不是这些天折磨她的那个跛脚丑男人，而是当初去她家相亲的那个清秀温和的小伙子。正是这个小伙子把她从家里娶了出来，又在新婚之夜消失不见。

看到他正一脸温柔、满眼心疼地瞅着自己，一个多月来孤身陷入绝境、受尽了折磨和惊吓的柳眉，此刻什么都来不及细想，只想躲进他的怀里大哭一场。小伙子把塞在柳眉嘴里的布刚拿走，柳眉就“哇”的一声哭了出来，边哭边急切地说：“快！我们快去公安局告他们！去告这帮坏蛋！”

然而，那个小伙子却不吭声。等柳眉情绪稍稍稳定下来，他才慢慢开口说：“我们不能去告他们。”柳眉吃惊地连问：“为什么？为什么呀？”小伙子沉默了片刻才说：“因为他们不是什么坏蛋，他们都是我的恩人。”

原来这个小伙子，真名叫姜山。姜山两岁的时候，父亲就死了，剩下孤儿寡母，日子过得异常艰难。幸亏同村有一户人家一直在帮衬着姜山母子，他们才熬了过来。而这户人家就是顾大鹏一家。

顾大鹏一家帮姜山母子也不是无缘无故。姜山的妈妈是顾大鹏母亲的一个远房小妹，而姜山算是顾大鹏的表弟了。尽管沾亲带故，顾家确实也对姜家有恩。所以，姜山一直把顾家视为恩人，总是想着什么时候能报答人家，就算吃再多的苦、受再多的累，他也愿意。

而这报答的“机会”终于来了。这“机会”不但不需要姜山吃苦受累，反而还是一桩轻松的美差。原来，姜山的表哥顾大鹏人丑、个儿矮，还因为小儿麻痹跛了一条腿，所以周边的姑娘都不肯嫁给他。眼看着儿子就要打一辈子光棍了，顾老爹老两口非常着急。后来，他俩听说邻村有一户人家从外地穷乡村娶了个媳妇回来，温顺贤惠，这会儿连孩子都怀上了，便也想去那个乡村给儿子娶个媳妇回来。可是，他们又怕如果顾大鹏去相亲，即使是外地穷乡村的姑娘也未必肯嫁。怎么办呢？想来想去，他们就想起了姜山。姜山一表人才，如果他能代替表哥顾大鹏去相亲，这亲事准成！

然而，姜山却拒绝了。他说："这么做可不成，迟早会露馅的。"顾老爹两口子却说："这一娶进门，那不就生米煮成熟饭了吗？这姑娘她就会认命，嫁鸡随鸡，嫁狗随狗嘛。再说了，这姑娘从穷乡村嫁到我们家，有吃有喝，还尽享福，她也不亏呀。"姜山的母亲也逼姜山答应，说那些年如果不是顾家，他们娘儿俩早饿死了。姜山如果连这点忙都不肯帮，真是没良心。

在重重压力下，姜山只好答应了这件事。他冒充表哥顾大鹏，跟着顾老爹去柳眉家相亲，并把柳眉顺利地娶了出来。随后，根据顾家的意思，姜山把柳眉安顿在自己家等候过门。把柳眉安顿好后，姜山就躲到外面去了。

为了怕柳眉发现此顾大鹏非彼顾大鹏，顾家借口是当地的规矩，让柳眉先办婚礼后领证，并且过门前不能再与新郎见面。结婚当天一早，顾家又安排喜娘给柳眉盖上大红盖头，并告诫她不可以让任何人碰，只能等晚上洞房时新郎来掀。柳眉就这样被蒙上盖头嫁错了人。而直到柳眉嫁入顾家，姜山才又溜回了自己家。

此时，柳眉总算明白了事情的经过。她心里一片冰凉，含着泪冷冷地看着姜山说："你既然跟顾大鹏合起伙来把我骗进顾家，为什么又把我弄出来？"姜山眼眶一湿，低声说："那是因为我爱你。"

原来姜山自从见到柳眉后，也喜欢上了她，那些对柳眉的好都是他发自内心的。好几次他都想对柳眉说出实情，但是，碍于顾家的恩情，他只能把一切隐瞒下来，咽下所有的内疚和憋屈。在忍着剧烈的心痛，把心爱的姑娘送进别人的洞房后，姜山一度还盼望柳眉能渐渐适应顾家，这样多少能减轻一点自己的愧疚和痛苦。可是，他从顾家那里听到的却是柳眉如何拼命地反抗。看到顾大鹏的伤，姜山想的却是柳眉又不知会被伤成什么样。一想到这儿，他的心疼得就要炸开了，但他不知道怎么才能把柳眉从困境中解救出来。

后来，顾大鹏有一次在酒后跟姜山说，他已经受不了柳眉这么玩儿命闹了。当初，他家给了柳眉家5万元彩礼。现在，谁要是给他5万元，他就把柳眉卖给谁。早就想救柳眉出来的姜山一听这话，立刻说自己愿意。回去后，姜山东拼西借，凑够了5万元，两天后就给顾家送来了。

被柳眉的事折腾得苦不堪言的顾家，一看到有人愿意接柳眉这个马蜂窝，也都同意了。但是，顾大鹏怕直接跟柳眉说这事，这个烈性的姑娘又要闹出什么事来。他就干脆找了两个壮汉，趁柳眉睡着，把她绑了，扛到姜山家里，算是安全交了“货”。

说到这里，姜山内疚地对柳眉说：“当初是我不好，我不该替表哥去相亲。但我也没办法，他们对我有恩哪。现在，我砸锅卖铁、倾家荡产，终于把你又给救回来了。我是真的爱你，我也知道你爱我。柳眉，让过去的不愉快都过去吧，我们就好好过日子，我会加倍补偿你、加倍对你好的。”看到柳眉满眼是泪，不言不语，姜山又说：“我不会难为你，你自己决定是否留在我身边。等你考虑好了，我们再结婚。如果你想走，我随时都可以送你回去。”

柳眉沉默了半晌，慢慢点了点头说：“我们一起好好过吧。不过，要先分房睡，我需要适应适应。”姜山一听，乐得心花怒放，忙说：“这没问题。都怪我不好，让你受了这么多惊吓。你就多休息休息，好好缓缓吧。”这之后的几天，姜山和姜妈妈对柳眉照顾得无微不至，而柳眉对姜山母子也非常温顺体贴。

这天，姜山下地干活去了，柳眉在家里帮着姜妈妈做晚饭。突然，院子大门被敲得“哐哐”山响，姜妈妈就让柳眉去看看。柳眉把大门刚一打开，立刻“啊”尖叫了一声，飞奔进自己的屋里，还把屋门从里面牢牢插上。

到底是谁来了呢？原来是顾大鹏。姜妈妈看到顾大鹏，也不由得一愣。虽说姜家和顾家是亲戚，可毕竟有柳眉的事在这儿，让两家的关系变得有些尴尬，最近便没什么来往了。而顾大鹏今天突然上门，到底想干什么呢？

只听顾大鹏说，自己今天来，就是想把柳眉带走，因为他又不想把柳眉卖给姜山了。说着，顾大鹏就把5万元钱拍在了桌子上，嚷道："姜山给我的这5万元，我都还给您了。柳眉我就领回去了。"

姜妈妈听了这话险些晕过去。她赶紧把钱推给顾大鹏说："这可使不得呀。柳眉是我们家的儿媳妇，我和姜山把她稀罕得都跟自己眼珠子似的。你怎么能说领走就领走呢？"两人正在推推搡搡的时候，姜山进门了。一听这事，姜山立刻跟顾大鹏急了，说什么都不让顾大鹏带柳眉走。

顾大鹏当初一心想把柳眉卖掉，现在为什么又不卖了，要把柳眉领回去呢？原来，顾大鹏不是不卖柳眉了，而是不想把柳眉卖给姜山了。因为有人愿意给他6万元买柳眉，这个价格比他当时卖给姜山的价整整高出了1万元。于是，财迷心窍的顾大鹏上门要柳眉来了。

姜家母子弄清了事情的缘由，便立刻去找顾老爹两口子理论，说是绝不同意这么做，顾家当初把柳眉骗过来就不对，现在又把柳眉卖来卖去，太过分了！看到姜家真生气了，自觉理亏的顾大鹏只好作罢，不敢再动这种歪心思了。

这件事之后，受了惊吓的姜家母子都觉得为了稳妥起见，还是早点办婚事好。柳眉也同意了。婚期定在两周后，姜家开始紧锣密鼓地准备。然而，眼看婚期临近，就在姜山觉得马上要苦尽甘来，跟柳眉过上幸福生活时，柳眉却失踪了！

难道是顾家反悔了，把柳眉又弄回去了？姜山赶紧跑到顾家，却看见顾家的大门前停着一辆警车，而警察正把顾大鹏往车上带。听周围的人说，柳眉跑到公安局报警，状告顾大鹏拐卖自己。

原来，知道真相的柳眉早对姜山彻底失望了，因为正是这个她信任和深爱的男人出卖了他们的爱情，让她饱受欺凌和折磨，生不如死。柳眉一心想赶紧逃离这个地方。虽然姜山说了，如果她想走，随时可以送她回去，但被姜山骗过一次的柳眉，再也不敢相信姜山的话了。为了能安全逃出来，柳眉装出温顺听话的样子，并借口要适应环境，坚持独住一屋。等姜家对她放下心来，趁着姜家筹备婚事的乱劲儿，她找了一个机会跑了，直奔当地的公安局报了案。

姜山一听是自己未来的媳妇告了自己的表哥，忙上去解释。没想到，他刚一表明身份，警察连他也抓了起来，说是柳眉把他也给告了。姜山一听急了，说："你们是不是搞错了？我是不该骗她，但最终还是我倾家荡产把她救出来的！她怎么会告我？她凭什么告我呀？"

的确，柳眉状告把她卖了的顾大鹏可以理解，那么对于倾家荡产救她出来的姜山，她为什么也要告？姜山有罪吗？

律师说法：收买被拐卖的妇女罪>>>

本案中的姜山看似是倾家荡产凑了钱把柳眉从表哥手中救了出来，这其实是一种变相的把柳眉收买回来的行为。虽然他的目的是跟柳眉结婚生活，但是这时的姜山已经构成了"收买被拐卖的妇女罪"。

收买被拐卖的妇女罪是指不以出卖为目的，收买被拐卖的妇女的行为。如果只是收买妇女，收买人不会承担刑事责任。但是如果收买的是被拐卖的妇女，那就会被追究刑事责任。

不久，法院开庭审理了此案，认定顾大鹏犯拐卖妇女罪，依法判处有期徒刑6年；同时认定姜山犯收买被拐卖的妇女罪，不追究刑事责任。

为什么法院给姜山定了罪，却没追究他的刑事责任呢？

律师说法：可以不追究刑事责任的情形>>>

法院不追究姜山的刑事责任，是因为姜山的行为符合法律不追究刑事责任的规定。根据刑法的规定，收买被拐卖的妇女，按照被买妇女的意愿，不阻碍其返回原居住地的，可以不追究刑事责任。

姜山当初把柳眉买回来的时候，就表示过不难为柳眉，由她自己决定是否留下来。如果柳眉想走，他随时可以送柳眉回去。这些话不是用来骗柳眉的，确实是姜山的心里话，是他真实的想法。因此，姜山的行为符合法律的免责规定，可以不被追究刑事责任。

法条链接>>>

●《中华人民共和国刑法》

第二百四十一条　收买被拐卖的妇女、儿童的，处三年以下有期徒刑、拘役或者管制。

收买被拐卖的妇女，强行与其发生性关系的，依照本法第二百三十六条的规定定罪处罚。

收买被拐卖的妇女、儿童，非法剥夺、限制其人身自由或者有伤害、侮辱等犯罪行为的，依照本法的有关规定定罪处罚。

收买被拐卖的妇女、儿童，并有第二款、第三款规定的犯罪行为的，依照数罪并罚的规定处罚。

收买被拐卖的妇女、儿童又出卖的，依照本法第二百四十条的规定定罪处罚。

收买被拐卖的妇女、儿童，按照被买妇女的意愿，不阻碍其返回原居住地的，对被买儿童没有虐待行为，不阻碍对其进行解救的，可以不追究刑事责任。

案件审结后，心灰意冷的柳眉明确表示绝不原谅姜山，也不想再见到他，于是带着刻骨的创痛孤身返回了娘家。姜山获释回来，看到自家空荡荡的房子，想起为买回柳眉欠下的一身债，陷入了深深的悔恨之中。他心里明白，欠下的钱迟早有一天会还清，但那份纯真的初恋却不会再有了。此时，他也终于醒悟：爱情不是他想买，想买就能买；出卖了的爱，就算付出再多，也再买不回来。

人常说："受人滴水之恩，当涌泉相报。"姜山想向表哥一家报恩，这没有错。他也想好好爱柳眉，这也是真的。然而，正是他所具有的狭隘的报恩思想，害了表哥一家，害了柳眉，更害了他自己。对于表哥一家提出的荒唐要求，姜山无原则、无底线的配合，使他们在邪路上越走越远。柳眉因此也饱受欺凌和折磨，对姜山彻底失望，只留下难以磨灭的怨恨和伤痛。姜山亲手出卖了柳眉的爱情，同时也亲手摧毁了自己的爱情，那段美好的初恋不可能再重来了。可见，爱情经不起买来卖去，报恩一定要明辨是非。

睡在枕边的陌生人

关键词 胁从犯及刑事责任

爱人，一般是这个世界上自己最亲密最熟悉的人。如果有一天，当你醒来，发现睡在自己枕边多年的亲密爱人，居然是个你毫不了解的陌生人，你会作何感想，是疑惑，惊慌，还是恐惧？赵大海就正在经历这样的事……

赵大海生活在一个偏远的山区，父亲早亡，母亲常年卧病在床，日子过得很艰难。为了多挣点钱给母亲看病，2000 年 3 月，大海把母亲托给邻居照顾，前往附近镇上的工厂打工。

村里人常说，大海这辈子肯定是娶不上媳妇了，你瞧他家又穷又破，还有个生病的老人拖累着，哪个姑娘愿意嫁给他？没想到，大海到镇上打工的第三个月就领回来了一个清秀文静的姑娘。他乐呵呵地给村里人介绍说，这是他新娶的媳妇丁香。

看到大海娶了这么一个俊媳妇，大家都很吃惊，觉得是不是大海骗了人家，没跟人家姑娘说家里的实情。实际情况却正好相反。丁香不仅完全了解大海家的实情，而且还因为这个主动追求起大海来。

原来，大海刚到镇上就遇到了跟他同一批入厂的丁香。丁香的清秀文静让大海一见钟情，但是大海因为自己家穷根本就不敢多想什么。可是没想到，丁香在听说了大海家的情况后，居然主动对大海表示了好感，因为她觉得像大海这样质朴孝顺的男人很难得。在两人交往三个月后，丁香就表示愿意嫁给大海，并主动提出回到大海家所在的那个偏远山村，照顾常年卧病在床的大海妈妈。

于是，大海把丁香带回了老家。在安顿好丁香后，大海继续回到镇上打工。丁香从此一心一意地在家伺候生病的婆婆，喂汤喂药，端屎端尿，无微不至。对大海，丁香更是嘘寒问暖，温柔体贴，让这个从小就苦惯了的男人第一次感受到了家庭的温暖和生活的甜美。

在丁香的细心照顾下，大海母亲的病出现了好转，慢慢能下床走动了。而大海也能安心在外打工，专注于工作，并因此很快升了职、加了薪。两年后，丁香和大海的儿子出生了，这个家也彻底走出了贫困和病苦，迎来了安康和幸福。这样的日子一过又是五年，转眼就到了2007年。

看到贤惠温良的丁香这些年来给大海一家带来这么大的改变，村里人都说丁香不仅是个俊媳妇，还是个打着灯笼都难找的好媳妇。大家直夸大海有福气，都非常羡慕他。

然而，大海却没有大家想得那么幸福快乐，反而陷入越来越多的疑惑和不安之中。而大海所有的疑惑和不安居然都来自人人夸赞的好媳妇——丁香。大海和丁香已经在一起同床共枕了七年。但是，大海跟丁香一起生活得越久，就越觉得丁香不对劲，有许多怪异甚至诡秘的地方。

首先，大海发现丁香很不愿出门。开始，大海还觉得这个挺好，不像一些小媳妇老爱疯疯癫癫地往外跑。后来，大海觉得不对劲儿了。因为丁香白天基本不出门，要采购什么，一般都会攒在一起，晚上到村里的小卖部全办了。逢年过节，她更不愿意出去看热闹，搞得每次过节都是大海带着儿子在大街上转。而且，丁香一旦出门，就拿帽子、纱巾把自己的脸裹起来，连晚上也不例外。

其次，生活七年了，大海从来就没见过丁香的娘家人，甚至都没听丁香提起过，丁香从不说娘家的事。大海问起，她就说父母双亡，娘家没什么亲戚了，没什么好说的。可是，奇怪的是，每年快过春节的时候，丁香总会在某个傍晚戴上帽子、纱巾，由大海骑车带着，前往镇上的邮局给娘家打一个长途电话。丁香不让大海在一边听。大海只知道每次通话的时间都很长，每次丁香都会哭得眼睛红红的。大海看丁香这样难过，就提出带着孩子陪丁香回去看看。丁香却总是拒绝，说没这个必要。

还有，丁香一直都不愿意跟大海去民政局领结婚证。大海曾多次提出要跟丁香登记，但丁香却强调只要两个人感情好就行，不在乎那张纸。于是，大海提出，不领证，那就摆酒席办个仪式吧。丁香也反对。她说，家里不富裕，就不要浪费那些钱了。总之，跟别的小媳妇喜欢名分和风光不一样，丁香是能多低调就多低调，甚至低调得异乎寻常。

除此之外，丁香还有许多异乎寻常的地方。比如说，睡到半夜，她经常会突然惊醒，脸色惨白，问她梦见什么了，她也不说；再比如说，她对人非常有戒心，见了人，总是远远地就避开……尤其是最近，丁香变得越来越诡秘，也越来越焦躁，常常就突然半天不见人了，回来后，也不说到哪儿去了，脸色铁青，一言不发。

大海的疑惑与不安变得越来越深，他甚至感到了些许恐慌。有时候，看着枕边丁香熟睡的脸，大海会突然觉得这张脸很陌生，不知道背后到底藏着些什么……

2007年9月的一天，一个陌生的电话响起，让大海终于看到了丁香面孔下藏着的秘密。

这天，大海正在工厂上班，突然接到了一个陌生的电话。接通后，大海大吃一惊，因为电话那头传来一个男人恶狠狠的声音："你媳妇现在在我手上，带20万来赎人，敢报警就杀了她！"

从不跟外人打交道的丁香居然被绑架了！

大海立刻慌了。他稳了稳心神，考虑了半天，决定还是报警。面对警方，大海说出了多年来丁香种种怪异的地方，尤其是最近那些更为诡秘的表现。大海说，自己其实一直都惴惴不安，总觉得有什么不祥的事要发生。不知道这次突如其来的绑架会不会跟丁香的这些怪异举动有关。

警方一方面认真听取并记录了大海的讲述，着手调查丁香的背景；另一方面决定将计就计，引绑匪现身。在警方的安排下，大海把假钞放到了绑匪指定的地点。绑匪在拿到钱后，告诉了大海藏匿丁香的地方。大海照其所说，在一个废弃的荒宅里找到了丁香，只见她手脚被绑、嘴巴被塞住，已经昏了过去。大海按照约定给警方发出了信号，警方立即对绑匪展开了抓捕。

在大海急切的呼唤声中，丁香慢慢醒了过来。然而，她睁眼看到大海后的第一句话竟然是："大海，让他拿了钱走吧。千万千万别报警!"

这是为什么？大海正在疑惑，警方已经押着抓到的绑匪——一个粗壮的男人，来到丁香面前让她指认。没想到，那个绑匪一见丁香居然破口大骂："你个贼婆娘，害了老子一次还不够，还要害老子两次。老子当初真是瞎了眼，怎么要了你?!"大海大怒，让绑匪嘴巴放干净点。绑匪冲着大海怪笑道："傻蛋，你以为她是什么贤妻良母？她就会勾引别的男人！她是个逃犯!"

贼婆娘、害人、勾引男人、逃犯……这是在说丁香吗？是在说人人都称道的贤惠温良的好媳妇丁香吗？大海的脑子陷入了一片混乱……

经过核查，警方给出的证实让大海彻底掉进了冰窟窿里。丁香确实是这个绑匪的女人，也确实是潜逃了七年的逃犯！而且她不叫丁香，而叫安小米。

绑匪名叫雷虎。七年前，也就是2000年2月，雷虎与安小米共同实施了一起敲诈勒索。事败后，雷虎被抓，判刑六年。安小米却潜逃在外，下落不明。

据安小米交代，当初她害怕自己也像雷虎一样被抓起来，就往偏远的地方跑，东躲西藏，不敢见人。2000年3月中旬，她逃到了当地。这时，她带的钱也差不多花光了。她看到镇上的工厂正在招工，便谎称自己叫丁香，在路上被人偷了行李，身份证和钱都丢了，请求工厂能给自己一条活路。这才进了厂。

但工厂毕竟是一个人来人往的地方，安小米怕自己的身份有一天会暴露，觉得这也不是久留之地。就在这个时候，大海出现了。大海的孝顺和质朴让安小米觉得踏实，而大海位于偏远山村的家更让她觉得安全，并且她也看出大海对她有好感。于是，安小米主动接近大海，并迅速嫁给了他，借此离开了安全系数相对较低的工厂，来到大海深山里的老家藏匿了下来。

因为害怕身份暴露，安小米尽量不出门，实在需要出门，就选择晚上，并用帽子和纱巾把自己的脸遮起来。她不愿意跟大海去做婚姻登记，也是怕身份暴露。她也不愿摆酒席办仪式，因为这样会把她置于众人的目光之下。

至于娘家，安小米也说了谎。她的父母其实都还健在，一直在老家务农。但是，安小米知道警方肯定要去娘家打听她的下落，她是无论如何都不能回去的。她当然也不会让大海知道她娘家的情况，便对大海谎称父母双亡，娘家没什么亲戚了。她更不会让大海回自己的娘家探亲。尽管很想念父母，安小米却只能每年春节前去镇上偷偷给父母打个长途电话，报个平安。挂断电话后，安小米总免不了一番伤心。

即便是如此小心，安小米还老是梦到自己被抓进监狱。这样的恶梦让她常常半夜惊醒，害怕极了。而看到外人，她便更加警惕，更想躲避。

安小米藏得这样小心，没想到还是被雷虎找到了。

一年前，雷虎刑满释放。他到处找安小米找不到，于是就去了安小米的娘家。他耍了很多花招，终于从老人那里骗来了安小米的长途电话号码，才来到了这个镇。但雷虎在镇上并没有发现安小米的踪迹，于是他扩大了搜寻范围，又花了很长时间才发现安小米藏在镇边的一个小山村里。

当安小米看到雷虎的身影出现在自家宅子的周围时，就觉得大难要临头了。果真，雷虎约她到外面谈谈，她若不从，他就去告发她。安小米哪敢不去？在谈了几次之后，安小米就彻底陷入了绝望和恐慌之中。原来雷虎要求安小米给自己20万，否则就把她的真面目揭开，让她去坐牢。可安小米哪有那么多钱？她又不能跟大海提，愁得她真想一头撞死。雷虎见此路不通，就绑架了安小米，要大海拿钱来赎。

在交代了来龙去脉之后，安小米哭诉说，七年前的那起敲诈勒索案，她是被雷虎逼着干的。她根本不愿意，雷虎却打她、骂她，非逼着她干这伤天害理的事，是雷虎害她走上犯罪道路的。自己这七年来东躲西藏、提心吊胆，一心想改头换面重新做人。没想到，雷虎又钻了出来，害得她什么都没有了。

雷虎听了安小米的话，却暴跳如雷。他说，自己去敲诈勒索别人，完全是安小米引起的，是安小米害自己走上了犯罪道路，蹲了大牢。那20万是安小米对自己这些年受的罪的补偿，是安小米应该给自己的。安小米不老老实实地拿出来，还招来警察抓自己，又害自己一次，真是个贼婆娘！

安小米说是雷虎逼她犯罪，雷虎却说是安小米害他犯了罪。这两人的说法听上去互相矛盾，其实他们俩说的都没错。

当年，安小米确实不愿实施敲诈勒索，确实是雷虎打她、骂她、逼她做的。而雷虎之所以去敲诈勒索那个人，也确实是安小米引起的。因为那个人不是别人，正是安小米的情人韩先生。

安小米遇见雷虎的时候，刚从农村老家出来，在一家公司当产品推销员。那时，雷虎自己开了个小门面，进的货中就有安小米推销的产品。因此，雷虎认识了安小米，并对她展开了热烈的追求。在雷虎的甜蜜攻势下，单纯幼稚的安小米很快就跟这个自己并不是很了解的男人生活在了一起。同居之后，安小米渐渐发现雷虎有很多坏毛病，酗酒赌博、好吃懒做、暴躁粗野……脾气一上来就对她连打带骂的，甚至还把她打流产了两次。安小米很想逃离这个可怕的男人。但是，雷虎威胁她：要是敢走，就整死她！吓得安小米不敢再提。

就在安小米觉得自己的人生就要这样阴沉灰暗下去的时候，韩先生出现了。他是安小米的上司，温和有礼，很同情安小米的遭遇，也很照顾她。韩先生给安小米带来了温暖和希望。在不知不觉中，两人产生了爱情。然而最后，安小米却没有离开雷虎嫁给韩先生，而是跟韩先生分了手，又回到了雷虎身边。

安小米和韩先生的事传到雷虎耳朵里后，他暴跳如雷，他不能容忍安小米的背叛，更不能容忍别的男人染指他的女人。刚好那一阵雷虎的生意总是赔本，赌钱手气又背，欠了一大笔债。他早就听说韩先生家底丰厚，于是就想敲韩先生一笔。雷虎觉得，那个姓韩的不能白占他的便宜，必须付出点儿代价。

雷虎想让安小米打电话约韩先生出来，自己再乘机把韩先生绑了，然后让韩家拿钱赎人。当他把自己的计划告诉安小米时，安小米断然拒绝了。雷虎就火冒三丈地骂安小米："这都是你这个贼婆娘惹出的事！那个姓韩的就该出点儿钱。要不，老子的脸往哪搁？"安小米央求道："我已经跟他分手了，一切都是我的错。你放过他吧。"雷虎哪肯答应，就动手打安小米，打得她死去活来。被打得实在受不了了，安小米才给韩先生打了电话，约他见面。

韩先生一出现在约定地点，就被雷虎打倒在地，绑了起来。随后，雷虎逼迫韩先生写下了10万元的欠条，并给韩家打电话要求他们拿钱来赎人。然而，事情很快就败露了，雷虎被抓。安小米见状，怕得赶紧逃往外地，而这一逃就是七年。

现在，这桩七年前的案子终于了结了，所有涉案人员都已归案。而当年的受害人韩先生一家也接到警方的通知赶来了。这七年间，他们也一直在追查安小米的下落。办案的警察见到韩先生一家后，安慰他们说："我们知道你们一直在找安小米。请放心！我们一定会严格按法律办事，严惩不贷，给你们一个满意的交代。"

韩先生还没说话，韩太太竟然抢先激动地说："警察同志，我们来不是要求严惩安小米的，而是希望你们能法外开恩，放了安小米。因为她不是我们的仇人，而是我们的恩人呀！"

这是怎么回事？受害人找安小米七年，居然不是为了报仇，而是为了报恩？安小米明明伤害了他们，怎么倒成了他们的恩人？

看到大家疑惑不解的样子，韩太太先开口了。她说，当初，虽然她很爱韩先生，但韩先生并不爱她，只是为了顺从父母的心意，才娶了她。所以，婚后韩先生对她一直不冷不热。后来，她发现韩先生对安小米产生了很深的感情，还跟她摊牌说准备净身出户，离婚另娶安小米。韩太太很爱韩先生，无法忍受失去丈夫。她见说服不了丈夫，就决定亲自去找安小米。

本来，韩太太没抱太大的希望，因为无论是谁都不会愿意放弃这样一个摆脱不幸、奔向幸福的机会。所以，韩太太只求安小米能让丈夫不离婚，其余的她愿意睁一只眼闭一只眼。为了能说服安小米，韩太太还谎称自己已经怀孕，希望安小米能看在没出生的孩子的分上，高抬贵手。

安小米在听完韩太太的一番哭诉和哀求后，沉默了许久，然后很真诚地对韩太太说，她安小米的生活很不幸，很能理解没有男人爱护的女人的苦。安小米还说，自己不该破坏别人的家庭，让妻子失去丈夫、孩子失去爸爸。这对韩先生也不好。并且，自己这样的身世，本来也不配得到韩先生的爱。最后，安小米表示：自己愿意从此退出，成全韩先生、韩太太以及他们的孩子，希望他们的家庭永远幸福、安宁。安小米不仅这样说了，也这样做了，她毅然斩断了跟韩先生的情感纠葛，并努力劝说韩先生回归家庭。

韩太太说，没过多久，韩先生果真回归了家庭，并且他们很快真的就有了一个宝宝。从此，一家三口过得很幸福。事后想想，如果没有当初安小米的放弃和成全，也就没有后来他们一家的美满。所以，这么多年来，她一直很感激安小米的退让和善良。

这时，韩先生也开口了。他一脸诚恳地说："我也要感激小米，因为她不仅救过我的家庭，也救过我的命！"

原来，在雷虎利用安小米绑了韩先生后，安小米非常内疚。当时，雷虎命令安小米在房子里看守韩先生，而他自己则出去给韩家打勒索电话，约定交款地点。安小米乘雷虎出去的空隙，偷偷放跑了韩先生。韩先生逃脱后，马上报了警。结果，雷虎被抓，安小米潜逃。

韩先生说，是安小米帮他逃过此劫，因此他要向安小米致谢。此外，他还要向安小米道歉。如果不是当年他不顾一切、不负责任地纵情，安小米也不会受到雷虎的逼打而去参与敲诈；如果没有那起敲诈案，安小米也不会家破人散、背井离乡、东躲西藏、提心吊胆地生活七年。安小米的不幸和困苦都是他造成的，所以他想请求安小米原谅自己。

最后，韩先生和韩太太一致表示，他们不仅不再追究当初的敲诈，还要请求司法部门，看在安小米是被逼无奈以及救了受害人的情形上，宽恕安小米的过错。

安小米当初是由于被人胁迫，才参与了敲诈勒索，情有可原。后来，她又救了受害人。现在，当年的受害人又为其求情。那么，安小米是否可以免于法律制裁呢？

律师说法：胁从犯及刑事责任>>>

被胁迫犯罪的人其实就是法律规定的胁从犯。胁从犯属于共同犯罪的一种。构成胁从犯必须有帮助主犯实施犯罪的行为。

在雷虎想敲诈勒索韩先生的时候，雷虎本人是找不到韩先生的。他是通过安小米联系到韩先生，并通过安小米把韩先生骗到了指定地点。也就是说，在安小米的帮助之下，雷虎才完成了敲诈勒索的行为。所以，安小米虽然是被迫的，但也帮助雷虎实施了犯罪行为，属于胁从犯，需要承担一定的刑事责任。

对于胁从犯，根据刑法的规定，应当按照犯罪情节减轻处罚或者免除处罚。而安小米又具有帮助受害人逃跑的情节，当年的受害人也为她求情。对于取得被害人或其家属谅解的，综合考虑犯罪的性质、罪行轻重、谅解的原因以及认罪悔罪的程度等情况，可以减少基准刑。因此，安小米是可以获得减轻处罚的。

法条链接>>>

●《中华人民共和国刑法》

第二十八条　对于被胁迫参加犯罪的，应当按照他的犯罪情节减轻处罚或者免除处罚。

● 最高人民法院《人民法院量刑指导意见（试行）》

三、常见量刑情节的适用

10. 对于取得被害人或其家属谅解的，综合考虑犯罪的性质、罪行轻重、谅解的原因以及认罪悔罪的程度等情况，可以减少基准刑的20%以下。

最后，人民法院结合安小米犯罪的具体情形和受害人谅解等因素，判安小米犯敲诈勒索罪，判处有期徒刑2年。

事到如今，大海终于看到了爱人神秘面纱后藏着的所有秘密。这个睡在自己枕边七年的女人，面目居然是这么复杂，又这么陌生。大海感到眩晕，不知道自己该怎么办。

在探监室里，大海见到了安小米。安小米对大海说："大海，请你原谅我。我不想骗你，但是我没办法。当初，我嫁给你，也不是纯粹利用你，我也是喜欢你的。而且你收留了我，我也很想报答你。看到你妈妈，我就想起我的爹妈。他们也老了，我却不能在他们身边照顾。我就把你妈妈当成我妈妈来伺候。我一心一意地照顾这个家，也是想洗清自己过去犯的罪。大海，给我一个重新来过的机会吧。"

大海没有回答，因为他不知道该怎么办好。他多希望眼前的人就是丁香，而不是什么安小米呀。当大海回到家，看到老母亲因为见不到儿媳妇而焦急，看到儿子因为见不到妈妈而大哭，看到这个因为丁香的贤惠勤劳才走出贫困的家……大海突然明白该怎么做了，他愿意再度接纳她、包容她、守护她——这个自己最熟悉的陌生人。

拿什么拯救你，我的爱人？这是大海面临的问题，也是所有人都可能面临的问题。当爱人鲜亮美好的时候，谁都会欣然接受；但当有一天突然发现爱人有不堪的过往、难言的隐痛时，又有多少人可以一如既往？然而，恰是在这个时候，对方最需要的正是来自你——这个身边最亲密的人的包容和鼓励。大海做到了，他以宽容的胸怀、感恩的心态再次接纳了安小米，救赎了这个自己最熟悉的陌生人，也拯救了自己的家庭。雨果说："世界上最宽阔的是海洋，比海洋更宽阔的是天空，比天空更宽阔的是人的胸怀。"有了这样的胸怀，无论人生风雨多么变幻，都会不离不弃，携手同行。

哑巴新娘的秘密

关键词 诈骗罪的构成要件 犯罪未遂

2009年5月，十里堡村的王宝全正忙碌着筹备侄子大柱的婚礼。他见人就高兴地说："我侄子这回可好了，终于要娶媳妇了，娶的还是个漂亮媳妇。"村里人都很好奇，觉得大柱能娶到媳妇就不错了，竟然还娶到一个漂亮媳妇，王宝全这是在胡说吧？

村里的老人都记得，大柱生下来挺灵光的，人见人爱。可是，在5岁时，大柱生了一场重病，高烧烧到40多度，连烧了几天，眼看着就不行了。所幸，后来还是给抢救过来了。虽然大柱的命是保住了，脑子却烧坏了，智力一直停留在五六岁。几年前，大柱的父母在一起车祸中双双遇难。临死前，大柱爸爸把大柱托付给了自己的弟弟王宝全，让王宝全把这个侄子当儿子养，互相做个伴。大柱爸爸之所以这样说，是因为王宝全的老伴儿去世得早，没有给他留下一儿半女，王宝全一直都是孤零零一个人过。从此，王宝全就和智障的侄子相依为命。

眼看着大柱二十多岁了，周围同龄的人都已经结婚了，却没有人给大柱提亲，因为他傻。可是，王宝全却一心想给侄子娶个媳妇，给王家留下个香火。于是，他四处托人，终于为侄子订下了一门亲事。他对这门亲事很满意，因为姑娘很漂亮。虽然这姑娘也有残疾，是个哑巴，但王宝全觉得这倒跟大柱般配了，他们谁都不会嫌弃谁。

成亲的那天，王宝全派了一支锣鼓队去媒人汤莉家接姑娘。因为这姑娘是外地人，就一个人在这边。所以，汤莉就安排姑娘从自己家出嫁。王宝全按汤莉的要求，派人去接亲。而大柱由于智力有缺陷，王宝全怕他闹出什么笑话，就没让他亲自去迎新娘，只叫他在家里等着。

迎亲的队伍一路上吹吹打打，好不热闹，轿子很快回到了王家。院子里也是热闹非凡，亲戚和乡邻们都过来祝贺。大柱穿着新衣服，胸前挂着大红花，张着嘴不停地傻笑。王宝全一看侄媳妇接回来了，乐得合不拢嘴，赶紧让人把新媳妇送进新房里。

因为总是听王宝全说这个新媳妇长得漂亮，大家都很好奇，不时有人偷偷地扒着新房的窗子往里看。果真，新媳妇长得还真不错，细眉细眼，白白净净，长长的刘海儿盖住了眉毛，卷卷的长发垂在脸颊边，低着头坐在喜床上，一副羞答答的样子。大家纷纷举杯向王宝全道贺，恭喜他为侄子娶了这么漂亮的一个媳妇。

忙碌了一天，眼看天就要黑了，王宝全把所有的客人都送走了，院子里就剩下他和大柱。大柱还是傻傻地站在那儿，看着王宝全嘿嘿地笑。王宝全被亲戚朋友劝着多喝了几杯酒，已经有些醉意。他一瞅自己的侄子还傻站在那儿，不禁上前拍了大柱一下说："傻孩子，你今天结婚都不知道啊？叔叔这回放心了，我的大侄子总算是成家了，我跟你死去的爹妈也能交代了。还愣着干啥？还不回屋去看看你的新娘子去？"大柱不知道听没听懂叔叔的话，只顾站在院子里嘿嘿笑，扭着身子，原地不动。

王宝全怕侄子这样怠慢了新娘，又赶紧到侄子的新房里打圆场。他一进新房，就看见新娘依然坐在床边。王宝全就说："我这侄子从小就老实，不好意思进新房。你可别往心里去呀。"新娘子低着头，轻轻摇了摇手，表示自己不介意，一副很害羞的样子。在昏暗的灯光下，本来就漂亮的新娘更添了几分妩媚。王宝全不由得心里一动。他看着娇美的新娘，再看看仍然站在外面傻笑的侄子，不禁摇了摇头。

于是，王宝全回到了院子，把侄子叫到自己的房间，告诉他今晚就在这间屋子睡觉。大柱很听话，又折腾了一天，早累了，便在王宝全的床上躺下，很快"呼呼呼"睡着了。王宝全等大柱睡熟了，就走出自己的屋子，还从外边把门锁上了。随后，他竟然走向了侄子的新房……

原来，就在王宝全安慰新娘别介意自己侄子的时候，醉眼朦胧的他看着新娘妩媚娇羞地坐在那里，竟起了邪念。王宝全的老婆去世早，这些年就他一个人带着智障的侄子生活，没有女人在身边，日子过得清汤寡水的。想想自己的傻侄子连结婚都不知道进洞房，王宝全心里又好气又兴奋。于是，他把侄子安排在自己的房里睡觉。等侄子睡熟后，他便偷偷来到了新房门口。

王宝全蹑手蹑脚地打开新房的门，看见新娘斜倚在床上，似乎累了，在闭目休息。王宝全上前一把就搂住新娘，要和她亲热。新娘被惊醒了，睁眼一看是王宝全，吓了一大跳，拼命地挣扎反抗。于是，两人在床上撕扯在了一起。趁着王宝全不注意，新娘"噌"地从床上跳下来，打开房门，跑了出去，很快就消失在沉沉的黑夜里。

王宝全一看新娘不见了，酒劲一下子消退了一半。新娘要是跑了，自己可就亏大了，这桩喜事可是花了他几乎全部的积蓄。想到这儿，王宝全飞快地追了出去，一边追还一边喊："快来人哪！新媳妇跑啦！"

夜深人静，王宝全这一喊，还真有不少邻居听见了，都纷纷出来看到底发生了什么事。

新娘对这个村子完全陌生，跑出王宝全家大门后，黑灯瞎火的，也不知道该往哪儿跑。情急之下，新娘看到一条小道没有路灯，黑乎乎的，觉得比较容易逃脱，就沿着这条小道撒腿狂奔。新娘一边跑，一边回头看，生怕有人追上来。

可是，怕什么，来什么。王宝全那一喊，喊得四周邻居都打着手电筒出来了。在新娘逃跑的小道上，也有几束手电筒的光晃了过来。新娘一看再这么跑下去，肯定会被发现，就往路边的草堆里一藏，躲了起来。

很快，就有人追到了草堆附近，七嘴八舌地说：刚才好像还看见有个人在这条道上跑，怎么就没了？找找看，都找找看。是不是藏哪了？手电晃来晃去，几下就晃到了新娘躲藏的草堆上，新娘被发现了。

此时，新娘已经被吓坏了，紧张地缩成了一团，不肯起身。有人性急，上前一把拽住新娘的后脖领和头发，想把她拉出来。由于用力过猛，“哗”的一声，一团黑乎乎的东西从新娘的头上被顺带扯了下来。当人们看清这团东西的时候，都惊呆了！这团东西居然是新娘那一头卷卷的长发。仔细再看，原来是个假发套。而失去长卷发的新娘，竟露出了一头男式短发。

有人吃惊地拽着新娘，连声问这是怎么回事。新娘低着头，突然开口道：“别问我。”竟然是男人的声音。大家更吃惊了：这新娘不但不是哑巴，一开口还是男人声。

这时，王宝全也闻讯赶了过来。他上前抬起新娘的脸仔细看了看：天哪！这哪里是什么新娘啊？分明就是一个俊秀的小伙子！

王宝全气得浑身发抖，指着这个假新娘的鼻子说：“为了娶你，我把家里所有的积蓄都拿出来了，又是给聘礼，又是办酒席，又是谢媒人。你说，这是怎么回事？怎么回事？”看到王宝全急红了眼，假新娘吓得脸色惨白。这时，王宝全的邻居明白过来，说道：“哪有娶男人当媳妇的呀？这分明是一个圈套，王宝全你受骗了！”

一句话点醒梦中人，王宝全立刻明白过来，自己这是给人骗了呀！不行，这事不能就这么算了，得报警。于是，王宝全毫不犹豫地拿起电话拨通了110。

很快，警察就来到王宝全的家里，调查案情。王宝全就把自己怎么给侄子找媒人说亲、如何娶媳妇的事全说了。警察一听，觉得其中肯定有问题，马上就把假新娘给拘留了。经过一番审讯，假新娘很快交代了整个事件的来龙去脉。

原来，这个假冒新娘的小伙子叫小白，今年20岁。小白家就在附近村子。初中刚毕业，他便不想上学了，成天游手好闲，和一群狐朋狗友吃喝玩乐，不务正业。

小白虽然是个男孩，却长得细眉细眼，白白净净，秀气得像个女孩。小白的妈妈因为一心想要个女孩没成，便喜欢把自己的儿子打扮成小女孩的模样。小白深受影响，长大后也喜欢涂涂抹抹，戴上假发，扮女孩玩。周围的人看到小白化了妆的样子都说，小白要是再穿上新娘服，就可以直接嫁给男人了。小白听到这样的说法，不仅不生气，反而有些得意洋洋。他说："我要是穿上新娘服，那可比女孩还美，有大批男人等着娶我呢。"没想到，后来，他真的成了一名"新娘"。而这事还得从汤莉说起。

汤莉是小白的街坊。她同样也没什么正式职业，没做什么正经生意，整天没事儿就琢磨着怎样来钱快。后来，汤莉发现做媒是个不错的活儿，光动动嘴皮子，就能坐收说媒费。于是，汤莉平日里就东家串串，西家走走。谁家的闺女该出嫁了、谁家的小伙还没对象，她是一清二楚。时间一长，附近村子的情况，没有汤莉不熟悉的。靠着三寸不烂之舌，汤莉还真介绍成了几桩婚事。

当然了，汤莉是个精明人，她可不会白白为人家跑腿儿。每成一桩婚事，她都会从中收取说媒费。汤莉东奔西跑，促成了几对新人后，名声也就渐渐传开了。还真有不少人上门来找汤莉说媒，而王宝全就是其中一个。

这一天，王宝全慕名来到汤莉家，对汤莉说："我有一个侄子，今年已经二十多岁了，还没找到媳妇。想求你这个大媒人给说门亲事。如果真成了，说媒费我加倍给你。"

汤莉一看是王宝全，他家的情况她也听说过，便说："王叔，您说的侄子是不是王大柱啊？附近十里八村的，谁不知道，他是个傻子？这让我怎么帮他找媳妇啊？您这不是为难我吗？"

王宝全央求道："王叔这不是来求你了吗？我老婆过世早，生前也没给我生个一儿半女，我这侄子就跟我儿子一样。可我也不能整天带着个侄子过日子。大柱也不小了，我想赶紧给大柱成个家，赶明儿你也给我找个老伴儿。不怕你笑话，你王叔这么多年一个人过，苦啊！"

汤莉看王宝全还挺诚心的，于是说："王叔，这门亲事可不好做，您可得多给我点磨嘴皮子钱。"王宝全答应说："没问题，只要介绍成了，我就先给你三千。将来成了亲，王叔还会加倍给你说媒费。"

王宝全走了之后，汤莉就琢磨起怎么帮大柱找对象。她也犯了难，这乡里乡亲的，谁不知道大柱是个弱智？哪家也不会乐意把闺女嫁给这种人呀。就算暂时瞒得住，可嫁过去人家一看男方是个傻子，肯定会找她这个媒人算账。可是，王宝全是一个肯花钱的人，这钱得赚呀。但是，怎么才能赚到手呢？

汤莉正寻思着，就见小白走了进来。小白和汤莉都是游手好闲的人，没事就喜欢凑一块儿东家长、西家短地闲扯。小白往椅子上懒懒一靠，对汤莉说：“哟，莉姐这是忙啥呢？我这整天没事干。有啥发财的事，你可想着兄弟点儿。”

汤莉看着细眉细眼、白白净净的小白，突然眼睛一亮：让小白假扮成女孩嫁到王宝全家，不就成了？王宝全他们家是外村的，本来就不认识小白。小白扮成女孩，他们就更不知道是谁了。大柱傻乎乎的，连男女都分不清楚，也不会对小白怎么样。等自己把说媒费拿到手之后，小白再偷偷逃走，岂不是一举两得的事？

想到这儿，汤莉眼珠一转，上前一把拽住小白说：“兄弟，有好事，莉姐咋能不想着你呢？你看这眼前就有事，还要兄弟你帮忙呢。就是不知道你肯不肯帮这个忙。这忙，可不会让你白帮，莉姐可是给你好处的。”一听说有好处，小白立刻拍着胸脯说：“莉姐，尽管说吧。你的事就是我的事。”

汤莉便一五一十地向小白说起了邻村王宝全要给傻侄子娶媳妇的事。汤莉告诉小白，想让他假扮成女孩去相亲，然后嫁给大柱。等成亲后，王宝全把说媒费都给了，小白再偷偷逃走。事成之后，她会给小白1000元辛苦费。小白听完，觉得这事没什么难的，还有钱赚，于是很痛快地答应了。因为害怕小白一张口说话，就露出男人的声音，穿了帮，汤莉把他包装成了一个哑女，还给“她”编了一段凄惨的身世。

一切都谋划好后，汤莉就给王宝全打电话，说：“王叔，这次可把我的腿都跑细了。您家大柱这亲事太难找了，我这十里八村到处打听，累得都快吐血了。”王宝全一听，汤莉的话外有音，这是有戏啊，就赶紧说：“王叔不会白让你跑的，说到做到，钱不会少你的。快说说看，到底是哪家姑娘呀？”

汤莉拿腔作调地说：“王叔，我这次可帮您给大柱找了一个好姑娘，还不到20岁，长得可漂亮了。这姑娘可是个苦命的孩子，小时候和父母走散了，到处流浪。前段时间，来到了我们村上。我见她可怜，就先让她住在了我家里。可这日子长了也不是个事儿，所以我就琢磨着给她介绍个好人家，这样她以后不用再到处流浪了。这不就想起王叔您在给侄子找媳妇，就先顾您这边了。”王宝全一听，乐开了花，赶紧说谢谢。

汤莉见时机成熟，便话锋一转道：“不过，我事先跟您打个招呼，这姑娘也有点儿小毛病，就是不会说话。不过，您家大柱那情况，齐整的姑娘谁愿意嫁给他呀？再说了，不会说话，您不是更落得清静吗？不像有些人家的小媳妇，成天跟家里吵。”

王宝全听说给找了个哑巴，本来还有点儿不痛快，后来听汤莉这么一讲，也想开了，说道：“行呀。只要人好就行。我们家大柱也有毛病，这样两人也算般配。你看，什么时候让他俩见个面?”汤莉见王宝全上钩了，便赶紧说：“两天后吧，我带着姑娘到您家，相个亲。毕竟，咱们看着好不行，要他俩看顺了眼才行。”于是，双方便定下了相亲的事。

转眼两天就过去了，王宝全一大早就起来，把房子收拾得干干净净，也给侄子换了套新衣服，在家等着汤莉带人来相亲。上午9点左右，汤莉带着假扮成姑娘的小白来到了王宝全家。王宝全客气地把汤莉和小白请到了屋里，端上了泡好的新茶。

汤莉喝了口茶说：“王叔，姑娘我给您带来了，您看看。”小白也配合着汤莉，向王宝全点头致意，然后低着头装出羞答答的样子挨着汤莉坐下。汤莉笑着说：“王叔，这姑娘第一次相亲，还挺不好意思的。您多包涵。”

王宝全一瞅这姑娘个子高挑，模样清秀，白白净净的，留着长长的刘海儿，有着一头卷卷的长发，看起来很文静，就一下子喜欢上了，满口说好好好。汤莉不紧不慢地说：“王叔，您说好不算，要大柱说好才行。不知道您家大柱怎么想?”说完，汤莉瞟了瞟旁边的大柱。只见大柱正对着小白不停地傻笑，一句话也不说。王宝全赶紧说：“你看，我们家大柱也相中姑娘了！”

汤莉的脸上露出满意的微笑，说：“相中就好。之前我把你们的情况和这姑娘介绍过了，她也没什么意见，这门亲事就定下来吧。”坐在汤莉身边的小白，配合着汤莉的话适时点了点头，表示同意。

王宝全看到小白点头，高兴地说："好，好，好！既然姑娘没有什么意见，汤莉，我看这亲事就尽快办了吧。大柱也不小了，这姑娘成亲了，也就算有了自己的家了。"汤莉哈哈一笑道："王叔，这事您交给我吧。回去我看看黄历，找个好日子就给他们办了。"

临走时，王宝全偷偷给汤莉塞了三千元，并承诺等大柱成亲后一定加倍奉上说媒费。

没想到，成亲的当晚，假新娘的事情就败露了。根据小白的交待，民警很快将实施诈骗的汤莉抓捕归案。在案件侦查终结后，公安机关将案件移交给人民检察院。人民检察院依法向人民法院提起了公诉，认为汤莉和小白犯有诈骗罪。

律师说法：诈骗罪的构成要件>>>

诈骗罪是指以非法占有为目的，用虚构事实或者隐瞒真相的方法，骗取数额较大的公私财物的行为。诈骗罪的构成要件是：客体要件——侵犯的客体是公私财物所有权；客观要件——使用欺诈方法骗取数额较大的公私财物，而欺诈行为从形式上说包括虚构事实和隐瞒真相，从实质上说是使被害人陷入错误认识的行为；主体要件——达到法定刑事责任年龄、具有刑事责任能力的自然人均能构成本罪；主观要件——表现为直接故意，并且具有非法占有公私财物的目的。

通过以上分析，汤莉和小白构成了共同犯罪，并且符合诈骗罪的特征和构成要件。

法条链接>>>

●《中华人民共和国刑法》

第二百六十六条　诈骗公私财物，数额较大的，处三年以下有期徒刑、拘役或者管制，并处或者单处罚金；数额巨大或者有其他严重情节的，处三年以上十年以下有期徒刑，并处罚金；数额特别巨大或者有其他特别严重情节的，处十年以上有期徒刑或者无期徒刑，并处罚金或者没收财产。本法另有规定的，依照规定。

最后，法院认定汤莉和小白构成诈骗罪，汤莉系主犯，小白系从犯，判处汤莉有期徒刑二年，小白有期徒刑一年零六个月。

可是，让人大吃一惊的是，在警方拘留小白的同时，也拘留了王宝全，而且人民检察院也对王宝全提起了公诉，罪名居然是强奸罪。

原来，小白被拘留后，知道事情瞒不住了，他心里害怕，也对王宝全生出了怨恨。他觉得，如果不是王宝全要强行非礼自己，自己的身份也不会败露。在警察盘问他的时候，小白对自己诈骗的事没有否认，但同时他也把王宝全企图强奸自己的事给说了。

警察一听，就问王宝全究竟有没有这回事。王宝全一看瞒不过去了，就承认了。于是，警方便以涉嫌强奸拘留了王宝全，之后人民检察院又以同样的罪名起诉了王宝全。

王宝全自始至终都觉得自己很冤。小白是个男的，而且自己也没得逞，怎么就成了强奸呢？

律师说法：犯罪未遂>>>

强奸罪是指违背妇女意志，使用暴力、胁迫或者其他手段，强行与妇女发生性关系的行为。王宝全误以为小白是女性，主观上有强奸的故意，客观上使用暴力手段，强行与小白发生性关系，只是因为意志以外的原因没有得逞。这符合强奸罪的构成要件。不过，这并非是强奸罪的既遂状态，而是未遂状态。

犯罪未遂是指已经着手实施犯罪，由于犯罪分子意志以外的原因而未得逞的行为。本案中小白是男人身即是犯罪分子意志以外的原因。根据刑法的规定，对未遂犯，可以比照既遂犯从轻或者减轻处罚。

法条链接>>>

●《中华人民共和国刑法》

第二十三条　已经着手实行犯罪，由于犯罪分子意志以外的原因而未得逞的，是犯罪未遂。

对于未遂犯，可以比照既遂犯从轻或者减轻处罚。

第二百三十六条　以暴力、胁迫或者其他手段强奸妇女的，处三年以上十年以下有期徒刑。

奸淫不满十四周岁的幼女的，以强奸论，从重处罚。

强奸妇女、奸淫幼女，有下列情形之一的，处十年以上有期徒刑、无期徒刑或者死刑：

（一）强奸妇女、奸淫幼女情节恶劣的；

（二）强奸妇女、奸淫幼女多人的；

（三）在公共场所当众强奸妇女的；

（四）二人以上轮奸的；

（五）致使被害人重伤、死亡或者造成其他严重后果的。

最终，法院认为王宝全犯强奸罪，应以强奸罪（未遂）进行处罚。为此，判处王宝全有期徒刑三年，缓刑五年。

自从王宝全被抓走后，大柱每天都会站在门口呆呆地向外望。经过的人就问他："大柱，你等谁呢？"大柱就说："叔叔，叔叔。"知情的人就说："傻孩子，别等了，你叔叔一时半会儿回不来，等着判刑呢。"大柱听到这话，傻傻的圆脸上居然流露出伤心的表情。他喃喃地说："我要等，我要等，叔叔很快就会回来的。我不能没有叔叔。"

在这个案件中，汤莉和小白二人游手好闲，好逸恶劳，不想着靠勤劳致富，却想着走歪门邪道，最后被判刑，纯属咎由自取，罪有应得。然而，王宝全的结局却让人良多感慨。王宝全是个好人，也是个实在人。在大柱的父母死后，王宝全担负起抚养大柱的重任，一直在照顾这个智障的孩子，后来又拿出自己的积蓄为他娶亲，足见王宝全很有爱心，也很重亲情。可是，酒后乱性，让他做出了触犯法律的事。王宝全失去了自由，大柱也失去了庇护。所以，每一个生活在社会群体中的人都要做到遵纪守法，切莫触犯法律，否则就要受到法律的制裁。

与初恋的交易

关键词 有利子女成长的抚养原则

旺旺今年3岁，活泼可爱，胖乎乎、圆嘟嘟的，一笑起来眼睛就眯成两条弯弯的线，天生一副欢天喜地的小福相。他还有个姐姐叫甜甜。旺旺的爸爸王明智是一个小有名气的建材老板，在建材市场摸爬滚打了十多年，现在名下也有了几家店面，生意蒸蒸日上，收入颇为丰厚。旺旺的妈妈李菲不仅长得漂亮，而且温柔贤惠。虽说出身农村，但也读过几年中专，算得上知书达理。李菲婚后一直做着全职太太，全心全意地照顾着自己的小家。这是一个人人羡慕的幸福之家，过着天堂般快乐而温馨的日子。

然而，在四年前，这一家却遭遇了一场灭顶之灾，几乎家破人亡。

那是2005年年初，王明智当时急于扩大自己的生意规模，便拿自己的店面、轿车和住宅作抵押，向人借款100万元，购进了一大批新型建材，准备倒手卖出大赚一笔。没料到，本地的一家大型建材集团也看好了该类建材的市场前景，并迅速占据了主要销售渠道。王明智的建材没了销路，几乎全部砸在了手里。

这边王明智手里的建材卖不出去，那边债主隔三岔五地上门讨债，不仅开走了他的车，还扬言如果他一年内还不清债务，就拍卖他名下的店面和住宅，把他扫地出门。王明智急得到处借钱还债。但大半年过去了，却毫无所获，因为没人愿意把钱借给这个眼看就要破产的人。

此时的王明智似乎坠入了人生最黑暗的谷底：论事业，不仅多年的奋斗一场空，还背上了巨额债务，走投无路；论家庭，自己已近中年，一家大小却要沦落街头、无家可归。被绝望彻底吞噬的王明智向李菲提出了离婚，因为他不想让妻子和女儿甜甜跟着自己受苦。可李菲深爱着自己的丈夫和这个家，她表示要与丈夫共患难，直到最后一刻。

身处绝境的王明智断然拒绝了李菲的好意，执意离婚，以求解脱。同时，他也在暗中做了最坏的打算，准备在与妻子解除关系后，实在不行，就以命抵债。

然而，就在这个危难的关头，李菲居然怀孕了！李菲摸着自己的肚子，兴奋地向王明智宣布了她怀孕的消息，还很肯定地对丈夫说："这个孩子在这个时候到来，应该是老天派来救咱们的。他一定能让咱们家的生意起死回生！"

对于这个在自己最绝望的时候来到的孩子，王明智一方面感到深深的悲哀和苦恼，因为他的明天都不知道在哪里，怎么养活这个孩子；另一方面他也心存一线希望，希望如李菲所言，这个新生命能给自己一家带来新转机。但是他又怀疑，自己已经这么穷困潦倒了，人见人嫌，哪还会有奇迹发生呀？

然而，奇迹真的发生了！

三周后就有人表示，愿意帮王明智渡过难关，并替他担保借到了50万元。王明智靠着这笔钱化解了眼前的债务危机，死里逃生。

看到李菲所言应验了，王明智非常高兴，不仅不再提离婚的事，还盼望孩子能早日出生。由于王明智和李菲本身就符合当地允许生二胎的政策，所以他们很快就办好了准生证，欢喜地等着孩子的来到。

孩子出生了，是一个男孩，王明智更是喜爱异常。这不仅是因为他中年得子，更因为这个孩子给他带来了好运，挽救了他的事业和家庭。于是，王明智决定给孩子起名叫旺旺，希望从今以后一切都兴旺起来。

而事情也果真如此。经历过这次商场惨败的洗礼，王明智在经营上变得踏实稳健起来，又接连赶上了几个好机会，很快扭亏为盈，生意是越做越顺，越做越好。这场危难更让王明智认识到李菲对自己的那份情深意重，实在难得。于是，他对李菲比热恋时更为热情和体贴，并发誓今生对妻子都忠贞不渝，和她永不分离。夫妻俩的感情越来越好，幸福又重新降临在这个家里。

旺旺不仅深受爸爸妈妈的疼爱，也很招人喜欢。他出生没多久，就有人排着队要当旺旺的干爹干妈。他们都说旺旺一脸福相，最能旺人、旺宅、旺生意，要不怎么他的父母一有他就时来运转？大家都想沾沾旺旺的福气。

对于那些主动上门要认干亲的人，王明智都婉言谢绝了。王明智说了，我们家旺旺这辈子只能认一个人做干亲。可这个人却偏偏没有要求认干亲。

这个人究竟是谁？王明智为什么只认他呢？

原来这个人就是在王明智最孤立无援、最危难的时候表示愿意帮助他，并替他担保借到了50万元的吕伟。吕伟可不是一个简单人物。他虽然只比王明智大一岁，但早已是当地一家大型建材集团的副总，而这个建材集团控制着当地建材行业的半壁江山。

王明智和吕伟一向都有生意上的往来，吕伟的生意头脑和品行让王明智很是敬佩。而让他更为感激的是，在他落难的时候，别人都躲得远远的，只有吕伟愿意出手帮他。

对于吕伟的救命之恩，王明智无以为报，因为吕伟什么都不缺。后来，王明智看到吕伟十分喜欢旺旺，旺旺也跟吕伟格外亲，想到吕伟婚后一直没有孩子，他就想让旺旺认吕伟做干爹。

吕伟一听，当即就同意了。成为旺旺的干爹后，吕伟跟王家走动得比以前勤多了。过个一两周，吕伟就带着很多礼物来看旺旺，而旺旺对这个干爹也是十分亲近。就这样，旺旺在爸爸妈妈以及干爹吕伟的争相宠爱中，慢慢长大了，幸福快乐得像个小天使一样。

转眼旺旺就3岁了，该上幼儿园了。为了让旺旺受到最好的教育，吕伟动用了自己的关系，为旺旺联系了一所当地最好的私立幼儿园。2009年9月1日这天，旺旺在爸爸妈妈以及干爹吕伟的前呼后拥下，高高兴兴地走进了这家幼儿园。

没想到，旺旺这一去，就像踩炸了一颗地雷，炸碎了王家所有的幸福和安宁，使这一家从天堂跌入到地狱。

原来，幼儿园在开学后不久，进行了一次新生体检。当体检报告交到前来接旺旺的王明智手中后，王明智一下子就惊呆了！是旺旺患了什么不治之症吗？不是，旺旺身体很健康，项项达标。让王明智惊呆的是旺旺的血型——A 型！

王明智和妻子李菲都是 O 型血。按照医学常理，O 型血的父母是不可能生出 A 型血的孩子。难道是体检报告出错了？王明智赶紧带着旺旺又连验了两次，结果显示旺旺的血型就是 A 型。

看到这个结果，王明智心中闪过了一个念头：难道说，旺旺不是自己亲生的孩子？但他马上就觉得自己这种想法太荒唐了，也太龌龊了。这怎么可能？李菲对他一心一意，在他最危难的时候都没有离弃过他。当初如果没有李菲和旺旺，他是不可能起死回生的。

可是，这血型到底该怎么解释？王明智满怀疑虑。他回到家，便焦急地向妻子询问，希望能从她那里获得解答。然而，李菲听到王明智的质疑后，脸色一下变得苍白，咬着嘴唇，就是不说话。忽然，李菲起身冲进卧室，大哭了起来。妻子的哭声证实了王明智心中的疑虑：旺旺一定不是他亲生的孩子！

此时的王明智简直如五雷轰顶：疼爱了几年的孩子居然不是自己亲生的！他发誓要爱护一生的妻子，居然背叛了他！可笑的是，他还一直说是旺旺带给了他福气，是李菲让他相信了患难与共、忠贞不渝！

于是，王明智逼问李菲，旺旺到底是谁的孩子。李菲却只是哭，什么都不肯说，似乎要死守住这个秘密。王家从此跌入了地狱，以前的欢声笑语变成了争吵声、怒吼声、哭喊声、砸东西声……人们不明所以，但看到王明智一张铁青的脸，也都不敢去王家探问。而旺旺的干爹吕伟这时偏偏出国考察了。

小旺旺不知道出了什么事，只知道宠爱自己的干爹已经好几周没来看自己了；而疼爱自己的爸爸则像变了一个人，总是牢牢抓住自己的胳膊，死死地盯着看，好像要从自己的小脸上看出什么来。每到这个时候，旺旺都害怕极了，吓得哭出声来。

这样的情况愈演愈烈，身为母亲的李菲很怕王明智有一天控制不住情绪，伤害到孩子。于是，她千方百计地联系上了旺旺的干爹吕伟，希望他能把孩子先接过去照顾。

没想到，一向宠爱旺旺的吕伟居然在这个时候拒绝照顾孩子。原来，吕伟所在的那家大型建材集团，是吕伟妻子刘婷婷家的家族产业，而吕伟正是靠了刘家的提携才有了现在的社会地位与成就。可以说，没有刘家，就没有吕伟的今天。所以，吕伟对老丈人和妻子一向是毕恭毕敬，不敢违拗半分。吕伟深知刘婷婷的个性，她或许不会管自己在外面认了谁做干儿子或干女儿，但是这个唯我独尊的富家小姐是不会允许他把一个不相干的孩子带回家的。所以，吕伟婉言拒绝了李菲的提议。

走投无路的李菲思前想后，决定向法院提交诉状。可让人大吃一惊的是，这个诉状竟然是要求由旺旺的干爹吕伟抚养孩子。大家都说，吕伟的行为虽然显得有些薄情，但也情有可原。李菲怎能强人所难，动用法律手段逼迫昔日的救命恩人抚养自己的孩子？然而，并非李菲不懂道理，而是另有隐情。一切还要从吕伟的婚姻说起……

吕伟其实是刘婷婷的第二任丈夫。刘婷婷最初嫁给了一个富商的儿子。婚后，两个同样骄纵自我的人互不相让，争吵不休，最终离婚。刘婷婷回到了娘家，并一跃成为了刘氏集团的副总经理。而此时吕伟已经进入刘氏集团好几年了，尽管他工作出色，但是因为毫无背景，始终是个小小的经理，升迁无望。

一直苦于没有出头之日的吕伟，在集团大会上遇见了刘婷婷，立刻就被她吸引住了，因为刘婷婷的高贵，更因为她的身份。吕伟从此开始热烈地追求刘婷婷，而刘婷婷自从经历了一段失败的婚姻后，决定再找就找个一般出身的人，这样自己就可以永远得到仰视和崇拜。家境普通、相貌清秀、踏实能干又热烈追求着刘婷婷的吕伟，最终成为了刘氏集团的东床快婿，并很快坐上了副总的位置。

然而，吕伟风光无限的背后却有着深深的遗憾，那就是他不能有自己的孩子。原来，刘婷婷在跟第一任丈夫结婚后，才发现自己不能生育。这也是她婚姻破裂的最主要原因，同时让她的许多追求者打起了退堂鼓。只有吕伟表示不计较，自己可以不要孩子，这才成为了刘家的女婿。

婚后，刘婷婷的骄横任性表现得越来越明显，总是对吕伟呼来喝去，刘家上下对吕伟多少也流露出戒备和疏远。在外人看来，吕伟事业成功，老婆能干，还有个财力雄厚的家族企业做后台，真是要风得风，要雨得雨。然而，只有吕伟自己知道，他在这个家族里是多么孤单，多么卑微。每当看到刘家一家人亲亲热热的时候，或者年轻的父母抱着孩子说说笑笑地走过，吕伟就渴望也有个自己的孩子，能让他感受到亲情的温暖。

吕伟的这种渴望越来越强烈，在一次生意伙伴王明智宴请他的酒席上，达到了顶点。因为那天李菲也出席了。

见到李菲的那一刻，吕伟内心“咯噔”了一下。不是因为李菲有多美，而是因为李菲正是他十年前的初恋情人。

十年前，吕伟在一家建筑公司打工，而李菲正在读中专。虽然两人穷得叮当响，但感情还算不错。不久，李菲意外怀孕，不得不去医院做了人流。后来，这事李菲家里知道了，便责骂吕伟又穷又没出息，尽让女儿受罪，要女儿跟吕伟断了。迫于家庭的压力，李菲就跟吕伟分手了。

深受刺激的吕伟去了刘氏集团，发誓要出人头地。但是几年过去了，吕伟不仅没有混出什么名堂，还辗转听说李菲已经嫁人，而且过得不错。之后，吕伟遇见了刘婷婷，便展开了热烈的追求，并最终如愿以偿。

分手后再没见过的两人，居然十年后在饭桌上又见面了。李菲虽然深爱着丈夫王明智，但面对吕伟，内心还是不免起了一丝波澜。吕伟看着昔日的恋人更生出几分留恋，尤其是他一想到这个女人曾经怀过他的孩子，再对比他可能终身都无儿无女的处境，就更是百感交集。

但是，吕伟和李菲当着王明智的面都没有表现出什么异样，并决定不再提起这桩往事。毕竟十年过去了，各有各的家庭了。所以，王明智一直也不知道自己妻子和吕伟还有这样的一段过往。

本来李菲和吕伟两人都打算从此不再联系，各过各的日子。没想到，一场危难把他们偏偏又拴在了一起。

这场危难就是2005年王明智所遭遇的那次生意惨败。李菲看到无人肯帮丈夫，眼见自己就要家破人亡，不得不偷偷去找吕伟，求他帮忙。但是，面对悲伤而无助的李菲，吕伟感到很为难。他在刘氏集团虽然位高却没有实权，动用这么一大笔金钱远远超出了他的能力范围。吕伟把自己在刘家的实际处境全都告诉了李菲。末了，他无奈地说："我现在连要个自己孩子的权利都没有，更别说别的了。"

没想到，李菲听了这句话居然像抓住了一根救命稻草。她不顾一切地对吕伟说："只要你肯帮忙，我愿意给你生个孩子作为报答。"不知是李菲救夫心急，还是吕伟求子心切，或者两人对过去那段有始无终的初恋还都心存一丝眷恋，这个荒唐而又大胆的想法居然被他们认可了，并很快加以实施。当然，一切都是在偷偷摸摸中进行的，除他们俩外，谁都不知道。

不久，李菲怀孕了。在怀孕三个月的时候，她偷偷跟吕伟去医院做了亲子鉴定，确认自己肚子里的孩子就是吕伟的。李菲告诉丈夫王明智这个孩子一定能救得了他们，那是因为她相信吕伟一定会信守承诺。而吕伟确实也遵守了诺言，利用自己的人脉帮王明智借到了钱，化解了危机。

旺旺出生后，吕伟去看他，第一眼就爱上了这个圆嘟嘟的小家伙，而旺旺也一见吕伟就乐。吕伟暗自感叹，有血缘关系真是不一样呀！吕伟很想做旺旺的干爹，这样就能多亲近旺旺。可是，他又怕王明智起疑，便硬忍着没提。没想到，王明智主动提出要旺旺认吕伟做干爹。吕伟别提多高兴了，立刻就答应了。

因此，旺旺的干爹吕伟才是旺旺的亲爹，而旺旺的爸爸王明智其实是旺旺的养父。出于对各自家庭的维护，李菲和吕伟约定这个秘密只能他们俩知道，不能告诉第三个人，要死守住，直到离开人世。

转眼三年过去了，就在吕伟和李菲都以为自己能把这个不能说的秘密安全地守下去的时候，血型事件爆发了。

在血型事件爆发后，李菲一度想死守住旺旺的身世之谜。所以，无论王明智怎样追问，李菲都不愿说出旺旺的亲生父亲是谁。而此时吕伟也选择了出国考察，以求避嫌。但是，当李菲看到王明智死死盯住旺旺的眼神时，她害怕了。李菲找到了吕伟，希望他能把旺旺带离险境，接过去照顾。可是，吕伟在家里的地位让他无法做到这一点，于是他拒绝了。

就这样，一个本来又有亲爹疼又有干爹爱的孩子，转眼却被亲爹和干爹同时嫌弃。可怜的旺旺虽然不是很明白发生了什么事，但大人的情绪他还是能感觉到的。他感到害怕，感到恐惧，越来越爱哭了。

事到如今，一心想要保护儿子的李菲只得铤而走险，向法院提起诉讼，要求变更孩子的抚养权，以求旺旺能离开现在的家，有个好的生长环境。然而，这也就意味着那个至死都不能说的秘密被公开了。

没想到的是，到了开庭的那一天，事情又发生了大逆转——一直拒绝抚养旺旺的吕伟突然表示愿意抚养旺旺。

原来，刘婷婷听说了事情的原委，立刻提出要跟吕伟离婚。她从来都是心高气傲、唯我独尊，哪能容忍丈夫背着自己做出这种事？刘婷婷撂下狠话，命令吕伟一周内净身出户，她要吕伟重新变成穷光蛋，滚出当地，否则就让他走投无路，生不如死。刘婷婷并不是在吓唬谁，凭刘氏集团的势力以及刘婷婷的脾气秉性，她说得出就做得到。

事到如今，吕伟知道说什么都没用了。同时，吕伟也觉得有些轻松，因为这么多年他也受够了刘家的盛气凌人，压抑得快疯了。吕伟决定离婚后到外地重新发展，刚好也能摆脱刘家的阴影。同时，他想带上旺旺，毕竟旺旺是他的孩子，也是老吕家的希望。于是，吕伟在法庭上提出自己愿意抚养旺旺。

然而，更让人没想到的是，王明智突然站出来表示，不能把旺旺交给吕伟，因为他也要抚养旺旺。

原来，王明智在知道了事情的真相后，思想斗争了很久。一方面他不能接受妻子的这种做法，另一方面他也明白妻子这样做都是为了救自己。王明智渐渐对李菲和旺旺的态度和缓了起来。尤其是他想到如果没有李菲和旺旺，自己可能早就家破人亡了，更觉得情有可原。而旺旺虽然不是自己亲生的，但朝夕相处，这个孩子已经成为了他生命中不可或缺的一部分。所以，当他听说吕伟要带走旺旺的时候，突然心如刀割，他决定原谅妻子，继续抚养孩子。

被亲爹和干爹同时嫌弃的旺旺，转眼又成为了亲爹和干爹争相抚养的宝贝。那么，谁最后能得到旺旺的抚养权，是名为干爹实为亲爹的吕伟，还是名为生父实为养父的王明智？

律师说法：有利子女成长的抚养原则>>>

通常情况下，变更抚养关系的纠纷都发生在离婚诉讼中，或是针对离婚后夫妻双方之间。但这个案例比较特殊，发生在两个没有婚姻关系的人之间。

根据我国法律的相关规定，审理这类案件所要坚持的法律原则只有一个，即有利于未成年子女的健康成长。本案中，作为旺旺亲生父母的吕伟、李菲均有法定的抚养义务。在判断由谁抚养旺旺的问题上，法定标准是有利于旺旺的身心健康。

根据吕伟、李菲双方现有的生活环境等实际情况看，李菲一方更为合适，有旺旺熟悉的家庭环境以及王明智的支持。而吕伟要去外地从零开始，居无定所，并且单身一人，这种生活环境对旺旺的身心健康明显不利。

法条链接>>>

●<u>《最高人民法院关于人民法院审理离婚案件处理子女抚养问题的若干具体意见》</u>

人民法院审理离婚案件，对子女抚养问题，应当依照《中华人民共和国婚姻法》第二十九条、第三十条及有关法律规定，从有利于子女身心健康，保障子女的合法权益出发，结合父母双方的抚养能力和抚养条件等具体情况妥善解决。

最后，法院判决由李菲和王明智夫妻俩继续抚养旺旺。而吕伟也表示愿意每月支付一定的费用，作为旺旺的抚养费。

从此，李菲和王明智又重新开始了新的生活。在李菲的不断努力和忏悔之下，王明智越来越能谅解妻子为了挽救自己、挽救家庭所做出的一切。而对于旺旺，王明智也明白了，孩子是无辜的。旺旺和自己的女儿甜甜一样都是李菲身上掉下来的肉，只有让旺旺快乐健康地成长，他才能对得起李菲为自己付出的苦和精神上的痛。王明智更包容李菲了，也更疼爱旺旺。慢慢地，这个家里又传出了欢声笑语。

孩子是无辜的，因为他无法选择自己的出生。这就需要大人在怀孕生子的事情上负起责任来。当大人决定要孩子的时候，不能只考虑自己的需求，要尽量为孩子提供一个公平而幸福的生长环境。孩子不是化解危机的工具，更不是交易的筹码。给每一个初生的生命以尊重和呵护，是为人父母必须承担的责任。而这不光是为孩子负责，也是为自己负责，为家人、爱人负责。李菲瞒着丈夫，生下了吕伟的孩子，虽然是为了丈夫好，但却给丈夫带来了精神伤害，给他们的婚姻造成沉重的打击。而吕伟终因此事婚姻破裂，孤身远走他乡。虽然王明智感念旧情，以宽容的胸怀包容了妻子和无辜的孩子。但这件事已经给李菲、王明智、吕伟以及旺旺的心里投下了阴影。希望这些阴影不要影响到他们的未来，更希望经由这些阴影他们能学会珍惜，学会坦诚，学会如何去面对生命和生活。

进入家谱的情人

关键词　遗嘱和赠与

这是一个黑漆漆的深夜，万籁俱寂。董家大院被笼罩在无边的黑暗里，只有灵堂的白蜡烛发出惨淡的光，照在花圈、挽联和死者的遗像上。死者是董家的男主人董军，七天前刚过世。据说，逝者的魂魄会于死后的第七天也就是“头七”当晚子时返家，所以“头七”又被称为“还魂夜”。

时间到了凌晨 1 点，灵堂里空无一人，静得只能听到钟表走动的声音，嘀嗒，嘀嗒。就在这时，挽联突然动了一下，似乎有一阵怪风穿过，而那阵风不偏不倚地直向东厢房吹去。东厢房的门在黑暗中缓缓地开了……

突然，一个凄厉的女声在东厢房响起：“董军，你怎么回来了？鬼呀！”

第二天，董军家闹鬼的传闻便在村里传开了。人们谈起这事，总会说上一句：“想死的没死成，不想死的死了，可不要闹鬼吗？”

到底是谁想去死？而不想死的怎么又死了呢？这还要从三个月前讲起。

那是 2012 年 3 月，县医院住院部发生了一桩怪事。这天，住院部的值班护士正在护士台配药，突然就听到重症病房里传来了撕心裂肺的哭声。

护士以为是病人不行了，家属着急大哭，便赶紧跑进去看，却被眼前的景象搞糊涂了。只见该病房的病人刘春红手拿着病情卡，正坐在病床上放声大哭。她虽然哭得死去活来，却精神不错，没有一点病危的迹象。

护士赶紧拿过刘春红手里的病情卡，根据上面的记录了解到：刘春红，48 岁，四天前因心脏病突发住院，随时有生命危险；经抢救，现已脱离危险，病情稳定，并且恢复良好。看完病情卡，护士更纳闷了，对着刘春红说："医生已经把你救活了，你为什么还要哭？"

这时，刘春红冒出了一句话，让护士简直不敢相信自己的耳朵。只听刘春红说："我就是哭你们为什么要把我救活？为什么不让我死呢？我想死，我想死，我想死！所以，我恨你们！恨你们！"护士心想，这刘春红不会是精神有毛病吧？

她转脸去看在旁边陪护刘春红的丈夫董军，只见董军脸色铁青，眉头紧皱。对于医院救活了自己的老婆，他没有一般家属该有的那种喜悦和感激，反而充满了深深的烦闷和焦虑。

夫妻俩的表现，都透出一种有违常理的古怪，而其背后的隐情更是一言难尽。

想当年，董军家里很困难。他的父亲是一家工厂的普通工人，母亲身体不好，常年生病，家里孩子还多，一家老小全靠父亲的一点微薄工资生活。然而，就在董军高中快毕业的时候，他的父亲因为一次车间事故死了。作为家中长子的董军便顶替父亲进了工厂上班，从此挑起了养家的重担。转眼几年过去了，有人便跟董军说让他尽早娶个媳妇，这样一来可以帮衬家里，二来也可以照顾董军，于是便给董军介绍了刘春红。刘春红是个没读过几年书的农村人，但是勤快能干，也能吃苦。两人很快就结婚了。

婚后，刘春红果真成了董军的贤内助，操持家务，照顾家人，忙里忙外。而董家的日子自刘春红进门后也渐渐好转。董军可以专心于工作，得到了领导的赏识，步步高升。婚后两年，两人有了自己的儿子。又过了几年，董军的弟妹都相继工作并成家立业，董军的妈妈也安然离世。而刘春红在董军的支持下也开了一个小卖部，贴补家用，颇有盈利。

然而，在辛苦十二年后，面对着安宁富裕的家，刘春红并没有感到有多幸福，反而陷入了巨大的痛苦之中。

因为有了钱的董军，也有了外遇，而且这外遇居然延续了十几年。这场旷日持久的外遇终于摧毁了刘春红，让她对生活充满了怨恨和失望，甚至萌生了想死的念头。这种长期的抑郁和委屈，让刘春红的身体也出了问题。十几年间，刘春红几次因心脏病发作而住进了重症病房。每当这个时候，刘春红反而觉得有一种轻松感，因为她想自己这次要是死了，那就什么都解脱了。

因此，当这次刘春红看到病情卡上“恢复良好”的诊断，明白自己又被医生从死亡线上救回来了，便忍不住放声大哭，因为她知道自己又要面对那场不知何时才能结束的感情撕扯了。

对于董军而言，也是同样的。如果刘春红这次没被抢救过来，那场旷日持久的情感拉锯战自然而然就终止了。他觉得这对谁都是一种解脱。然而，刘春红又活过来了。想到拉锯战还将持续下去，无休无止，董军不免烦闷焦躁起来。

然而，三个月后，拉锯战突然发生了变化，因为董军死了！

董军死于癌症，发现时已经到了晚期，不到一个月就病故了。一心想死的刘春红没有死成，不想死的董军却死了。命运似乎跟董家开了一个诡异的玩笑。

但是，这个玩笑并没有随着董军的病逝而结束，反而发酵出更诡异的事。在董军死后的第七天晚上，董家闹鬼了，据说是董军的亡魂回来了。村里的人都说这是因为董军死得不甘心。

闹鬼事件的真相还没弄清，另一件古怪的事又发生了。董军的老婆刘春红和儿子董小军被人告上了法庭。告他们的居然是董军那延续了十几年的外遇情人——梅姨。而且梅姨说了，自己并不是董军的外遇情人，而是董军的正妻！她是以董军正妻的身份，告刘春红和董小军强占自己的财产继承权。这梅姨岂不是在胡搅蛮缠，她一个外遇情人怎么可能是董军的正妻？

然而，梅姨拿出了一系列的证据来证明自己正妻的身份。梅姨说，自己早在刘春红嫁给董军之前便由董家明媒正娶成为董军的妻子，并且在董氏家谱上，董军名字后面原配一行，明确写着自己的名字而非刘春红的名字。后来，自己进入董家大院，十几年以来一直住在东厢房，而刘春红住在西厢房。按照习俗，东厢房是正妻居住的，而西厢房则是侧室居住的。这一切都证明了她是董军的原配正妻。

梅姨言之凿凿，证据又摆在跟前，那么这个梅姨究竟是什么来路？她到底是董军的原配正妻，还是董军的外遇情人？

原来，梅姨的父亲跟董军的父亲是一对交情很深的老朋友，两家的关系相当好，不是一家人胜似一家人。而梅姨和董军也是自小一起长大的。董军比梅姨大三岁，非常照顾爱护这个妹妹，而梅姨也很喜欢这个哥哥。两人在一起总是说不够、笑不够、玩不够，真称得上是青梅竹马。

当地有结娃娃亲的习俗。两家关系本来就密切，又看到两个孩子这么要好，便给他俩定了亲。而且按照老习俗，说媒、提亲、换庚帖、摆喜酒一样不少，还把梅姨的名字写入了董氏家谱，作为董军原配正妻。董家只等将来梅姨长大了，就正式娶进门。对于董军和梅姨来说，虽然他们年纪还小，并不是太懂婚姻的含义，但也在朦朦胧胧中觉得对方就是自己要相伴一辈子的人。

然而，好景不长。梅姨的父亲因为工作调动去了边疆。从此，两家便断了音讯，两个孩子也再没见过。转眼董军便到了二十多岁。出于养家的压力，他经人撮合娶了刘春红。不过，董军对刘春红并没有太深的感情。在他乃至董家老人的心里，梅姨才称得上是原配。而后来，人们不再重视家谱，也没人再去修家谱。所以，在董氏家谱中，董军原配正妻一栏中仍然是梅姨的名字。

而自打梅姨一家去了边疆后，便在当地定居了。梅姨和哥哥长大后都跟当地人结了婚，生了孩子。根据政策，梅姨一家是可以回故乡的。梅姨一直都想回去，尤其是跟丈夫离婚后，她更想带着女儿回老家。在她的心中，故乡比这里好得多。可是，梅姨的父母年纪大了，在当地生活了二十多年，已经习惯了，都不想再动，加之梅姨的嫂子不愿离开老家，哥哥要陪老婆，梅姨的父母也要照看孙子。最后，便只有梅姨带着四岁的女儿回到了阔别多年的故乡。

在一次同乡聚会上，梅姨跟董军碰面了。尽管董军已经有了家庭，但是，在年少时期就埋下的那段感情还是不可遏制地复燃了，而且梅姨还光明正大地带着女儿住进了董家大院的东厢房，一住就是十几年。

那么，刘春红怎么可以容忍梅姨住这么久，而且还是住在代表正位的东厢房里，跟自己共享一个丈夫？这刘春红也太软弱，梅姨也太嚣张了吧。然而，这事真不能怪梅姨，因为当初正是刘春红请梅姨住进来的。

原来，刘春红在跟董军结婚十年后，就查出患有一种比较少见的心脏病。因为这个病，刘春红几次病危住进了医院，险些丧命。为了给刘春红治病，董军花了不少钱，跑了不少地方，但是几乎没有什么效果。因为根据目前的医疗水平，刘春红所患的这类心脏病是没有什么治疗办法的。各大医院的医生给刘春红下的诊断都是一样的：此病必须静养，只要发病就可能立刻死亡，而且最多只能再活两年。

这个诊断意味着，刘春红没有多长时间可活了，她不能再做任何重活、干任何工作，只能在家小心翼翼地养着，而且也不知何时就会倒地死亡。生活刚刚好转的刘春红和董军看到这样的诊断，都像掉入了冰窖一样。尤其是刘春红，她看到刚刚积攒起来的一点家底被自己的病又耗得差不多了，小卖部的生意因为无人打理也不得不关门，年幼的儿子可能很快就会失去妈妈……想到这些她就心痛得要死，但是又没有办法。而这时，她又听到了另一个坏消息，那就是丈夫董军有外遇了。刘春红觉得自己仿佛一下就被甩进了黑暗和绝望的漩涡里。

然而，在绝望之后，丈夫的外遇居然让刘春红有了一个异想天开的想法，她还因此产生了一种起死回生的兴奋感。

原来，从别人的口中，刘春红了解到，丈夫董军的这个外遇情人梅姨是董军以前的娃娃亲，自小和董军感情就很好。梅姨对董军不错，董军对梅姨也很照顾。现在，梅姨离婚了，带着自己的女儿一个人回到故乡，生活得也挺不容易的。

刘春红就想，反正自己也没多长时间可活了，自己走了以后，这董军八成是要跟梅姨一起过的。与其等到那个时候，还不如现在就让梅姨住进董家。董军和梅姨肯定会很感激自己的大度，会对自己尤其是对自己的儿子好。这样，自己走后也能放心了。再说了，自己现在身体这样，家里家外什么事都做不了。梅姨进来能料理家务，让这个家像一个家；还能打理小卖部，贴补家用和自己看病吃药的花费。

尽管跟另一个女人分享丈夫，让刘春红内心隐隐作痛，但是想到儿子、丈夫和这个家的今后，她觉得这样做是条活路，并对自己的这种自我牺牲和成人之美生出了一种莫名的崇高感。

听了刘春红的建议，本来就对梅姨旧情难了的董军，在沉默了半晌后便同意了。于是，刘春红便向梅姨发出了邀请，让她住进自己的家。为了表示自己的诚意和大度，也为了让梅姨和董军更感激自己，刘春红主动提出让梅姨带着女儿住在代表正位的东厢房，而自己则带着儿子搬进了西厢房。就这样，由一夫两妻构成的奇特的一家，生活在了一个屋檐下，并呈现出难得的和谐。

然而，这样的和谐在维持了很长一段时间之后，便开始渐渐起了变化：当时一心想把梅姨请进来的刘春红，又一心想把梅姨撵出去。

原来，自梅姨进入董家大院后，料理家务、照顾家人、打理小卖部，一切做得井井有条，董家又恢复了以前的生机和富裕。刘春红也因此能够静心休养，不用再去操心丈夫儿子没饭吃、家务没人做、小卖部赔钱、吃药花钱等事，可以说，再无后顾之忧。她的病情便开始稳定下来。很快，医生所说的两年大限到了，刘春红仍活得好好的。四年、六年、八年过去了，刘春红还是活得好好的。

看到这个奇迹，为刘春红治疗的医生都很高兴，然而刘春红家里的气氛却越来越凝重尴尬。

梅姨原以为顶多四年，自己就能名正言顺地嫁给董军。没承想，八年了，自己还是这样没名没分地为董家操劳。而且看刘春红的样子，再多活几年也应该没问题，不知自己什么时候才能熬出头。梅姨心里不由得多了抱怨和委屈，当初对刘春红的那些感激早就没了，她甚至怀疑刘春红是别有用心。

董军觉得自己家委屈了梅姨，加之他本身对梅姨很有感情，当然就加倍爱梅姨。他常年住在梅姨的东厢房，很少去刘春红的西厢房。家里的财政大权等一切事务，董军都交给梅姨，完全由梅姨做主。平时走亲访友、聚会游玩，他都带着梅姨。很多不了解董家情况的人，都以为董军的老婆就是梅姨。

这让刘春红觉得自己实在是太委屈了。她当初那么大度地让梅姨进门，住进东厢房，两人都对她千恩万谢。可事到如今，这两人一个抱怨她，一个冷淡她，好像她多活几年就多对不住他们似的，真是恩将仇报！刘春红从此便跟梅姨和董军怄上了气。气不过的时候，她就想把梅姨撵出家门。可是谈何容易，董军根本不同意，还把刘春红一顿数落，反说她恩将仇报，让她记住如果没有梅姨就没有这个家的今天。

这样别别扭扭的日子，一过又是八年。在这漫长的时间里，三个人不知生了多少闷气，结了多少怨。梅姨的委屈和无奈自不必说，刘春红也多次萌生了想死的念头。董军有时候也觉得刘春红如果就这样病死了，自己就能顺理成章地娶了梅姨，这无论对三个人中的哪一个，都是一种解脱。

然而，想死的刘春红没死成，想等刘春红死了自己好娶梅姨的董军却死了。董军就这样一闭眼走了，留下了东西厢房的两个女人和十几年的恩恩怨怨。这恩恩怨怨在董家满是花圈和白纱的大院里继续翻腾着，于是就发生了董军“头七”闹鬼的事。而正因为这闹鬼的事，梅姨怒不可遏地把刘春红和她的儿子董小军告上了法庭。

原来，董家闹鬼是刘春红指使儿子董小军做的。刘春红早就想把梅姨撵走。董军死后，她更觉得一天都不能跟这个女人共处一个屋檐下，因为十几年来这个女人霸占了丈夫全部的爱，还一直盼着自己死。于是，在董军“头七”的那夜，刘春红让儿子董小军扮成董军的样子，偷偷溜进梅姨住的东厢房去吓她。

董小军本来就长得很像父亲，又穿上了父亲生前的衣服，乍一看，就跟董军一样。梅姨在黑暗中看到了，以为是董军的亡魂“头七”还魂了，吓得连声尖叫：“董军，你怎么回来了？鬼呀！”事后，她也明白过来，这是刘春红做的。想到董军已死，女儿又在外地上学，自己一个人住在董家大院，势单力孤，不知道还会遭遇什么，梅姨便决定先搬出去，以保证自己的安全。

闹鬼这事本来就让梅姨生气，后来她又听说，董小军把董军的房产全都过户到他自己名下，梅姨更是气得不行。没想到，董军尸骨未寒，自己就被这样对待，在董家辛苦十几年什么都没落下。于是，梅姨便以董军正妻的身份状告刘春红和她的儿子强占了自己的财产继承权。

而她告状的依据则是董军在住院期间写下的一份协议。当时的董军虽然知道自己病得很重，但他并不认为自己会死。他觉得刘春红早就被医生判死刑了，后来还活了这么多年，自己怎么可能说死就死呢？然而，医生再三嘱咐梅姨和刘春红要做好思想准备。

由于董军名下有房产，为了防止董军死后可能产生的财产纷争，梅姨、刘春红和董小军便来到董军病床前，希望他能立遗嘱做一个明示。董军不愿意立遗嘱，他觉得这样做不吉利，但又拗不过刘春红他们。于是他就写下了一份协议书，把董家大院一分为三，梅姨、刘春红和董小军各占一份。最后，四人分别在协议书上签了字，表示同意。

可是，在董军死后，董小军却拿着父亲的房产证，在刘春红的协助之下，把本来在协议书中说好了分给梅姨的房产通过继承的方式过户到了自己名下。

法庭上，梅姨拿出董军住院期间四方签订的协议书，认为这是董军生前留下的遗嘱，应该按照董军的遗愿进行房产分配，刘春红母子强夺了自己的财产。而刘春红则拿出了结婚证，以董家大院是自己和丈夫的共同财产为由，要求法院驳回丈夫情人的诉求。

那么，梅姨所拿的协议书算董军的遗嘱吗？刘春红母子的行为是否属于强夺他人财产？董家大院到底应该归谁所有呢？

律师说法：遗嘱和赠与>>>

遗嘱是指遗嘱人生前，按照法律规定的方式对其遗产或其他事务所作的个人处分，并于遗嘱人死亡时发生效力的法律行为。

赠与是赠与人将自己的财产无偿给予受赠人、受赠人表示接受的一种行为。这种行为的实质是财产所有权的转移。赠与行为一般要通过法律程序来完成，即签订赠与合同。

显然，遗嘱和赠与的区别在于是对生前财产的处分还是对死后财产的处分。遗嘱是对死后财产的处分，赠与是对生前财产的处分。遗嘱是单方的行为，无论是自书遗嘱、代书遗嘱、公证遗嘱都不会以协议的形式出现。

当初董军起草的那份协议书是对现有的财产即对生前财产的处分，并没有涉及自己死后财产如何处理。只是董军没有想到他写完这份协议没多久就死了。从法律上看，这是一份赠与协议。

对于赠与来讲，动产是以交付为完成要件，不动产是以过户登记为完成要件。本案中董军要赠与的是房产，必须过户登记给梅姨才算赠与完成。因为董军突发疾病去世，没有能够在生前把房子过户给梅姨，而作为董军房产的法定继承人——刘春红和董小军现在又不同意继续赠与给梅姨，这样的赠与就是没有完成，当然也不可能再完成了。刘春红母子的行为没有侵犯到梅姨的权益。梅姨不是董家的家庭成员，不能分得房屋。董家大宅由刘春红母子继承。

法条链接>>>

●《中华人民共和国合同法》

第一百八十五条　赠与合同是赠与人将自己的财产无偿给予受赠人，受赠人表示接受赠与的合同。

第一百八十七条　赠与的财产依法需要办理登记等手续的，应当办理有关手续。

●《中华人民共和国继承法》

第十条　遗产按照下列顺序继承：

第一顺序：配偶、子女、父母。

第二顺序：兄弟姐妹、祖父母、外祖父母。

继承开始后，由第一顺序继承人继承，第二顺序继承人不继承。没有第一顺序继承人继承的，由第二顺序继承人继承。

本法所说的子女，包括婚生子女、非婚生子女、养子女和有扶养关系的继子女。

本法所说的父母，包括生父母、养父母和有扶养关系的继父母。

本法所说的兄弟姐妹，包括同父母的兄弟姐妹、同父异母或者同母异父的兄弟姐妹、养兄弟姐妹、有扶养关系的继兄弟姐妹。

第十六条　公民可以依照本法规定立遗嘱处分个人财产，并可以指定遗嘱执行人。

公民可以立遗嘱将个人财产指定由法定继承人的一人或者数人继承。

公民可以立遗嘱将个人财产赠给国家、集体或者法定继承人以外的人。

最后，人民法院驳回了梅姨的诉讼请求。

案件审理完后，刘春红和董小军便安心在董家大院居住，而梅姨则住进了另一处房子。这处房子是董军生前为了安抚梅姨，背着刘春红悄悄买给梅姨的，早已过户到梅姨的名下。对于这处房子，刘春红其实早就知道。但是，董家大院房产案后，她没有再次发起对这处房子的追讨。或许是董军的死和房产官司让她累了、倦了，或许是十几年的相处让她愿意给情敌一个安身之处，毕竟她们爱过同一个男人，而现在那个男人已经死了，她们也都老了……

十几年来，在董家大院里，董军和他的两个妻子在同一个屋檐下奇特而别扭地生活着。他们经历春夏秋冬、经历生老病死、经历命运的作弄和感情的折磨，却没有迎来向往的解脱和安宁。在这场旷日持久的感情拉锯战中，梅姨一直住在东厢房，却始终有实无名；刘春红一直住在西厢房，却始终有名无实。两个女人的青春、容颜、感情、希望和幸福都被消磨殆尽了。而董军，他生前左右为难，死后仍要面对两个女人的怨气和纷争，不得安宁。或许，有人认为，一个男人同时拥有东西厢房是一种福气。事实证明最终却只能酿成悲剧，当事人无一幸免。因为无论爱情，还是婚姻，都需要忠诚和专一。

流浪汉和小娇妻

关键词　不公开审理　拐骗儿童罪

2010年11月的一天下午，一个居民小区门口收破烂的地方，闹哄哄地围着一群人。一个六十多岁的老太太拽着一个中年男人，口里喊着："你这个人贩子，跟我去派出所。"在中年男人旁边，站着一个年轻的小媳妇，抱着一名两岁左右的男孩，满脸焦急的神色。

这时，一辆警车开了过来，停在了路边。从车上，下来了两名警察。他们径直走到这个被拽的中年男人跟前，其中一个开口问道："你是王老茂吗？"中年男人疑惑地看着警察，点了点头。在得到肯定的答复后，两名警察出示了相关的证件。之前问话的那个警察严厉地说："你涉嫌拐骗儿童，请跟我们到公安局协助调查。"说完就拿出了明晃晃的手铐，要把王老茂铐起来。

王老茂大声叫嚷："你们搞错了吧？我没拐骗儿童，这孩子可是我亲生的。"说完，他转向身边那个抱着孩子的小媳妇，催她赶紧解释。这个小媳妇不是别人，正是王老茂的媳妇，名叫小婷。她一直跟着王老茂，在小区以收破烂为生。

此时，小婷的脸一下涨得通红，急忙说："是啊，是啊，这孩子是我们亲生的，不是拐骗来的。这事，张大妈可以给我们作证。"说完，小婷就眼巴巴地看着刚才拽王老茂的那位老太太，央求她说句公道话。谁知，那位老太太竟然背过脸去，一声不吭。

警察开口说："这事，张大妈可证明不了。"随即，扭过头对王老茂说：

“你还是赶紧跟我们走一趟，去把事情交代清楚。”说完，警察就把王老茂带上了警车。

很快，警车载着王老茂疾驰而去，消失在大家的视线中。留在原地的小婷，见状急得一下哭了起来。她怀里的小孩，也被这样的场景吓得“哇哇”直哭。

王老茂被抓走以后，围观的小区居民就议论开了。拐骗儿童可是很严重的罪名，难道小婷怀里抱的小孩真的是王老茂拐来的吗？有人说：“这个王老茂一看就不是什么好东西，总是贼眉鼠眼的。那个小孩一定是他从谁家拐来的。真可怜呀！”也有人说：“王老茂和小婷这两口子虽然年龄相差大点，可他们看起来都很老实，对那个小孩也特别好，应该是亲生的吧。”

刚才不吱声的那位老太太，也就是小婷希望她能够替王老茂作证的张大妈，此时开口说话了，而她说出的话让围观的小区居民都大吃一惊。因为她说：“王老茂拐骗的，确实不是那个小孩，那小孩是他亲生儿子。他拐骗的，是他媳妇——小婷！”

大家闻言不由得议论纷纷，满腹狐疑：儿子是亲生的，媳妇却变成被拐骗的了？就算媳妇是被拐骗来的，那能叫拐骗儿童吗？张大妈为什么对这个事这么肯定？张大妈说的到底是真是假？

张大妈退休以前是搞计划生育工作的，退休之后也闲不住。小区里，谁家的媳妇马上要生了、谁家添了孩子、哪个孩子是剖腹产的……张大妈都了如指掌。

像王老茂家这样后搬来的，张大妈都会亲自登门去打探情况。所以，张大妈非常清楚，小婷怀里抱着的那个小孩，是王老茂的亲生儿子，小婷怀胎十月生下来的。而张大妈之所以一口咬定小婷是被王老茂拐骗的，源于一次聊天时小婷不小心说漏了嘴。

原来，小婷是留守儿童，从小在老家跟着姥姥长大。一直到她 11 岁时，父母才把她接到自己打工的城市，共同生活。由于从小就跟父母缺乏感情交流，小婷又到了青春叛逆期，加之对新环境不适应，所以小婷常常跟父母发生争吵。

有一次，小婷被父母骂了两句，就跑到家外面的马路上大哭，正巧碰到住在隔壁的王老茂。王老茂不但给她买冰淇淋，哄她高兴，还听她讲自己的委屈，站在她这边帮她说话。小婷顿时对这个三十出头的男人产生了好感。在小婷眼里，比她大将近二十岁的王老茂不像是叔叔，更像是同辈人，于是她亲切地叫他大哥。

在这之后，小婷每次一和父母发生争吵，就跑到隔壁王老茂家，向他诉苦。而王老茂也尽力安慰她，想着法儿地逗她开心。小婷觉得，只要跟王老茂在一起，她就特别高兴。她认为，世界上对自己最好的就是王老茂了。

小婷13岁这年，因为一次成绩不理想，父母说了她几句，她就跟父母大吵了一架。事后，她哭着跑到王老茂家，嚷着："我不读书了，我也不回那个家了。"她央求王老茂带自己离开这里。

王老茂是个孤儿，一直过着一个人吃饱全家不饿的日子。现在面对小婷的苦苦哀求，他突然觉得自己对这个小姑娘是有责任的；再加上他本来就没有固定工作，也正打算去别的地方碰碰运气，于是就真带着小婷偷偷离开了这座城市。

一开始，两人为了躲避小婷父母的寻找，一直东躲西藏。他们每到一处，都不会住太长时间，长则半年，短则一个月，就又离开了。后来，慢慢地，两个人竟然习惯了这种居无定所的流浪生活。时间一晃，就过了两年。在这两年中，王老茂与小婷的感情更深了，也更微妙了。

在小婷15岁生日那天，王老茂特意给小婷买了一个生日蛋糕。当天晚上，王老茂给小婷过生日。两人有说有笑地吃着蛋糕，喝着啤酒。酒过三巡后，王老茂有些醉了。借着酒劲儿，王老茂大着胆子对小婷说："小婷，要不，你做我老婆吧。我一定对你好。"说完，他竟然弯下腰去亲小婷的额头。

令他惊喜的是，小婷并没有躲开，而是羞红了脸任他亲吻，还低下头，使劲地点了点。也许是颠沛流离的生活拉近了两个人的心，也许是小婷情窦初开时身边只有王老茂这个成年男子……总之，小婷接受了王老茂的示爱。

王老茂激动地把小婷紧紧搂进怀里，再三发誓要一辈子对小婷好。他深情地对小婷说：“我虽然不能给你荣华富贵的生活，但我能保证，你吃肉的时候我吃馒头，你吃馒头的时候我喝粥，你喝粥的时候我喝水。”小婷听得如痴如醉，又羞又喜。当晚，王老茂和小婷就发生了关系。在这之后，两人便正式以夫妻的名义在一起生活了。

小婷没有工作，全靠王老茂外出打工维持生计。王老茂有时去建筑工地当一阵临时工，有时到别人家里打几天散工。没活儿的时候，他就去捡破烂卖，后来还弄了一个废品收购摊子。有人便戏称王老茂为“破烂王”。虽然收入微薄，但维持两个人的生计还不成问题，他们的流浪日子还是过得挺甜蜜的。所以，有人说王老茂是幸福的破烂王，因为他身边跟着一个年轻的小娇妻——小婷。

后来，王老茂带着小婷流浪到北方某市，准备踏踏实实找一份工作稳定下来。谁知2008年刚过完年，一件意想不到的事使他们本来不宽裕的生活更加雪上加霜。

这天傍晚，小婷正在租住的工棚里洗衣服，突然觉得一阵头晕目眩，晕了过去。晚上，王老茂打工回来才发现小婷倒在地上，急忙把她送到了附近的医院。一通检查之后，王老茂被告知，小婷已经怀孕三个月，现在胎儿和孕妇的状况都不好，需要马上住院。

王老茂一听，脸“刷”地就变白了。他顾不得多想，赶紧让医生开住院单子。办理住院手续时，医院要求预交5000元住院费，王老茂顿时傻眼了。刚才的检查已经花了几百元，现在他浑身上下总共加起来还剩下不到两百元。无奈之下，他只好带着小婷偷偷地离开了医院。

因为营养不够，小婷的身体越来越差。王老茂看在眼里，急在心里。随着小婷的肚子一天天大起来，王老茂的紧迫感也越来越强。于是，在小婷临盆前的一个星期，他决定为了怀孕的媳妇和即将出生的孩子铤而走险一次。

王老茂本想趁着夜深人静的时候，在自己平时经常捡破烂的那几条街，找个人家偷偷翻进去，偷些东西出来卖，好凑够小婷的生产费，还能再给孩子攒两个奶粉钱。谁知，第一天夜里，他正准备动手时，就被晚上起来上厕所的老大爷当场发现。王老茂磕头求饶、好说歹说，好不容易才求得人家不追究。

这件事使王老茂的自尊心受到了沉重的打击，同时他心里开始隐隐产生了对小婷的埋怨。如果她没有跟着自己，自己就不用养活两个人；如果她没有怀孕，自己也不会沦落到要去偷东西的地步。王老茂甚至想，是不是应该把小婷送回她父母身边去。

而小婷呢，她觉得王老茂太糊涂了。穷，并不丢人；可去当贼，就太丢人了。想到这儿，小婷也隐隐地开始后悔怀了这个孩子，甚至开始后悔跟王老茂出来流浪。小婷想念自己的父母了。

然而，两个人的这些想法都埋藏在各自心底，没有说出来。随后，他们很快打消了这些念头。因为小婷怕回家要挨父母严厉的责骂，甚至觉得父母看到怀孕的自己，非打死自己不可。而王老茂也觉得，小婷父母肯定不会轻饶他，说不定还会把他送到公安局，扣上个人贩子的帽子，还是别自找麻烦的好。

可是没有钱，这接下来的日子该怎么过呢？尽管两人一筹莫展，这个来得不是时候的小生命还是如期而至了。小婷临产的时候，因为没钱去城里的大医院，只好去了一家乡镇小医院。

这天凌晨三点多，值班医生发现小婷情况不对，赶紧把她推进了手术室。王老茂焦急地扒着手术室的玻璃门往里张望，但什么也看不见，只听到小婷发出一阵阵惨叫。

过了一个多小时，一位护士小跑着出来说："母子平安，赶紧拿婴儿的棉袄来包孩子。"王老茂一下愣住了，语无伦次地说："生啦？是男孩，还是女孩啊？孩子的棉袄，我没来得及准备，您看我的棉袄行吗？"说着，王老茂就脱掉了自己的棉衣。护士嫌弃地撇了撇嘴，接了过去。没一会儿，护士抱着一个婴儿出来，递给王老茂说："男孩，5 斤半重。"之后，小婷也被推了出来送到病房。

医生说：“刚才太险了，再晚一会儿，孩子就憋坏了，产妇也会出事。现在，产妇身体比较虚，多住两天院吧。”王老茂本能地摸了摸自己瘪瘪的裤兜，慌忙说：“我们回家养，回家养。”医生和护士怎么劝也不管用，第三天王老茂就给小婷办理了出院手续。

孩子出生以后，开销就更大了。再加上小婷产前过于劳累、营养不良，她的身体也越来越差。而孩子也因为先天发育不足，总是生病。这一切，让王老茂感到前所未有的压力。后来，在好心人的帮助下，王老茂在小区门口摆起了收破烂的摊子，小婷也经常抱着儿子在一旁帮忙。时间一长，小区的居民对这一家人就熟悉起来，有的热心人还时不时给他们送来旧的小孩衣服和玩具。他们的日子总算是渐渐稳定了下来。

然而，好景不长，就在这一家三口刚开始新生活的时候，又发生了一件事，彻底打破了他们平静的生活，也让所有人都大吃一惊。

那是2010年，全国开展第五次人口普查工作。张大妈成为了志愿者，义务帮忙登记小区所在这条街的人员情况。轮到登记王老茂一家的户口情况时，张大妈发现孩子快两岁了还没有上户口，便赶紧动员小婷去给孩子报户口。谁知小婷支支吾吾的，像是有什么难言之隐。细心的张大妈觉得这事蹊跷，就留心起来。

一天早上，王老茂想睡个懒觉，谁知儿子一直哭闹个不停。王老茂烦了，对小婷乱发了一通脾气，然后摔门走了，留下小婷愣在那里。张大妈听见孩子的哭声赶过来，才发现孩子发高烧了，便赶紧找人把孩子送去医院。

看着哭成泪人的小婷，张大妈把她拉到一旁，拍着她的肩膀，慈祥地说：“孩子，别难过，你有什么难处就告诉大妈吧。大妈给你做主。”听到这话，小婷哭得更厉害了。在张大妈柔声细语的劝导下，小婷最终哭哭啼啼地把两人的过去全都说了出来。

搞了一辈子计划生育工作的张大妈听完，“噌”地站了起来，觉得问题很严重。第二天，她就向当地的派出所报了案，并在小区门口截住王老茂，说他是人贩子，要拽着他去派出所。

而警察接到张大妈的报案后，也立即展开了侦查，调查发现：小婷没有跟王老茂领过结婚证；小婷现在实际年龄只有18岁，她的儿子却已经快两岁了，这么算起来，她16岁就生孩子了；而且小婷跟王老茂离家出走的时候才只有13岁，这已经涉嫌拐骗儿童罪。获悉这些情况后，警察立即对王老茂进行了抓捕。

王老茂被抓捕后，如实向办案警官交代了一切。案件很快移送检察院提起了公诉，法院决定开庭审理此案。但因为案件涉及当事人的个人隐私，于是进行了不公开审理。

律师说法：不公开审理>>>

不公开审理是指人民法院在进行诉讼活动时，根据法律规定或者其他正当事由，对案件不进行公开审理的司法审判制度。一般对涉及国家秘密、个人隐私、未成年人犯罪等这样的案件，进行不公开审理。或者根据当事人的申请，对涉及商业秘密、离婚案件等也可以进行不公开审理。

法庭上，王老茂委屈地说："法官，当初是小婷求我带她走的，后来也是她自愿答应做我老婆的。这几年，我对她是一心一意，从头到尾我都没有骗过她，也没亏待过她。我们俩在一起是有真感情的。而且我从来没有限制过她的人身自由。她要是愿意，随时都可以回到她父母身边去。不知者无罪。我真不知道，她自愿跟我走也是拐骗啊！我真的是太冤枉了！"

王老茂说的都是实话，小婷是自愿跟他走的，他并没有骗她。那么，王老茂究竟算不算拐骗呢？

律师说法：拐骗儿童罪>>>

拐骗儿童罪就是指以欺骗、引诱或者其他方法，使不满14周岁的儿童脱离家庭或者监护人的行为。

拐骗儿童罪的四个构成要件是：

该罪侵犯的客体是他人的家庭关系和儿童的合法权益。拐骗的对象是不满 14 周岁的未成年人。本案中，小婷跟王老茂走的时候，只有 13 岁，显然符合这个条件。

该罪在客观方面表现为采用蒙骗、利诱或者其他方法，使儿童脱离自己的家庭或者监护人的行为。拐骗的手段是多种多样的，比如给儿童爱吃的食物、喜爱的玩具、好看的衣服以及带去玩耍等，骗取儿童的好感后将其拐走。本案中，王老茂正是获取了小婷的信任和好感，使得她自愿跟他走。

该罪的主体为一般主体。凡达到刑事责任年龄且具备刑事责任能力的自然人均能构成本罪。本案中，王老茂是成年人，具备刑事责任能力。

该罪在主观方面表现为故意。本案中，王老茂在小婷 13 岁时，故意将其带走，使其脱离父母的监管。

所以，王老茂虽然没有恶意，但仍然完全符合拐骗儿童罪的四个构成要件，构成了该罪。

那么，王老茂的行为是否构成强奸罪呢？根据我国刑法的规定，奸淫不满十四周岁的幼女的，以强奸论，从重处罚。也就是说，如果女方未满 14 周岁，即使是自愿的，与其发生性关系也将构成刑法上的强奸罪。本案中，王老茂是在小婷满 15 岁之后才和她发生性关系的。因此不构成强奸罪。

法条链接>>>

● 《中华人民共和国刑法》

第二百六十二条　拐骗不满十四周岁的未成年人，脱离家庭或者监护人的，处五年以下有期徒刑或者拘役。

最后，法院经过审理，判决王老茂犯拐骗儿童罪，判处有期徒刑 8 个月。

王老茂入狱后，走投无路的小婷带着孩子回到了自己的父母家。小婷父母自从她出走后，一方面报警，另一方面发疯一样四处寻找，几乎花光了所有的积蓄，但却一无所获。

现在，看到18岁的女儿抱着快两岁的孩子走进家门。比起仍在上学的同龄女孩，小婷显得是那么憔悴、那么疲惫、那么羞愧，父母心疼得落下泪来。他们后悔自己对女儿疏于照顾，又不够耐心，导致女儿这么小就吃了这么多的苦，摔了这么大的跟头。一家人重聚一堂，抱头痛哭，哭声传出去很远，很远……

王老茂在法庭上口口声声说自己“不知者无罪”，真是这样吗？其实，这只是王老茂对法律的一种误解而已。王老茂误将有罪认为无罪，他以为小婷自愿，他就可以带走她，殊不知已触犯了法律。他“不知”，不代表他“无罪”。说到底，都是因为王老茂不懂法律。而知法、懂法，是守法的前提。因为无知，王老茂不得不在监狱里度日，赔上了自己的自由。因为无知，本是花季少女的小婷过早踏入了成年人的世界，赔上了自己的青春。可见，无知是多么害人！所以，千万不要再把无知当借口，否则就要为无知付出高昂的代价。

夺命的婚纱

关键词　侵权责任承担

2007年8月6日这天，是新郎孙强和新娘杨莉莉的大婚之日。一大早，太阳就火辣辣地点燃了大地，空气里一丝风都没有。上午9点，举办婚礼的酒店里，亲朋好友都到齐了，却不见新郎新娘的身影。就在大家等得有些着急的时候，杨妈妈突然接到新郎孙强打来的电话。电话里，孙强的声调都变了，慌张地说："莉莉昏倒了，非常危险！赶紧来医院吧。"

杨妈妈一听，马上起身冲向孙强所说的那家医院。然而，她再见到女儿时，女儿已经停止了呼吸！亲朋好友闻讯无不既震惊又难过，杨妈妈更是当场就背过气去。大家手忙脚乱地又是掐人中，又是拍后背，好不容易才把她抢救过来。杨妈妈醒过来后，跟杨爸爸抱头痛哭。转眼间，一桩兴高采烈的喜事变成了一场悲痛欲绝的丧事。

杨妈妈清楚地记得，当天早上刚过6点半，家里的门铃就被摁响了。来的是孙强，他要接杨莉莉去婚纱摄影店化新娘妆。因为这个婚礼，杨莉莉紧张得一夜未睡，早早就坐在家里等孙强。见孙强来了，杨妈妈牵过女儿的手，交到了孙强手上，再三嘱咐他们早去早回，别耽误了婚礼的吉时。杨妈妈还记得女儿提前就穿好了那件精美绝伦的鱼尾式婚纱，喜滋滋地回头说："妈，等我待会儿出现在婚礼上，你就会看到你女儿是全世界最美的新娘。"杨妈妈目送女儿消失在路口，阳光洒在女儿闪闪发光的婚纱上，女儿就像一条晶莹闪亮的美人鱼。

然而，三个小时后，走的时候还活蹦乱跳的女儿，竟变成了一具冷冰冰的尸体。杨家二老对此又悲痛，又愤怒，又不解：好端端的一个大活人，交到你孙强的手里，怎么说没就没了?！你把莉莉带走，到底对莉莉做了什么，导致她突然就死了?！

被悲愤的杨家人团团围住的孙强，面色惨白。他声音嘶哑地说："今天是我和莉莉大喜的日子。我爱莉莉还来不及，怎么会去害她呢?"接着，孙强回忆起当时的情景。

早上7点，他把穿着婚纱的杨莉莉送进婚纱摄影店的化妆间。杨莉莉特意告诉他不能进化妆间，要等自己完全打扮好后，出来给他一个惊喜。所以，从7点到9点这两个小时里，他一直在化妆间门外等着。因为怕错过了举行婚礼的吉时，他还不停地催杨莉莉和化妆师。

终于，他听到化妆间里传来了欢呼声："好了！好了！新娘子可以出嫁了！"他松了一口气，准备起身，带杨莉莉赶往酒店的婚礼现场。

然而，就在这时，只听化妆间内"咚"的一声巨响，紧接着传来了一片惊叫声："啊！不好了！"他吓得一脚踢开了化妆间的门，立刻被眼前的一幕惊呆了！只见杨莉莉倒在地上，被鱼尾式婚纱紧紧包缠着的身体不停地抽搐，呼吸急促，面色惨白，牙床发紫。而屋内其他人都惊叫着缩到了墙角，抖成了一团。他赶紧抱起杨莉莉，冲出化妆间，赶往附近的医院。然而，不幸还是发生了：杨莉莉，死了！

听完孙强的讲述，大伙儿都明白了，杨莉莉是在婚纱摄影店的化妆间里出的事。杨家立刻带人把杨莉莉出事的那家婚纱摄影店包围了，而事发当日的现场目击者——婚纱摄影店老板兼化妆师阿珍和她的两个助手也成了众矢之的。群情激愤的杨家人把她们几个推来搡去，要她们给杨莉莉偿命。

那么，在7点到9点这两个小时里，化妆间里究竟发生了什么，会让杨莉莉栽倒在地，最终死亡?

阿珍身陷杨家的指责质疑中，一脸懊恼，不停地解释说：她和两个助手从早上7点就来到化妆间，给杨莉莉化妆、盘头，忙得四脚朝天、满头冒汗。因为时间紧，杨莉莉又要求高，她们连化妆间都没出，直到上午9点才把杨莉莉全部打扮好。这时，她们才松了一口气，欢呼道：“好了！好了！新娘子可以出嫁了！”并准备把杨莉莉送到化妆间外，交给孙强。

这时一直坐着的杨莉莉也站起身来，往外走。但不知怎地，杨莉莉突然就“咚”地摔倒在地，浑身抽搐，不省人事，把她们吓得都尖叫起来。之后，孙强就破门而入了……

阿珍的两个助手说的情况，也跟阿珍讲的一样。

可是，杨家人根本就不信。杨莉莉好端端的，怎么会突然摔倒死亡？她身体一向健康，平时没病没灾，怎么偏偏就在自己大婚的日子死了？一定是有人谋害了她！杨家人决定立刻报警，并把当时在案发现场的孙强、阿珍以及阿珍的两个助手全部扣住，一定要他们给杨莉莉偿命，不依不饶。

然而，警方在侦查后，得出结论，孙强和阿珍等四人确实不是害死杨莉莉的凶手。那么，凶手到底是谁呢？

正在大家疑神疑鬼、胡乱猜测的时候，医院打来电话通知死者家属去验明正身。在太平间青惨惨的灯光下，大家又一次见到了杨莉莉。那件精美绝伦的鱼尾式婚纱还紧紧包缠着她，不过，却变成了她的寿衣。空荡荡的房间里，婚纱在空气中微微起伏，有种说不出的诡异。

这时，孙强突然像想起什么来似的大叫了一声：“是它！是它害死了莉莉！”大家都被吓了一跳，转过头来，看见孙强死死盯着杨莉莉的尸体，满脸恐惧。有人大着胆子小声地问：“是……是谁？”

孙强吐出了两个字：“婚纱。”

婚纱怎么可能害死杨莉莉呢？真是见鬼了。大家都松了一口气，觉得孙强大概是受了刺激，在说胡话。谁知孙强面色惨白、一字一顿地说：“一定是这件婚纱害死了莉莉。因为这件婚纱跟周敏的婚纱一模一样。”大家一听，全都倒抽了一口冷气。

那么，周敏又是谁呢？

周敏是杨莉莉的发小。打小，杨莉莉就喜欢跟周敏比，比谁的裙子更漂亮、比谁的玩具更多、比谁分数考得更高……杨莉莉回回都赢，但有一次却输了，而且输得痛不欲生。而让杨莉莉输给周敏的居然是孙强。

孙强是周敏、杨莉莉的大学学长。在上大学的时候，周敏和杨莉莉都同时爱上了孙强，而孙强却最终选择了周敏。大概是因为周敏的纤弱，较之杨莉莉的丰满，更能激起他的保护欲和爱怜吧。孙强的怜香惜玉，让从来都没输给过周敏的杨莉莉情场惨败，怨恨不已。

毕业后，孙强和周敏先后进了同一家公司，而杨莉莉则去了某机关。很快，孙强和周敏准备结婚了。为此，孙强专门从外地为周敏定制了一件款式与众不同的婚纱。

试穿婚纱那天，周敏邀请了自己的好友来参谋，其中也包括杨莉莉。那是一件精美绝伦的鱼尾式婚纱。穿在周敏纤弱的身上，紧紧包裹，闪闪发光，把周敏装扮得就像一条修长的美人鱼。当时，孙强一见就忍不住当众对周敏说："这是我看过的最美的婚纱！敏，你真是最美的新娘！"周围的人也都啧啧赞叹婚纱的精致和周敏的美。周敏心满意足地低头微笑，样子动人极了。孙强不禁憧憬起牵着她的手走进婚礼殿堂的场景。

然而，不幸的是，就在婚礼前夕，一场车祸夺去了周敏的生命，也粉碎了孙强的美梦。在临终前，周敏强烈要求孙强把那件鱼尾式婚纱带到自己的病床边。她一遍一遍摩挲着这件精美绝伦的婚纱，心有不甘地对孙强说："我好想穿上这件最美的婚纱，做你最美的新娘。"然后，她紧紧抓住孙强的手，直直地看着他，幽怨地说："这样的婚纱，只属于我。你，也只属于我。"说完没多久，就恨恨地咽了气。

自从周敏死后，孙强一蹶不振。而依然爱着孙强的杨莉莉，看在眼里，痛在心里。她主动接近孙强，尽力宽慰他，经常约他出去散心。在杨莉莉无微不至的关心和关爱下，孙强一步步走出了阴影。他发现自己越来越依恋杨莉莉了。在周敏去世两年后，孙强和杨莉莉走到了一起，并开始筹备婚礼。

当听到孙强说，杨莉莉穿的婚纱竟然跟已经过世的周敏的婚纱一模一样时，杨妈妈受不了了，她责问孙强为什么让莉莉跟死去的周敏穿一模一样的婚纱，到底居心何在。孙强瘫软在地，喃喃地说：“不是我让莉莉穿的，是莉莉她中了邪似的一定要穿这样的婚纱。”

那么，杨莉莉到底中了什么邪，非要穿跟周敏一模一样的婚纱？

这一切都源于孙强在周敏试婚纱的那天当众说的话：“这是我看过的最美的婚纱！敏，你真是最美的新娘！”当时，杨莉莉也在场。她听到这句话后，简直就像万箭穿心。她多么想穿上那件婚纱，也听孙强对自己说出这样的话！从小她就处处胜过周敏，没想到这次败得心如刀绞。

然而，老天似乎还是偏爱她，又给了她接近孙强的机会，并使她最终成为了孙强的新娘。杨莉莉别提有多高兴了，她觉得自己终于有机会穿上那件精美绝伦的鱼尾式婚纱，站在众人面前，听孙强对她说：“莉莉，你真是最美的新娘！”

正是这个深埋心中的梦，使得杨莉莉断然拒绝了孙强为她定制其他款式婚纱的提议。她坚决要求，定制一件跟周敏一模一样的婚纱。她就是要穿上这件孙强眼里最美的婚纱，完全取代周敏，成为孙强口中和心中那个最美的新娘。

可是，孙强不同意杨莉莉这样做。一则他觉得这样有些对不住周敏，周敏临终前专门强调过，这样的婚纱只属于她；二则他觉得杨莉莉的身材也穿不进去，这种鱼尾式紧紧包裹的婚纱只适合周敏那样纤瘦的人。

然而，他的顾虑却让杨莉莉大发雷霆。杨莉莉认为孙强的反对只能说明：这个男人对周敏至今仍念念不忘，在他心里，自己不如周敏。那么，她杨莉莉更要穿这件婚纱不可。为了证明给孙强看，也为了证明给所有人看，周敏能做到的，她杨莉莉一定也能做到，她就是比周敏美、比周敏强。于是，杨莉莉自作主张，定制了一件和周敏一模一样的婚纱。

周敏死前曾说过：这样的婚纱只属于她，孙强也只属于她。难道真是周敏心有不甘的怨灵附在了这件婚纱上，害死了杨莉莉？

大伙都不约而同地转过头，看着那件紧紧裹着杨莉莉尸体的婚纱。此刻，那件婚纱居然随风飘动了起来，仿佛真有一个怨灵慢慢浮现。在场的人都觉得毛骨悚然，头皮发麻。

这时，突然传来了一阵急促的电话铃声，在场的人都打了个寒战。孙强接通电话后，电话里传来医生低沉的声音："杨莉莉的死因，我们已经查明了，请家属领取死亡鉴定通知书。"孙强颤声问道："是不是婚纱害死了莉莉？"电话那头沉默了一下，然后缓缓地说："可以这么说，但其实是杨莉莉自己害死了自己。"

难道连医生都认为是婚纱上所附的周敏的怨灵害死了杨莉莉？真有怨灵害人的事吗？医生为什么又说是杨莉莉自己害死了自己？难道杨莉莉不是死于他杀，而是死于自杀?!

一切还要从那件婚纱说起……

周敏是非常纤瘦的，这种紧身款式的婚纱刚好包裹住她的身体，显得玲珑有致，很适合她穿。可是，杨莉莉比周敏丰满许多，这种款式她根本就穿不进去。然而，一心要彻底打败周敏的杨莉莉，根本听不进任何人的劝说。她偏执地认为，自己一定能穿上这样的婚纱，成为最美的新娘。

杨莉莉算了算日子，离婚礼正式举行还有两个月的时间。于是，她给自己制订了一个严酷的目标，就是在这两个月内减掉30斤。这样，她会比周敏还轻，那就意味着她不但可以穿进去这件婚纱，还可以穿得比周敏更漂亮。她从小就没输给过周敏，这次她照样不会输。

目标确定后，杨莉莉随即制订了炼狱式的减肥计划，然后全力以赴地执行起来。她每天只喝一袋奶，吃两个苹果，还规定自己每天必须在跑步机上跑两个小时。此外，她还去商店买来了最小号的塑身衣，把自己从肩膀裹到大腿，裹得紧紧的。

然而，在婚礼举行前20天，杨莉莉发现自己的体重还是没达到她的预期，仍然穿不进那件婚纱。怎么办？难道只能出丑吗？难道只能输给周敏吗？不行！绝对不行！杨莉莉豁出去了。为了在婚礼上呈现最完美的自己，她什么都不顾了。她加大了每天的运动量，塑身衣也24小时穿着。不管是在烈日下跑来跑去筹备婚礼事宜，还是在跑步机上锻炼，甚至夜里睡觉，她都不脱下塑身衣。

在此期间，孙强和杨莉莉的父母看到杨莉莉疯狂减肥，也劝过她不要这样折腾自己的身体。可杨莉莉就是不听。她口口声声地说："我这一辈子就办这么一次婚礼，为什么就不能做到最美呢?"杨莉莉从小被娇惯着长大，家里人对她都是百依百顺，养成了她我行我素的性格。孙强和杨莉莉的父母见她如此坚持，知道劝也没用，就没有再劝她。他们想，反正就剩这两周了，莉莉愿意怎么做就怎么做吧。喜事将近，就顺着她吧。等婚礼一举行完，莉莉自然就恢复正常了。

在婚礼举行的前一周，杨莉莉发现自己终于能够穿进那件婚纱了。照照镜子，真是美呀！没想到她也能像一条修长的美人鱼一样闪闪发光。在跟周敏的较量中，她从来都是赢家。杨莉莉亢奋不已，等着生命中最美的那一刻到来。

8月6日婚礼这天，天刚蒙蒙亮，紧张得彻夜未眠的杨莉莉就起来了。随后，她穿上了那件梦寐以求的婚纱，喜滋滋地走出了家门，在孙强的陪同下来到婚纱摄影店化妆。在带上化妆间门的那一瞬间，杨莉莉在心中对孙强说："等这个门再开的时候，你一定会对我说出那句话——莉莉，你真是最美的新娘!"然而，杨莉莉却再也没能走出这个化妆间。

医生分析说：长期的节食、超强度的运动、日日夜夜紧裹着的塑身衣以及操办婚礼带来的劳累、紧张、焦虑等，彻底摧毁了杨莉莉的健康，为她的生命埋下了深深的隐患；再加上杨莉莉心脏有些小毛病，化妆时始终穿着那件缠裹得透不过气的婚纱，最终在化妆结束时出现心源性昏厥而造成了猝死。所以，可以说，是婚纱夺去了杨莉莉的生命；也可以说，是她自己害了自己。

真相大白后，杨莉莉的家人抱头痛哭，孙强黯然神伤，其余人则为杨莉莉无限惋惜。婚纱摄影店老板兼化妆师阿珍则长长出了一口气。自从杨莉莉在化妆间出事后，杨家人就把她的婚纱摄影店团团围住，每天不停地哭喊叫骂。她和这家店承受着来自四面八方的怀疑、指责、非议，名声整个都被搞臭了，根本就没顾客上门。现在，知道真相了，原来是杨莉莉自己造成了这场悲剧，那么就不能怪她和她的婚纱摄影店了。婚纱摄影店可以洗清冤屈，重新开张营业了。

正当阿珍觉得自己已经跟杨莉莉的死毫无瓜葛，从此风平浪静的时候，突然接到了法院的传票，竟是要她为杨莉莉的死负责。

原来，杨莉莉的父母失去女儿后，痛不欲生。虽然医生指出杨莉莉的猝死跟杨莉莉本身有很大关系，但女儿毕竟是在化妆的时候发的病，一定要让婚纱摄影店给个说法。而且，他们也调查出了关于案发当天化妆间的更多情况。

案发当天，天气异常炎热，偏偏化妆间的空调又坏了。阿珍忙着赶工，没有及时修空调。再加上当初为了节省成本，化妆间设计得比较狭小，也没有配通风设备。这样狭小的化妆间本来就闷热，又挤进了连新娘杨莉莉在内的四个人。杨莉莉穿着紧绷绷的婚纱，气都喘不过来，还要按照阿珍的要求，一动不动地坐在那让大家给她化妆盘头。就这样，杨莉莉在又闷又热的化妆间里僵直地坐了两个小时，早已中暑了。化妆完成后，杨莉莉猛地起身，因供血不足，又诱发了心源性昏厥，导致最后的死亡。

阿珍接到法院传票后，很不以为然。她觉得杨莉莉明明是自己折腾死自己的，关她什么事？就是告到天王老子那儿，她也不怕，因为她占着理。

除了阿珍，杨莉莉的父母把孙强也告上了法庭。他们觉得，莉莉被孙强接走的时候还是好好的，后来却死了，孙强逃不了干系！接到法院传票的孙强既难过又委屈。为了举办这场婚礼，他已经付出了很多精力和金钱，没想到喜事居然变成了丧事。孙强想，如果当初能坚持制止杨莉莉过度减肥，或许就不至于发生后来的惨剧。但他认为自己在整个事件的过程中，并没有什么错误，自己也是受害者，为什么要为杨莉莉的死负责？

阿珍和孙强都觉得自己委屈，那么，杨莉莉的父母状告阿珍和孙强会得到法院的支持吗？杨莉莉的死到底该由谁来负责呢？

律师说法：侵权责任承担>>>

所谓侵权责任承担，就是法院在审理侵权案件中对于谁是侵权人、谁应该承担什么样的侵权责任进行评判，进而做出是否侵权以及应该承担什么样的责任。

回到本案中，由于化妆间闷热狭小人又多，导致杨莉莉中暑，而她按照阿珍的要求僵直地坐了两个小时，猛地起身，因供血不足，又诱发了心源性昏厥，造成最后的死亡。可以说，杨莉莉的死与化妆间的环境有关。阿珍作为经营者，在接受杨莉莉的委托之后，在化妆时没有提供安全周到的服务，尤其是空调坏掉不能制冷，无通风条件，从环境上导致杨莉莉死亡，应承担相应责任。

至于孙强，在他带着杨莉莉化妆的过程中，没有完全尽到陪护和提示义务；在杨莉莉出现意外后，没能采取有效措施施救，所以也要承担一定的责任。

当然，杨莉莉的死亡与自身体质有关，过度的减肥使其身体不能承受，应承担主要责任。

法条链接>>>

●《中华人民共和国侵权责任法》

第二条　侵害民事权益，应当依照本法承担侵权责任。

本法所称民事权益，包括生命权、健康权、姓名权、名誉权、荣誉权、肖像权、隐私权、婚姻自主权、监护权、所有权、用益物权、担保物权、著作权、专利权、商标专用权、发现权、股权、继承权等人身、财产权益。

第三条　被侵权人有权请求侵权人承担侵权责任。

法院最终判定：阿珍对杨莉莉死亡造成的损失承担20%的责任，孙强承担10%的责任，分别赔偿杨莉莉的父母5万元和2.5万元。

判决生效后的第三天，孙强就把赔偿款送到了杨家。看着杨莉莉父母苍老的面容、满头的白发以及空荡荡的屋子，孙强心里难过极了，他不知该怎样安慰这对晚年丧女的老人。离开杨家，孙强意兴阑珊地走在喧闹的大街上。突然，他被橱窗里展示的一件婚纱吸引住了。那是一件修长曼妙的鱼尾式婚纱，精美无比，熠熠生辉。孙强的眼泪一下子流了出来：婚纱再美，也比不过爱人在身边呀！

那件精致无比的鱼尾式婚纱，最终没能陪着杨莉莉出现在婚礼的红地毯上，而是带她走上了死亡之路。夺去杨莉莉年轻生命的，真的是婚纱吗？还是她自己对美的偏执和极端呢？想在婚礼上穿上最美的婚纱，成为最美的新娘，恐怕是每个女孩子都有的愿望。然而，每件事都有适当的度。不顾自身的健康和生命安全过度地追求美，只会给自己带来伤害，给亲人造成无法弥补的悲痛。此外，当我们身边出现了偏执追求某些东西而忽略了健康的朋友或家人时，我们应该尽力劝诫他们，而不要听之任之，放任自流。否则就是对他们的不负责，也是对自己的不负责。因为如果他们遭受意外或伤害，我们也会跟着难过。其实，什么是最美的，什么又是最好的呢？健康才是最美、最好的，无论是对自己而言，还是对家人、朋友而言。

糊涂的爱

关键词　抢劫赃款的认定　免予刑事处罚的情形

2012 年 12 月的一天，风雪交加。

在人民法院门口，一个身材高挑、长相秀丽的女孩，手捧着一纸判决书，站在雪地里泣不成声。

一个头发灰白的老妇人一把搂住这个女孩，拍着她的后背，伤心地说："你这个糊涂孩子，当初你出来打工，妈妈就告诉你，不要结交不三不四的人。你看看现在搞得，你以后可怎么办呀？"说完，老妇人便拉起这个女孩，消失在漫天的风雪之中。

这个女孩有张漂亮的面孔，也有个漂亮的名字——杜鹃。俗语说，杜鹃啼血。她的故事也可以用"啼血"来形容。

杜鹃从小家境贫寒。18 岁那年，父亲又因病去世。为给父亲治病，家里微薄的积蓄早就花光了，还负债累累。正准备考大学的杜鹃，看着憔悴的母亲，心里充满了无助和失落。料理完父亲的后事，她便辍学随同村人去城市打工了。

杜鹃的第一份工作是酒吧服务员。经过两周的培训，聪明的杜鹃就上岗了。由于深知远在家乡的母亲盼着自己能早日挣钱、还债、养家，所以杜鹃工作非常努力，经常从早上 10 点干到凌晨 1 点。她本来可以选择早班或晚班，但为了挣更多的钱，她常常申请全班。店里不忙的时候，她就盼着同事请假，好去替班。不到一年的时间，杜鹃凭借自己的伶俐和美丽，深得顾客的喜欢，也为老板拉了不少回头客，于是便升职做了酒吧的领班。

酒吧里很多客人垂涎杜鹃的美貌，经常有人对她眉目传情，但她对这些都一笑而过。因为出门前妈妈再三叮嘱过她，城里的人太复杂，你年纪还小，不要和陌生人随便交往，免得受骗上当。乖巧懂事的杜鹃把妈妈的话牢记在心，把自己保护得很严密。

然而，不久，一个小伙子却敲开了杜鹃紧闭的心门。

那是一个深夜，有个二十五六岁的小伙子摇摇晃晃地走进了酒吧，直奔杜鹃面前，含混不清地说："服务员，给我来杯酒，越烈越好。"杜鹃看他已经有七八分醉意了，便选了瓶低度酒给他。小伙子连喝了三四杯，就趴在吧台上不动了，看样子是醉了。

时间一点点过去，转眼已经凌晨2点多了，酒吧里的客人只剩下这位小伙子，但他已经醉得不省人事了。作为领班，杜鹃不能不管。她从小伙子放在吧台上的手机里，找到他最近的通话记录，拨了过去。接电话的是小伙子的同事。了解情况后，小伙子的同事来到酒吧，在杜鹃的帮助下，将小伙子扶到出租车上，送了回去。

杜鹃本以为这是件不起眼的小事，没想到这个小伙子第二天晚上又来到了酒吧。不过，这次他是清醒的，白皙帅气的脸上洋溢着笑容，一身休闲装更显得精神了许多。他径直来到杜鹃面前，很有礼貌地说："小姐，你还认识我吗？我就是昨晚在酒吧喝醉的人。谢谢你帮我！你也是外地人吧？以后，有什么事说一声，只要我能做到的，保证随叫随到。"说完便递上了一张名片。

杜鹃低头一看，原来这个小伙子叫周小伟，在一家建筑公司做预算员。周小伟确实是个很帅的男人，年纪又与她差不多，加之周小伟的眼神殷切真诚，让豆蔻年华的杜鹃难免有些不自在。就在四目对视的一刹那，杜鹃脸红了。杜鹃每天都会和无数男人对视，从来没有像今天这样面红心跳过。

接下来的几个晚上，周小伟每天必来。与前两次不同的是，他手里多了一束红色的玫瑰花。他把花插在了杜鹃工作台上的花瓶里。酒吧的同事都逗杜鹃，说你的男朋友又帅气又浪漫，你真是太有福气了。杜鹃每次都被说得一脸绯红。尽管她嘴上否认，心里却甜滋滋的。

对杜鹃而言，失去父亲后，她一直觉得没有了生活依靠，没有了精神支柱。而周小伟的出现，迅速填补了她内心安全感的缺失。周小伟不但帅气浪漫，让她在人前很有面子，而且还有一份收入不错的工作，可以给她带来物质和心灵上的稳定感。周小伟发起的爱情攻势，很快就攻破了杜鹃的心理防线。这个单纯的女孩坠入了爱河。在认识几周后，她便与周小伟同居了。

然而，浪漫过后，竟然是场噩梦。就在两人热恋 5 个月后的某天晚上，杜鹃的幸福突然破灭了。

那天，一般凌晨 1 点半才到家的杜鹃，因为当晚客人少，夜里 12 点就回来了。当她拖着疲惫的身体打开防盗门走进卧室时，眼前的一幕让她惊呆了！只见在双人床上，一个红头发的女孩正在紧张地穿着衣服，而周小伟就赤着上身坐在枕边。看到这一幕，杜鹃眼前一黑，几乎昏了过去。她无论如何也不敢相信眼前的情景是真的。她不相信自己深爱的男友会做出对不起自己的事来。

然而，还没等杜鹃说话，周小伟就跳了起来，一把把杜鹃推出了门外，像野兽一样咆哮道："你现在回来做什么？陪你的那些客人喝酒去！唱歌去！去呀！"

此时，那个红头发的女孩已经穿好了衣服，从杜鹃身边溜了过去。杜鹃连看她一眼的心思都没有，她已经完全傻了！因为她无论如何也不相信，眼前这个发狂猛兽一样的男人就是那个曾经浪漫、温柔、深爱自己的周小伟。杜鹃不由得失声痛哭起来。

然而，周小伟的狂躁并没有因为杜鹃哭泣而停止。他指着杜鹃依然大声吼着："你走！走！你回来做什么？每天你都后半夜才回家，是不是外面的野男人更好呀？你去呀，去找他们呀！回来做什么？!"

杜鹃听到这些话，抬手就给了周小伟一个耳光。她边哭边说："周小伟，你个混账，你在说什么你知道吗？我杜鹃虽然是农村出来的，虽然在酒吧里工作，但我从来没有做过对不起你的事！"

周小伟冷笑了一声说："你以为我不知道，去你们酒吧的那些臭男人不都是因为你才去的吗？你就是老板手里一个赚钱的工具。我周小伟太傻了，当初居然看上你。你心里只有你的酒吧，从来没有把我放在心上。我天天等你到深夜，你有没有想过我的感受?!"

杜鹃看着眼前这个倒打一耙、胡说八道的男人，气得浑身发抖，连讲话的力气都没有了。她毅然拿起自己的衣服和行李，摔门走出了和周小伟同居了5个月的家。而周小伟看着杜鹃离去，居然没有任何挽留的意思。

杜鹃自从离开了周小伟以后，心中充满了悲痛和不解。她无论如何也想不到，曾经彼此深爱，竟然脆弱到了如此不堪一击。而临别时，周小伟一句挽留的话都没说，更让杜鹃几乎不再奢望这段感情。于是，她更加勤奋地工作，想通过工作的忙碌冲淡对周小伟的思念和怨恨，想用时间洗刷心中那份失落和委屈。一段原本浪漫得像小说里描写的一样的爱情，难道真的就这样结束了吗？

三个月后的一天晚上，一个熟悉而憔悴的身影突然出现在了杜鹃面前。周小伟依旧拿着一束红玫瑰，一脸倦容地朝她走来。杜鹃看到这个男人，心里不由得一紧。她想起以前那些浪漫的往事，更想起三个月前那伤痛的一晚，真是心乱如麻，不知该如何是好。于是，她刻意地背过身去。

然而，令她没有想到的是，周小伟竟然"扑通"一声跪了下来，拉住她的手说："鹃儿，是我对不起你！我是个混蛋！你走了以后，我才明白，是我误解你了，你一直都是洁身自好的好女孩。鹃儿，原谅我一次，跟我回家吧!"

听着这个曾经热爱的男人磁性的声音，杜鹃的心仿佛被融化了。也许是她从来不愿相信周小伟是个无情无义的人，也许是她还深爱着这个男人，也许是周小伟一脸憔悴的倦容让她动了恻隐之心，杜鹃猛然回过头抱住周小伟失声痛哭。酒吧里的客人和同事，也被他俩的情绪感染了，还有人为他俩鼓掌。就这样，杜鹃和周小伟又走到了一起。

回到家后，周小伟告诉杜鹃，在分手的这三个月里，自己因为太想念杜鹃，上班经常走神，做项目预算时，不小心做亏了本，被老板辞退了。现在，他正在重新找工作。

杜鹃并没有在意这个，她现在的工资也不低，足以养活他们两个，周小伟完全可以慢慢去找合适的工作。杜鹃感觉自己已经无可救药地爱上了这个男人，她很怕被他再次抛弃。所以，无论工作再苦再累，回到家后她都会尽量满足周小伟的需求。她只愿两人就这样平静地生活下去。

然而，再次的相伴，才是悲剧真正的开始。

一天凌晨5点多，杜鹃醒来，发现周小伟不在床上，而洗手间里亮着灯，传来了阵阵古怪的声响。杜鹃疑惑地走到洗手间门外。当她把门推开时，不由得惊呆了！她看见周小伟正在往自己的胳膊上注射什么东西。看到杜鹃突然进来，周小伟慌忙将手里的注射器藏到身后。杜鹃一把把注射器抢过来，惊恐地问："小伟，你吸毒？"

在杜鹃的逼问下，周小伟只得说出了实情。半年前的那段时间，杜鹃因为工作忙，天天很晚才到家。他空虚寂寞，上网闲聊，便认识了那个红头发女孩。他不仅跟她厮混在一起，还在她的勾引下沾上了毒品。周小伟一脸无辜地说："鹃儿，我不是故意的。求你别生气，别离开我。你如果离开我，我也不想活了。"说到这里，周小伟哭了起来。

杜鹃看着眼前这个有些可怜的男人，心里一阵酸楚。她拍拍周小伟的肩膀说："小伟，我可以原谅你。但你必须答应我一件事——去戒毒！"周小伟一听就急了，说："鹃儿，这不行。让我去戒毒所，那不就等于让我去死吗？到时候，所有人都会知道我吸毒，我还怎么找工作？怎么做人？"杜鹃一想也有道理。周小伟向杜鹃保证，自己在家就能把毒瘾戒掉。

然而，毒瘾哪是那么容易就能戒除的！周小伟一方面向杜鹃发誓自己不会再吸了，另一方面又背着杜鹃偷偷地吸上了。买毒品需要钱。周小伟身上的钱早花光了。于是，他就骗杜鹃说，自己找工作需要用钱，让杜鹃给他。没多久，杜鹃本就不多的积蓄也被周小伟掏空了。

人们都说，毒品会泯灭人性。这句话在周小伟身上再次得到了印证。周小伟见杜鹃没什么钱了，毒瘾上来又很难受，于是便想出了一个阴损的主意。

这天晚上，杜鹃刚下班回家，周小伟便跟她说：“鹃儿，我自己试了几次想戒毒，但都没成功。我就四处打听戒毒方法，今天好不容易找到了一个。”杜鹃一听，兴奋地说：“小伟，是真的吗？只要你把毒戒了。不论需要什么，我都会支持你。”周小伟便假装郁闷地说：“可是，这个戒毒方法要花10万元钱。鹃儿，我看还是算了。我就这命了。我对戒毒不抱什么指望了，就让我一个人痛苦地过吧，让我一个人自生自灭吧。我不能连累你，你走吧。咱们在一起不会有好结果的。”杜鹃听了周小伟这番绝望的话，心如刀割。她抱着周小伟说：“小伟，只要你下决心戒毒，我就不会离开你。再苦、再累、再难，我都不怕！”

周小伟听到这话，兴奋地说：“鹃儿，你说的是真的吗？可是，你现在的工作能赚多少钱？什么时候才能攒够10万元？鹃儿，你如果真的想救我，那你可要听我的。这样，才能很快赚到大钱。”说到这儿，周小伟咽了口唾沫，吐出了一句话：“我想过了，要想来钱快，就要靠你的脸蛋，不知道你肯不肯为我牺牲？”

杜鹃一听，气得立刻跳了起来，甩手给了周小伟一个耳光。周小伟一把抱住杜鹃说：“鹃儿，我知道我不是人，可是只有这样才能救我。你不是为了我什么都肯做吗？求你救救我吧。我绝对不会嫌弃你的。等钱够了，我戒了毒，咱们就可以远走高飞过幸福的生活了。难道你不想吗？”一番话说得杜鹃无力地瘫坐在地上。她是真的很爱周小伟，真的很盼望两人幸福的生活下去。整个晚上，周小伟都无比温柔地抱着杜鹃。杜鹃被周小伟的柔情蜜意打动了，她居然糊里糊涂地同意了周小伟的建议。

从此，周小伟拉客，杜鹃开始了卖淫生涯。一个月过去了，杜鹃感到异常疲惫，难以支撑。于是，她干脆辞掉了酒吧领班的工作，专门在家接客。

就这样，杜鹃忍受着屈辱过了3个月。在此期间，周小伟确实对她百般疼爱，甜言蜜语，柔情无限。这让杜鹃心里多少有了些安慰。但是，当杜鹃问周小伟攒了多少钱时，周小伟就避重就轻地说：“咱们的客户太少了，而且就这种生意也赚不了几个钱。我想了，不如咱们做点大生意，你也不用那么辛苦。”于是，周小伟把自己的新计划告诉了杜鹃。杜鹃看着周小伟殷切的目光，再想想自己的现状和两人的未来，叹了口气，又答应了。

从那天起，杜鹃穿上职业女装，天天去高档酒吧喝酒唱歌。很快，杜鹃就认识了一个四十来岁的男人。这个男人名叫刘刚，离异，是一名私企老板，身家千万。杜鹃长得本来就漂亮，又精心打扮过，再加上以前领班工作培养出的优雅气质和谈吐，让刘刚对她生出了不少好感。杜鹃跟刘刚说，自己老家在农村，现在在一个企业做小主管，也算是一个小白领。一来二去，两人成了朋友，经常相约一起出去吃饭。

刘刚挺喜欢杜鹃，常对她说：“你家人不在身边，就当我是自己人吧，有什么困难就跟我说。”和周小伟相比，刘刚成熟稳重，行事光明磊落，也尊重爱护杜鹃，更重要的是刘刚有自己的事业，不像周小伟那样不务正业。于是，杜鹃对刘刚也渐渐生出了好感。

然而，杜娟和刘刚的相识却始于一场阴谋，而这就是周小伟的赚钱新计划——让杜鹃假扮白领骗老板们的钱。眼见刘刚上钩，周小伟催促杜鹃赶快骗刘刚一笔钱。杜鹃却迟迟不愿行动，她对刘刚于心不忍，也心存仰慕。

一天，周小伟又催杜鹃骗刘刚的钱，杜鹃百般为难，沉默不语。周小伟看出了杜鹃的心思，突然抓住杜鹃的头发说：“你是不是爱上那个男人了？说！”眼里竟然射出兽性的嫉恨。杜鹃吓得浑身发冷，不敢说话。周小伟见杜鹃不吭声，更加恼怒，吼道：“杜鹃，你别跟我玩花样，明天就实施计划，骗他一笔。否则，我不会放过你。我会找到你老家，把你的那些事都抖出来，你和你妈都别想有好日子过。”

杜鹃一听，着实吓坏了。杜鹃是个孝顺孩子，最爱母亲。可自己现在所做的一切，如果让母亲知道了，她一定会被气死的。无奈之下，杜鹃只得答应周小伟的要求，去实施骗钱计划。

第二天傍晚，杜鹃约刘刚见面。刘刚见杜鹃一脸愁容，就问怎么回事。杜鹃突然抱住刘刚说：“刚哥，帮帮我！我妈妈生病了，很严重，要做手术。

可是，我没有那么多钱。如果你能帮我，等我妈妈病好了，我做牛做马报答你。”

开始，刘刚还被杜鹃这突然的举动吓了一跳。不过，等听完杜鹃的话，他觉得这个姑娘也实在可怜，就问需要多少钱。杜鹃说10万元。刘刚想了想，有些犹豫，毕竟他对杜鹃了解不深。但他又不想让杜鹃难堪，于是便说：“杜鹃，你别急。我身上没带多少现金，只有1万元，你先拿去。剩下的，我再想想办法。”

杜鹃拿着这1万元钱，心情忐忑地回到了家。周小伟见杜鹃回来，赶紧问事情怎么样。杜鹃见他只关心钱，便生气地说：“你急什么？还没成。”周小伟见杜鹃事没办成，还这个态度，更加怀疑杜鹃爱上了刘刚，甩手就是一耳光打在杜鹃的脸上。杜鹃想转身离开，却已经来不及了。气急败坏的周小伟将她拖进卧室施暴，以示对她的绝对占有和惩戒。事后，周小伟还把杜鹃包里的那1万元现金抢走了。

杜娟原本以为自己为周小伟连身体都出卖了，他会更加爱惜自己，却没想到他不但欺辱糟践自己，还把钱也抢走了，让她的身心都遭受到了深深的伤害。杜鹃此时想起了刘刚。虽然相识不久，刘刚却肯为她出钱，而自己竟然欺骗了他，自己还有什么脸去见他？杜鹃觉得自己太糊涂了，不但对不起刘刚，更对不起生她养她的母亲。她思前想后，终于拿起手机，拨打了报警电话。

警方很快就抓获了周小伟。在对周小伟进行审理时，公诉机关指控周小伟犯有强奸罪、抢劫罪、诈骗罪、组织卖淫罪。周小伟对其他罪名都供认不讳，唯独不承认自己犯了抢劫罪。周小伟辩称，他从杜鹃包里拿走的那1万元，不是杜鹃的钱，是杜鹃骗来的，他既没有抢杜鹃的钱，也没有抢刘刚的钱，所以不构成抢劫罪。那么，周小伟所说是否成立呢？

律师说法：抢劫赃款的认定>>>

周小伟强行抢走杜鹃拿回来的钱，而那笔钱已经被认定是杜鹃骗取回来的，属于赃款。对于抢劫赃款是否也要认定为抢劫罪，我国法律有明确的规定，抢劫赌资、犯罪所得的赃款赃物的，以抢劫罪定罪。

杜鹃拿回来的钱属于犯罪所得，虽然不属于杜鹃的合法财产，但犯罪所得是受到法律保护的。周小伟故意抢走这笔钱，根据法律规定，也同样构成抢劫罪。因此，周小伟的辩解不成立。

法条链接>>>

●《最高人民法院关于审理抢劫、抢夺刑事案件适用法律若干问题的意见》

七、关于抢劫特定财物行为的定性

以毒品、假币、淫秽物品等违禁品为对象，实施抢劫的，以抢劫罪定罪；抢劫的违禁品数量作为量刑情节予以考虑。抢劫违禁品后又以违禁品实施其他犯罪的，应以抢劫罪与具体实施的其他犯罪实行数罪并罚。

抢劫赌资、犯罪所得的赃款赃物的，以抢劫罪定罪，但行为人仅以其所输赌资或所赢赌债为抢劫对象，一般不以抢劫罪定罪处罚。构成其他犯罪的，依照刑法的相关规定处罚。

为个人使用，以暴力、胁迫等手段取得家庭成员或近亲属财产的，一般不以抢劫罪定罪处罚，构成其他犯罪的，依照刑法的相关规定处理；教唆或者伙同他人采取暴力、胁迫等手段劫取家庭成员或近亲属财产的，可以抢劫罪定罪处罚。

最终，周小伟因强奸罪、抢劫罪、诈骗罪、组织卖淫罪等数罪并罚，被判有期徒刑 18 年。

至于杜鹃，在接受调查的过程中，她主动交代了被迫骗取刘刚 1 万元的事实，并作为诈骗罪犯罪嫌疑人被取保候审。

开庭时，杜鹃的母亲来了。而刘刚作为重要的证人，也出庭作证。看着杜鹃那张纯真的面孔，听着她哭诉过往惨痛的遭遇，母亲很是心痛，刘刚也深感惋惜。于是，刘刚当庭表示：理解杜鹃只是一时糊涂，被周小伟胁迫才骗了自己；除此之外，杜鹃对自己也没有其他的恶意；自己当初给她 1 万元钱的时候，就没想再要回来，因此希望法庭不要对杜鹃追究法律责任。而人民法院在审理后，也对杜鹃做出了免予刑事处罚的决定。

律师说法：免予刑事处罚的情形>>>

人民法院对杜鹃免予刑事处罚，是因为杜鹃有一系列从宽或免除处罚的情节。首先，杜鹃是被周小伟胁迫参加犯罪；其次，杜鹃有自首情节；再次，杜鹃自愿认罪、悔罪，没有参与分赃，并且得到了受害人刘刚的谅解。因此，杜鹃最终被免予刑事处罚。

庭审结束后，杜鹃在母亲的陪伴下走出了法庭。法庭之外，风雪交加，母女俩站在雪地里相拥而泣。这时，刘刚走了过来，他劝慰她们忘记过去向前看，表示有什么困难可以来找他。面对刘刚，杜鹃的心中充满无限的羞愧和悔恨，一份糊涂的爱让她几乎失去了一切，她还能重来吗？刘刚似乎看透了杜鹃的心思，宽厚地笑着说："你看这漫天的大雪。冬天都来了，春天还会远吗？"

杜鹃是一个渴求爱情的女孩。为了得到周小伟的爱，她毫无底线、毫无原则地奉献了她所能奉献的一切，甚至出卖了自己的身体和尊严，换来的却是周小伟变本加厉的欺骗、利用和凌辱。最后，杜鹃不但身心俱损，伤痕累累，给自己的青春留下污点，还走上了犯罪的道路。可见，爱情不是靠一方的卑微低下和含垢忍辱就能维系的，盲目的屈从和妥协只能酿出苦果。真正的爱情是互相尊重，互相关心，互相包容，互相爱护，互相扶持和互相成全。愿杜鹃在这场糊涂又残酷的爱情事故中，没有白白受苦，能领悟到爱情的真谛，尽管这是多么痛的领悟！

两个丈夫的婚礼

关键词　重婚罪共犯　证据复印件效力

2009 年 10 月 10 日，一场庄重而圣洁的婚礼正在某市的一个礼堂举行。新郎章大卫是公司经理，年轻有为，前途无量。依偎在他身边的新娘韩雪则纯净美丽，如同一朵百合花。在祝福的唱诵中，这一对珠联璧合的新人满脸幸福地站在了主婚人的面前。

就在这时，突然闯入了一个怒气冲冲的男人。只见他上前一脚踢翻了花门，一把从新郎身边拽走了新娘。在宾客的惊呼声中，这个公然抢亲的男人反而冲着新郎章大卫怒吼："你是谁？为什么要抢走我的爱人?!"章大卫见状，又惊又怒，上前抓住男人的衣领喝道："你是谁？为什么来抢我的新娘?!"两个男人怒视对方片刻，几乎同时将目光转向了新娘韩雪，抢着说："韩雪，他是谁？他是谁呀？"没等韩雪回答，两个急红了眼的男人就互相推打了起来。婚礼现场陷入一片惊叫和混乱之中。

韩雪面对着眼前这两个撕打在一起的男人，浑身颤抖，脸色惨白，眼中的泪水不停地打转。然而，她没有理会两人中的任何一个，而是转头望向最疼爱自己的母亲赵淑琴，眼中竟然充满了怨恨。随后，她一把扔了捧花，捂着脸从婚礼上跑掉，一边跑，还一边放声痛哭。

婚礼的来宾都被这场突如其来的变故惊呆了。他们是新娘新郎的亲朋好友，都知道韩雪和章大卫是怎样认识并相恋的。2009 年 5 月，在一次朋友聚会上，两人相识。章大卫对韩雪一见钟情，迅速展开了热烈的追求。几个月后，章大卫迎娶了自己的心上人。能娶到韩雪这样纯净如百合的女子为妻，章大卫觉得自己很幸运，也很幸福。可是谁能想到，在这大喜的日子遇到这种莫名其妙的窝心事。看着精心布置的婚礼殿堂，早已乱成了一锅粥，来宾们都为章大卫抱不平，真不明白那个闯入破坏的家伙到底安的什么心。

这时，扭打在一起的两个男人已经被拉开了。面对来宾的责问，那个闯入者重重叹了口气，告诉大家，他叫唐毅，是韩雪的大学同学。早在上大学的时候，他和韩雪就是一对如胶似漆的恋人。工作后，他被公司外派出国，两人总是聚少离多。韩雪一直希望他能回国工作，但他在国外发展得非常好，不愿就此放弃。两人一直为这事争争吵吵。2009 年 4 月，他们更是大吵了一架，彼此说了分手的气话。从此以后，韩雪再不接他任何电话，跟他中断了一切联系，至今已有半年了。他一直都后悔跟韩雪吵架，因为他依然爱着韩雪，渴望再见到她。只是没想到，再见时，韩雪居然做了别人的新娘。

来宾们听完唐毅这番话，都多多少少对他表示理解，觉得他也是一往情深，实在难得。也有人劝唐毅说："你跟韩雪都是过去的事了，现在韩雪跟章大卫也是真心相爱。你爱韩雪，就放手吧。祝福你的前任女友也好。"

没想到，唐毅一听这话异常激动，恨恨地说："韩雪是我的前任女友没错，但她更是我的现任妻子。我跟她早就结婚了！"

这话一说出来，就像晴天霹雳，让在场的人都感到震惊。刚缓和下来的章大卫更是怒不可遏地跳了起来，喊道："你不要得不到韩雪，就败坏她的名声。我跟她刚领的结婚证，我们是受法律保护的。不是你想怎么胡说，就能怎么胡说的！"说完，章大卫从口袋里掏出了崭新的结婚证，摔在桌子上，吼道："你看清楚，我才是韩雪的合法丈夫！"唐毅没有搭理章大卫，他从包中掏出了一张纸，放在大家面前，一字一顿地说："这是我和韩雪的结婚证。大家看清楚，我才是韩雪的合法丈夫！"

两套结婚证，两个合法丈夫，同一个妻子。这背后究竟隐藏着怎样难以启齿的隐秘？

就在这时，韩雪的母亲赵淑琴走了上来。她指着唐毅说："小雪是跟你谈过恋爱，可从未跟你结过婚。你纠缠小雪不成，就败坏她的名声，还跑来闹。你要是再敢在这儿胡说八道，玷污小雪的清白，我就跟你拼了！”

唐毅看到赵淑琴，哽咽着说：“妈，您忘了吗？我和韩雪是在去年我出国前结的婚呀！”赵淑琴冷冷地说道：“你可别胡扯。今天，你和小雪的大学同学小薇也来了。对啦，她也是你现在的同事。让小薇来说说你们结没结过婚。”此时，小薇站了出来，低声说道：“唐毅，我从没听说你跟韩雪结婚了。而且，在公司的资料上，你也一直填的是单身呀。我知道你爱韩雪，心里难受。但今天是她大喜的日子，你就放过她吧。”人们一听小薇这话，就纷纷指责唐毅不该这样纠缠韩雪。

唐毅将手中的那张纸高举起来，愤愤地说：“我不是要纠缠韩雪，她真的是我的妻子。大家可以仔细看看我和韩雪的结婚证！”赵淑琴突然声音提高了八度，大喊：“你有结婚证原件吗？你别拿张纸就糊弄大伙儿。”这时，人们才注意到唐毅拿出的结婚证不是原件，而是复印件。

赵淑琴斩钉截铁地说：“这个结婚证肯定是伪造的！假的！谁结婚了没原件，只揣一张复印的啊？大家可以去民政局查婚姻档案，绝对没有小雪跟这小子的登记记录。”唐毅一听急忙说，办婚姻登记的时候是自己亲自去的，不可能没有记录。

于是，唐毅在几个来宾的陪同下急匆匆地来到了民政局。但是，民政局根本就找不到唐毅与韩雪结婚的婚姻档案。按照常理，没有婚姻档案就意味着双方不存在法律上的婚姻关系。

同学兼同事的小薇证明唐毅是未婚，唐毅拿不出结婚证原件，民政局里也没有婚姻档案……大家都觉得这件事到此应该很清楚了：唐毅是因爱生恨，纠缠不成，就故意诽谤韩雪，破坏她的婚礼。这种行径实在太可耻，也太可气了。面对着众人的指责，唐毅铁青着脸，一言不发地离开了。

事后，章大卫虽然很想细问韩雪关于唐毅的事，可是看着天天以泪洗面的爱妻，他就没有再追问下去，谁没有一段难言的过往呀？章大卫跟大家一样，相信唐毅是在造谣中伤韩雪，因此他更加疼惜韩雪，也更加呵护她。

时间一天天过去了，这场因爱生恨的风波渐渐平息下来，一切又重新归于正常。然而，一个举报电话打破了刚恢复没多久的平静。就在抢婚事件发生后的两周，唐毅向公安机关举报韩雪、章大卫犯重婚罪。

一石激起千重浪。大家都对唐毅造谣诬陷、死缠烂打的行径表示愤慨，章大卫更是忍无可忍，发誓一定要讨个说法，还自己和韩雪的清白。谁料，就在这时，韩雪突然失踪了……

唐毅的举报是恶意诬陷，还是事出有因？韩雪失踪是遭人报复，还是另有苦衷？整个事件变得越来越怪异，而背后的真相又是什么呢？

经立案侦查，这起事件背后的隐秘渐渐浮出水面。而让人大吃一惊的是：唐毅真的是韩雪的合法丈夫！当然，章大卫也是韩雪的合法丈夫。而整起事件的罪魁祸首，居然是最疼爱韩雪的母亲赵淑琴！想要说清楚这一切，还要从韩雪的家庭讲起。

韩雪是家中独女。在韩雪3岁那年，赵淑琴和韩雪的爸爸离了婚。离婚后，赵淑琴一个人带着韩雪过，将女儿视为心头肉，真是含在嘴里怕化了，捧在手上怕摔了。在赵淑琴超乎寻常的呵护中，韩雪一天天长大，同时也越来越依赖母亲，凡事都由母亲做主。韩雪认为母亲是最疼她的，会给她最好的安排，正如母亲常说的“妈妈这都是为你好”，她只要听从就行了。

韩雪跟唐毅在大学时就谈起了恋爱。工作后，唐毅的公司有派驻国外工作的名额。事业心超强的唐毅，认为这是个很好的发展机会。他好不容易才争取到了这个宝贵的名额。可是，韩雪却不同意他出国。因为她从小依赖母亲惯了，离不了母亲；遇到唐毅，她又依赖起了唐毅。她觉得唐毅就该陪在自己和母亲身边，不该跑到那么远的地方去。这下可让唐毅犯了难，他爱韩雪，但也想出国工作。两人因此争吵不断，互相怄气。

这时，赵淑琴却站出来力主唐毅出国。因为赵淑琴看到唐毅各方面都不错，觉得女儿跟了他也挺好的；而唐毅出国，又可以让女儿天天待在自己身边，岂不更好？但赵淑琴又怕唐毅一个人在国外变了心，让女儿痛苦，于是提出，唐毅出国可以，但必须在走之前和韩雪登记结婚。在赵淑琴的再三催促下，2008 年 6 月，唐毅在出国前夕与韩雪在民政局办理了结婚登记，领取了结婚证。

那么，唐毅和韩雪的亲友同事为什么都不知道这桩婚事？唐毅为什么连结婚证原件都没拿到？

原来，唐毅所在公司从员工家庭的稳定性考虑，做了一项规定：单身人员才可出国工作。所以，当赵淑琴提出登记结婚的要求时，唐毅陷入了苦恼中。赵淑琴见状，便对唐毅说："你就和小雪偷偷领个证，咱们亲戚朋友、领导同事谁都不告诉。这样，你俩的事也算定了，也不耽误你出国发展。这不是两全其美吗？我这可都是为你俩好呀。"韩雪和唐毅觉得有道理，就偷偷来到民政局，神不知鬼不觉地把结婚证领了。

当天晚上，拿着结婚证的韩雪和唐毅回到了家。赵淑琴再三叮嘱他俩："为了唐毅的前途，你们结婚的事不能让别人知道，所以你俩暂时还是以男女朋友相称吧。小雪你还是跟妈妈住一起，免得别人说闲话。等唐毅事业有成回来后，我再给你俩风风光光地办一次婚礼，到时你俩再住在一起。还有，这两本结婚证都放在小雪这儿保管吧。她心细，放在她这儿，比唐毅你带着要保险些，也更安全。"

唐毅觉得岳母说的有理，也是为自己和韩雪的未来好，于是就同意了。但他转念一想，如果没有结婚证在手上，总是不踏实，好像没结婚似的。可他与岳母有言在先，不好反悔。于是，唐毅便瞒着韩雪母女把结婚证偷偷复印了几份，然后把原件原封不动地放了回去。领证后的第三天，唐毅就踏上了飞往国外的飞机。

对于韩雪与唐毅的婚姻，赵淑琴开始还是很满意的。然而，当初力主韩雪赶快嫁给唐毅的赵淑琴，后来却力主韩雪毁婚。

原来，唐毅出国之后，半年才能回来一次，待上几天就又要走。这种聚少离多的日子，让韩雪难以忍受。她希望两人能天天厮守在一起，片刻都不要分开。因此，韩雪一直都在催唐毅放弃海外的工作。唐毅虽然也很思念韩雪，但却不愿刚取得一点成绩就回国。何况他现在已经被单位列为海外重点培养对象，更不能放弃这大好前程。为此，韩雪与唐毅争吵不断，两人的感情逐渐出现了裂痕。

看着女儿成天哭哭啼啼，夜夜春闺寂寞，而唐毅的回国遥遥无期，赵淑琴的自责越来越重。她觉得是自己对这桩婚事的私心和急切把女儿的幸福葬送掉了，于是渐渐产生了替女儿另觅幸福的念头。她试着对女儿说："小雪，你看……要不，咱就把这桩婚事给退了吧。你成天这样哭，妈妈心里也不好过呀。"

韩雪几乎不敢相信自己的耳朵，她吃惊地看着母亲说："我们结婚证都领了，怎么能说退就退呢?"赵淑琴说："结婚证是领了，但你们俩又没办婚事。按照祖辈传下的规矩，只有办了婚事才算嫁了人。你呀，现在根本就不算他的人，凭什么为他守活寡呀？再说了，这领证的事，又没人知道。你跟他一直就是既无名又无实，白委屈自己，不值当！趁现在还年轻，再找个好人家吧，互相守着过日子。妈妈这都是为你好呀。"

韩雪觉得妈妈说的也对，自己确实太委屈了。但是，这婚好像不是说退就能退的，而且她跟唐毅虽然闹着别扭，但感情基础还是有的。于是，韩雪对母亲退婚的提议一直不表态。后来，唐毅又几次三番主动打越洋电话向韩雪道歉、安慰她，两人的关系似乎有所好转。

4 月，唐毅再次从海外回来，两人又为唐毅回国工作的事吵得不可开交。最后，韩雪哭着说，不回国就分手吧。工作压力本来就很大的唐毅，看到韩雪如此不体谅自己，一气之下就说，分手就分手！两个人便赌气似的约好，第二天就去民政局办离婚手续。可是，当天晚上，海外那边就急催唐毅速归，说是一个项目出了问题。唐毅来不及跟韩雪打招呼，搭乘第二天一早的飞机就匆匆走了。唐毅的这个举动，虽然事出有因，却把韩雪伤透了。从此以后，她再不听唐毅任何解释，再不接唐毅任何电话，中断了跟唐毅的一切联系。

此时的韩雪虽然怨恨唐毅，但并不想与他就此决裂，离婚也是一时的气话。直到另一个男人出现，她对唐毅的感情才走向土崩瓦解。而这个男人就是章大卫。

章大卫与韩雪是在一次朋友聚会上认识的。当时，心灰意冷的韩雪正对朋友赌气说，自己跟唐毅早就掰了。说者无心，听者有意。章大卫本来就对韩雪一见钟情，随即便展开了热烈的追求。他的条件比唐毅更好，不仅年纪轻轻就当上了经理，而且常年坐办公室，有大把的时间陪韩雪。

韩雪从小就习惯了有人围着自己转。但自从唐毅出国后，她便尝尽了孤单和寂寞。虽然有妈妈疼爱，但那毕竟不同。章大卫的热烈追求让韩雪又回到以前备受宠爱的状态，他流露出的成熟男人的气质也让韩雪颇为心动。韩雪虽然很享受章大卫的追求，但也觉得多少有点对不起唐毅，同时她也很委屈：自己这样公主似的女孩，难道不应该被人天天捧在手心里吗？

渐渐地，韩雪觉得自己离不开章大卫了，也慢慢淡忘了唐毅。一个周末，章大卫陪韩雪逛街、看电影，又陪她一起吃烛光晚餐。看着眼前这个热烈追求自己的成功男人，再想想唐毅的冷落和薄情，韩雪心里不是滋味，便喝了很多闷酒。当天晚上，章大卫带着微醉的韩雪回到了自己家，度过了激情的一夜。从此之后，韩雪更加依赖章大卫了。转眼到了夏天，韩雪发现自己竟然怀上了章大卫的孩子！

赵淑琴知道了这事，大吃一惊，因为她不愿意别人在背后说自己女儿的闲话：没听说结婚呢，就肚子大了。当然，她也不能让女儿去打胎，那样对女儿身体不好，万一伤了哪儿，女儿一辈子的幸福就毁了。唐毅那里肯定是要掰的。嫁给章大卫，是女儿唯一的出路，也是最好的出路。而此时的章大卫听说韩雪怀了自己的孩子，高兴坏了，急着要娶韩雪过门，连婚房都买好了。

赵淑琴觉得这次一定要帮女儿彻底脱离苦海，重获幸福。她跟韩雪说："你现在要尽快嫁给章大卫。唐毅那边你也跟他提过离婚，这小子也同意了，就差办手续。他这一走又是半年，成心想拖着你。可我们拖不起了。好在现在没人知道你们登记过，你的户口簿上依然写的是未婚。只要把你手中的那两张结婚证原件和民政局所存的结婚档案毁掉，这桩婚事不就彻底作废了吗？虽说它迟早是要作废的，可是我们等不起了呀！你要听妈妈的话，妈妈这都是为你好呀。”

因为意外怀孕而早已六神无主的韩雪，同意了妈妈的建议。她和唐毅是一定要离婚的，唐毅也是同意的，那么这些婚姻凭证一定会作废，只是时间早晚的问题。但是，她确实不能再等下去了，再过几个月肚子就遮不住了。她拖不起，也输不起。

于是，这边，章大卫开始着手准备婚礼事宜，定在10月完婚；那边，赵淑琴再次找到了民政局那位当年给韩雪、唐毅办理结婚登记的工作人员。那位工作人员一听赵淑琴的请求，倒吸了一口凉气，私自销毁结婚证和结婚档案可是违反法律的事，这可不能做呀。然而，为了女儿的幸福，赵淑琴这次也是下了血本。她隔三岔五拎着名烟名酒去打点，并再三保证双方都已同意离婚，只是一方在国外，没有条件办理。最后，那位工作人员松了口。他把韩雪、唐毅的结婚档案偷偷抽出来交给了赵淑琴，再三嘱咐一定要和两张结婚证原件同时销毁，万不可走漏半点风声，否则，谁都逃不了干系。

赵淑琴回到家后，立刻将两张结婚证原件和结婚档案全部烧掉。看着这些结婚凭证消失在火苗中，赵淑琴觉得一直以来压在心上的那块大石头被搬走了，女儿从此就能获得新的幸福了。想到这儿，赵淑琴轻松地笑了起来。

因为怕唐毅临时出现搅黄了女儿的婚事，赵淑琴还特地搬了家，也把自己和韩雪的电话都换了号。不久之后，按照当地的习俗，韩雪到章大卫的老家办理了结婚登记手续，并在礼堂举办了隆重的婚礼。

再说唐毅，自从4月那次赌气说同意跟韩雪离婚，他一直就非常后悔。后来，他拼命给韩雪打电话想重修旧好，但却一直联系不上韩雪。半年后，又到了他回国的日子。唐毅兴冲冲地去找韩雪，才发现她们母女早就搬走了，不知去了哪里。他又问了朋友，才知道韩雪第二天就要举行婚礼了。于是，他怒不可遏地直接闯到了婚礼礼堂。这才发生了抢新娘的一幕。

然而，唐毅不仅没抢回韩雪，反而被人误会、被人责骂，有口难辩。两周后，愤怒的唐毅以重婚罪为由将韩雪和章大卫举报到公安局。随即，韩雪就失踪了。

自打韩雪失踪后，章大卫发疯一样地寻找爱妻，他怀疑是唐毅为了报复绑架了韩雪，但却没有证据。正当章大卫满世界找韩雪的时候，韩雪却被公安机关给抓回来了。

原来韩雪失踪，并不是遭到谁的报复，而是自己畏罪潜逃。自打唐毅在婚礼上出现，韩雪就怨恨是母亲办坏了自己的事，给自己惹了大麻烦。赵淑琴也暗中咨询了律师。律师说，韩雪可能涉嫌重婚罪。赵淑琴怕女儿出事，就帮她逃往外地，希望能躲过去。在外潜逃时，韩雪因压力过大、居无定所而导致流产，后又被公安机关抓获归案，以重婚罪追究刑事责任。

奇怪的是，司法机关在办理这个案件的过程中，并没有把唐毅举报的章大卫列为犯罪嫌疑人，却把唐毅没有举报的赵淑琴刑事拘留了，并且指控赵淑琴犯重婚罪。赵淑琴本人并未重婚，为什么会犯重婚罪呢？在这起案件中，又要如何分清相互的责任呢？

律师说法：重婚罪共犯>>>

在我国，解除婚姻关系有两种法定的形式，一是男女双方自愿离婚，到婚姻登记机关申请离婚；二是男女一方要求离婚，通过调解或诉讼离婚。本案中，韩雪与唐毅并没有通过这两种形式解除婚姻关系，因此他们的婚姻关系依然存在。在这种情况下，韩雪又与章大卫结婚登记。这就构成了重婚。

而赵淑琴之所以构成重婚罪，是因为她是重婚罪共犯。重婚罪共犯是指二人以上共同故意犯重婚罪。在韩雪重婚的整个过程中，赵淑琴是主要策划人和实施人，所以构成了重婚罪共犯。

重婚罪有两种情形，一是有配偶又与他人结婚，二是明知他人有配偶而与之结婚。章大卫之所以不构成重婚罪，主要是因为章大卫不具备“明知”的法律要件。韩雪从来都没有告诉过章大卫自己跟唐毅结婚的事，加之韩雪户口簿上婚姻状况一栏显示是未婚、所在地区婚姻登记信息不联网，所以章大卫一直不知道韩雪登记过，因此他不构成重婚罪。

法条链接>>>

●《中华人民共和国刑法》

第二百五十八条　有配偶而重婚的，或者明知他人有配偶而与之结婚的，处二年以下有期徒刑或者拘役。

最后，人民法院依法判定韩雪、赵淑琴犯重婚罪，分别判处有期徒刑1年。

接到法院这样的判决，赵淑琴很疑惑，她明明已经销毁了唐毅和韩雪结婚的所有凭证，那么司法机关又是凭什么认定唐毅和韩雪存在婚姻关系呢?

律师说法：证据复印件效力>>>

司法机关认定唐毅和韩雪已经登记结婚的事实，主要依据的是唐毅手上的结婚证复印件。证据复印件在原件已经丢失、无法出示的情况下是具有法律效力的，可以用于证明案件事实。但是，无法与原件核对的复印件不能单独作为认定案件事实的依据，还要结合其他证据。

回到本案中，在结婚证已经被销毁的情况下，这张结婚证复印件无法与原件核对，因此不能单独证明。但是，唐毅作为被害人的陈述、当时给唐毅和韩雪办理结婚证的婚姻登记员出具的证人证言等，都能证明二人曾经登记结婚的事实。这样，唐毅和韩雪登记的事实就得以确认。

司法机关据此追究韩雪和赵淑琴的刑事责任。当然，那位民政局的工作人员也因此受到了相应的处罚。真相大白后，感觉受到欺骗的章大卫立即向法院提起了离婚诉讼。而唐毅也解除了与韩雪的婚姻关系。

一年后，韩雪出狱。走过去年结婚的礼堂，在洁净的玻璃窗上，韩雪看到了自己的影子，是那样的憔悴不堪。一年前，那个百合一样芬芳纯净的新娘恍若隔世，而两个深爱她的男人也都离她而去。周围是指指点点的讥笑，身后是妈妈赵淑琴随风飘动的白发和懊丧的嘟囔：“小雪，等等妈妈。

别怪妈妈，妈妈这都是为你好呀。”

母亲在一个人成长的过程中起着至关重要的作用。因为母亲是孩子最依赖的人，她不仅给予孩子生活上的照顾，更给予孩子品性上的引领和塑造。诚然，赵淑琴所做的一切都是为了女儿。但是，她给了女儿无微不至的照顾，却没有教会女儿坚强和独立；她事事都为女儿冲锋陷阵，却让女儿变得盲从和软弱；她以女儿为生命和生活的中心，女儿眼里便只看到自我，罔顾他人的感受；她为女儿不惜铤而走险、以身试法，也让女儿漠视法律，最后进了监狱。出狱后的赵淑琴依然坚持说：“妈妈这都是为你好。”可这究竟是一种“好”，还是一种“害”？

亡魂日记

关键词 限制刑事责任能力

2010年12月的一天深夜，月黑风高，夜深人静，从某小区里突然传出了一个男人撕心裂肺的惨叫："杀人了！救命呀!!"闻讯赶来的保安和邻居一到现场，都吓得腿发软，胆小的不由得往后直退。

只见事发的这户人家防盗门大开，客厅里满地都是血；一个女人直挺挺地躺在血泊中，喉咙已经被割破了；而一个男人正抱着这个女人声嘶力竭地哭喊着："醒醒呀！老婆！你醒醒呀!"看到有人来了，这个男人急忙大喊："快救救我老婆！快救救她!"

警车和救护车很快也到了。救护人员查看之后，确认女人已经死亡，而死亡时间在当晚10点左右。男人显然无法接受这一事实，他疯了一样大吼道："你们为什么不救她？为什么?！她没死！没死!"他一双充血的眼睛通红通红的，满是悲愤。

警方一方面极力安抚这个情绪失控的男人，一方面开始勘查现场，着手调查命案发生前后的情况。警方了解到：这个男人名叫曹西江，28岁，是一名推销员；那个惨死的女人叫周艳，25岁，公司文员。两人都是从外地来此工作的。他们是新婚夫妻，结婚还不到一年，婚后一直租住在这个房子里。

经过警方的劝慰，曹西江虽然还是很激动，不停地痛哭，但已经能够配合讲述案发时的情形了。据曹西江说，当天下午5点，他离开公司去了朋友大刘家，跟大刘一起吃了晚饭又喝了酒，回来得就有些晚了，到家已经夜里11点了。没想到，他刚一打开家门，就看见满地的血，而妻子直挺挺地躺在血泊里。说到这里，曹西江又忍不住放声大哭。他懊悔地抽打着自己的头，怨恨自己明知这一带治安不好，为什么不早点回来。要是能早点回来，妻子就不会发生这样的事了。而更让他痛不欲生的是，他的妻子已经怀孕一个月了，这次是一尸两命。

闻讯赶来的大刘见此情形，也后悔地直跺脚。他懊丧地说，自己当天跟曹西江聊得高兴，中间曹西江几次说要早点回去陪老婆，自己都没让，没想到竟然发生了这样的惨案。

认识这对夫妻的人，都忍不住叹气说这事太惨了。据他们反映，周艳一向文静乖巧，说话细声细气的，从没跟谁吵过架。曹西江也是个温和谦逊、很懂礼貌的人。这小两口对别人和善，彼此也很恩爱。尤其是曹西江，对周艳真是体贴入微。特别是周艳六个月前流产了一次后，曹西江更是整天小心照顾着，家里的活儿全包了，什么都不让周艳干。邻居们经常看到，大热天，曹西江满头大汗地在厨房给周艳煲汤补身体，就没见过谁比他更疼老婆的。一个月前，周艳又怀孕了，曹西江笑得合不拢嘴。小两口还到处看房，准备买个环境好点儿的新房子给未来的宝宝住。

一个充满希望和幸福的小家庭，却在转眼之间就被彻底毁了，而且毁得惨不忍睹。到底是谁这样狠毒，对一个柔弱的孕妇下这样的狠手？大家都恨不得立刻把凶手抓起来毙掉。面对情绪激动的众人，尤其是曹西江，警方一再表示，他们会尽全力侦破此案。

然而，案子非但没能早日侦破，反而陷入了僵局。

因为警方在调查后发现，周艳和曹西江为人和善，没跟什么人结过仇，所以排除了仇杀的可能。如果说是陌生人入室偷盗，可是现场既没有被翻乱，也没有丢失什么贵重物品。难道说，凶手刚一进入屋内，还没来得及作案，就被周艳发现，随即周艳被灭口，凶手急于逃窜，根本顾不上再去偷东西？可是，警方却没有找到凶手作案留下的任何线索和痕迹，没有凶器，没有陌生的指纹和足印，没有门窗被撬的迹象……这个穷凶极恶的罪犯就像厉鬼一样突然出现，作案后又消失得无影无踪。侦查工作举步维艰，陷入困境，一时没有了头绪，也无从破解。

案件迟迟不能侦破，也让曹西江所住的一带笼罩在一片恐慌中。这一带外来务工人员多，居民成分复杂，流动性大，一直都是当地治安最差的地方之一。这起凶杀案的发生更给这一带抹上了浓重的血腥气。而曹西江以及周艳的亲友们一再激愤地要求早日破案，也给警方平添了很大的压力，侦查工作变得异常凝重。

为了打破僵局，办案人员决定对现场再次进行勘查。自从惨案发生后，曹西江就搬了出去，另找别处住了。案发的房间一直被警方封着，不许任何人进出。

当两个办案人员再次走进案发现场时，窗外正下着连阴雨。这雨已经下了一周多了，空气里湿漉漉的，满是霉味儿。雨声凄凄切切，像是哀婉的叹息，也像是周艳惨死的冤魂在哭诉着什么。

两个办案人员简单地分了一下工，便分头在房间里仔细查找起来。时间一点一点地过去，天也一点一点地黑了下来。除了偶尔传来办案人员挪动家具、敲击物品的声音外，屋子里静得吓人。

突然，一个办案人员发出了一声惊呼："有情况!"另一个办案人员赶紧跑了过去，只见卧室靠落地窗的一块木地板翘了起来。看情形是连阴雨导致窗户漏雨，让木地板受潮涨开。然而，这块木地板涨开得有些古怪，非同寻常。而轻轻一压，这块木地板便晃个不停，居然是活动的。办案人员小心地挪开这块木地板，下面赫然出现了一个塑料包。办案人员小心翼翼地拿出这个塑料包，一层层掀开，里面居然是一本日记，而笔迹正是那个惨死的亡魂——周艳的!

周艳的日记为什么会藏在这样一个隐秘的地方？是谁藏的？藏得这么隐秘，显然是不想被人看见。那么，这本日记里到底记了些什么不可告人的秘密？这些秘密跟周艳的惨死又有什么关系呢？

揣着诸多疑问，办案人员翻开了这本日记，里面的内容让他们感到震惊、沉重，甚至有些窒息。这本日记的写作时间是从周艳婚后到她死前的头一天，字里行间满满都是这个亡魂生前经历的压抑和痛苦。而周艳所有的压抑和痛苦都源自一个神秘的男人。这个男人，她在日记里称他为“X”。

周艳在日记里讲述了自己如何被X虐待、如何被X施暴以及她经受了多么大的痛苦、恐惧和绝望。日记中多次出现“我好害怕”“我要被他折磨死了”“他是个恶魔”等语句，还提到“X恨我的孩子，他踢我，我肚子好疼，我的孩子保不住了”。周艳还写到，关于她跟X的事，她无法跟任何人启齿，也不敢跟任何人说，因为X知道了会让她死得很惨。她只能把这些倾吐在日记里，否则她就要憋死了。她还要把这本日记藏好，不能被任何人尤其是X发现。然而，奇怪的是，周艳似乎并不怨恨X，她的日记里还几次出现了这样的话——“我还是爱他的，我知道他也很痛苦。是因为我，他才变成这样的。”

那么，这个肆意摧残周艳身体和灵魂的X究竟是谁？

由于周艳的日记只是断断续续的记录，文字不多，反复宣泄的都是自己的恐惧和惊慌，当涉及一些事情的时候，又语意模糊，指向不清，关于X并没有给出任何有用的具体信息，所以，警方一下也无从判断X的身份，只能初步推断，X应该是周艳的一个婚外情人，性情极为残暴。

警方决定询问曹西江，看看他对这件事知道多少，了解多少。当警方婉转地对曹西江说出周艳日记里的隐情时，这个平时温和文雅的男人立刻暴跳如雷、双目血红、脸孔扭曲，疯了一样吼道：“我要杀了这个魔鬼！”周围的人虽然早有心理准备，知道曹西江听后一定会异常愤怒，因为他是那样疼爱呵护他的妻子，他的妻子却爱着别的男人并一直被这个男人折磨着，这任谁都受不了，但曹西江反应之强烈还是出乎大家的预料。

大家劝说了半天，曹西江才缓和下来，瘫坐在椅子上直喘气。办案人员便问他，这个X可能是谁？曹西江咬牙切齿地说：“还能有谁？一定是那个姓夏的！”

这个姓夏的叫夏刚，是一个货车司机，周艳在老家时的前男友。周艳一直都很爱夏刚。夏刚别的都好，但就是沾染了一个坏毛病——酗酒。一喝高了就犯浑，暴躁异常，常会打骂周艳。

周艳的父母一看，这还了得，便叫周艳去外地打工，就势断了跟夏刚的来往。后来，周艳来到了现在的这个城市，跟曹西江认识了。曹西江的温存与爱护，打动了周艳的心，也赢得了周艳父母的好感。两人在认识三个月后便结了婚。

然而，曹西江说，在婚后，他就发现周艳有些不对劲，有时候会瞒着他偷偷地打电话，一看到他走过来就赶紧把电话挂断。问她给谁打电话，她支支吾吾不肯说，好像很怕的样子。有一次，他去拜访一个客户，在街上无意中就看到本该去医院孕检的周艳居然跟一个五大三粗的男人在饭馆吃饭。回来后，他问周艳，周艳却说他看错了，自己孕检完就回来了，根本没和什么人吃饭。

后来，他听说，夏刚不甘心自己就这样被周艳甩了，来这里找过她。一定是夏刚找到了周艳，然后对她施暴以泄私愤。这个人以前就有施暴的毛病。而周艳八成是还爱着夏刚，所以才会在日记里写："我还是爱他的，我知道他也很痛苦。是因为我，他才变成这样的。"也因此，周艳受了委屈，才无法跟任何人说，就自己一个人受着。没想到，最后却害了自己。那天晚上肯定是夏刚喝醉了又来纠缠周艳，两人起了争执，夏刚便下手杀了她。而日记中出现的那个X，正是夏刚的姓——"夏"的拼音的第一个字母！

警方听完曹西江的讲述，迅速传唤了夏刚。经过审讯，夏刚承认自己确实是因为气不过，来这里找过周艳。而他也确实找到了周艳，给她打过电话，也一起吃过饭。周艳确实也很怕他，同时对他也有些旧情难了。

但是，夏刚又说，自己根本不是什么神秘残暴的X。他自从再次见到周艳后，就从没打骂过她。至于杀害周艳，那更不可能。因为周艳遇害前后一周，他跟着车队去东北拉货了，根本不在当地。

警方调取了夏刚的出车记录，又查问了夏刚的师傅和车队的其他随行人员，最后证实夏刚没有撒谎。在周艳遇害的前后一周，他确实在千里之外的东北拉货。

那么，这个 X 究竟是谁？他跟杀害周艳的凶手是一个人吗？所有的线索似乎又都断了，案件的侦查再一次陷入了僵局。

办案人员只得反复翻阅那本亡魂留下的日记，希望能在里面找到破案的蛛丝马迹。翻着翻着，他们的目光被其中一句不起眼的话吸引住了。那句话是这样说的："他的双眼突然变得血红，我知道那个魔鬼 X 又来了。" 这句话看似很平常，却透着一种说不出的怪异，周艳是想表达什么呢？

一个办案人员顺口说道："曹西江一激动，好像就是这个样子。" 这句话像一道闪电一下划破了案件的黑夜。会不会这个 X 就是曹西江呢？当场有人就提出了这个看似荒诞的假设。

立刻就有人反对说，绝对不可能是曹西江。第一，他是有目共睹的疼老婆，为人也很温和；而那天大家也都看到了周艳的死对他的打击有多大。他怎么可能对周艳施暴，还把他们俩的孩子打掉？第二，曹西江有时间证人大刘，证明他案发当时不在现场，没有犯罪嫌疑。第三，他没有任何理由杀自己的老婆。周艳刚怀孕一个月，他们还商量着要买新房子给宝宝住。这小两口一看就是要好好过日子的，他怎么可能去杀自己怀孕的老婆？

话虽这么说，为了谨慎起见，办案人员还是重查了曹西江公司和大刘居住小区的监控录像。而曹西江所住的小区因为没安装监控摄像头，也就没录像可查。查询的结果跟以前一样：曹西江下午 5 点离开公司，5 点 30 分进入了大刘居住的小区大门，夜里 10 点 30 分又从大刘居住的小区大门出来，没有作案的时间。

警方再次传唤大刘，大刘的交代也跟上次一样。大刘说，他跟曹西江私交不错。他是单身，一个人住，曹西江常来他家跟他喝酒聊天。那天，曹西江大约下午 5 点半来到他家，两人又喝了起来。喝着喝着，他就喝多了，只记得迷迷糊糊地听到曹西江不断唠叨："都八点了，我该回了，我老婆等我呢。""九点了，我要走了，我老婆着急了。""十点多了，最后一盅，干了就走。"他还怪曹西江唧唧歪歪，总把老婆挂在嘴上。曹西江走的时候大概十点半。

这一番人证、物证梳理下来，曹西江是没有任何作案的时间和理由的，应该排除嫌疑。那么，凶手到底是谁呢？这个案子不会成为一桩无法侦破的命案吧？

就在案件陷入僵局的时候，公安局走进来了一位出租车司机。他的出现使侦查方向又发生了意想不到的逆转。

这位司机说，在案发当晚10点左右，他曾经在距案发小区五分钟车程的地方拉过一个客人，而这个客人当时双眼血红、脸部扭曲、非常吓人，让他印象很深。他在当地的新闻上，看到警方对这起案件公开征集线索，便来报告，也不知跟案件有没有关系。

办案人员一听到这个消息，立刻警觉了起来，便问司机这个客人下车的地方在哪里。司机说了地址，而这个地址正是在大刘家附近。警方赶紧调取了出租车当时途经路线的所有监控录像。

这一看，大家都惊呆了，录像上显示：在案发当晚10点到10点12分之间，这辆由案发小区附近开往大刘家附近的出租车上的神秘乘客，不是别人，正是曹西江！也就是说，曹西江在撒谎。他很可能跟他妻子的死亡有重大关系。于是，警方立刻抓捕了曹西江。

在证据面前，曹西江不再狡辩，全都招了。原来，那天在大刘家喝酒时，大刘喝多了，又见曹西江一心想回去看老婆，有些不高兴，就跟曹西江说起关于周艳的一些风言风语，她的前男友什么的。曹西江一听这话，想起平时自己看到周艳的种种遮遮掩掩，不知怎么，心里的火立刻就上来了，恨不得马上回去杀了这个不知廉耻的贱人。

可是，大刘并不知道曹西江在想什么，还一个劲儿拉着他喝酒，就是不让他走。曹西江便狠灌了大刘好几杯，与此同时一个周密的行凶计划在他脑中也形成了。于是，他边灌大刘酒，边说：现在几点几点了，老婆等着他回家呢。等大刘醉得不醒人事了，他便从大刘口袋里拿了大刘家的钥匙，立刻下楼。为了遮掩行迹，避开小区摄像头，曹西江没从小区大门走，而是从小区的围墙翻了出去。随后，他又跑到距大刘家小区千米之外的地方打出租车。而在离自家小区千米之外的地方，下了出租车，步行潜入自家小区。

曹西江来到自己家，打开门，一进去就发现周艳又在打电话。而一见到他回来，周艳就怕得赶紧把电话挂了。曹西江二话没说，直接进厨房拿了一把菜刀，上前就割断了周艳的喉咙。然后，他处理了现场，带上了房门，把菜刀扔到小区外的河里，特意又走到离家5分钟车程之外的地方打车，而此时正是当晚10点。他坐上出租车来到大刘家附近下车，步行到大刘家的小区外，再次翻墙而入。他拿着钥匙打开了大刘的家门，摇醒了醉得迷迷糊糊的大刘，又跟他喝了几杯，然后特意大摇大摆地从大刘家小区的大门出去了。这样，醉酒的大刘和小区大门的监控录像分别成为了曹西江案发时不在场的人证和物证。而由于曹西江用的是家里三把菜刀中的一把，他丢弃了这把菜刀，跟警方谎称家里只有两把菜刀，所以警方也没有在他家中发现凶器，当然更没有发现陌生人的指纹、足印以及门窗被撬的痕迹。

真相大白后，所有人都不敢相信这个事实。在大家眼里，曹西江是那么温和、那么疼妻子，怎么可能做出杀妻这样残忍的事。而更让人震惊的是，周艳日记中提到的折磨她的恶魔就是曹西江！

人们愤怒了，强烈要求法律给这个人面兽心、凶残狡猾的曹西江处以极刑。然而，曹西江却最终得以轻判。

原来，曹西江的辩护律师认为，从曹西江种种匪夷所思的行为来看，他应该存在精神方面的问题。于是，律师向司法鉴定部门提出对曹西江进行精神病鉴定。鉴定结果显示，曹西江患有隐形的精神分裂症。他平时跟正常人一样，但在受到刺激后就会失控，出现暴虐的行为。

而这个病源于曹西江童年受到的重大创伤。曹西江小的时候，母亲跟别人私奔了，父亲经常喝醉了酒就大骂母亲并殴打曹西江泄愤。这给曹西江留下了很深的童年阴影，也埋下了他的病根。

在跟周艳结婚后，曹西江听到了关于周艳前男友的风言风语，对周艳爱得本来就很痴狂的他，渐渐出现了精神分裂的征兆，行为暴虐而不能自控。他深夜虐待周艳，甚至造成周艳流产。然而，每次虐待完后，他又后悔不已，更加拼命地对周艳好，请周艳原谅自己，说不知道为什么自己一听到关于周艳前男友的事就控制不住要施暴，像被恶魔附体了一样。

爱面子的周艳因为前男友夏刚的暴虐，已经觉得在亲友面前抬不起头了，曹西江的病更让她不愿跟别人说。更何况，曹西江每次虐待她，都是在她身体的隐秘处，外面是看不出来的，她没法说，也耻于说。并且，她一直觉得曹西江是因为太在意她才会犯病，曹西江本身也很痛苦。对于犯病的曹西江，周艳称之为X。她并不认为X就是曹西江，她觉得总有一天X会离开曹西江，曹西江会正常起来。然而，她没有等到这一天，就被X吞噬了。

此时，认识曹西江的人也回想起，这个曹西江平时很温和，但只要谁说到周艳的一些风言风语，他就会双眼充血，脸色吓人。而他们家半夜确实曾传出过一些古怪的声响。但大家都没想到那是曹西江在对妻子施暴，更没想到他会亲手杀了妻子。

那么，法院轻判这个杀妻凶手的依据是什么呢？

律师说法：限制刑事责任能力>>>

曹西江患有隐形的精神分裂症，属于限制刑事责任能力的精神病人，介于完全丧失和完全控制之间。这种人并未完全丧失辨认和控制自己行为的能力，但是其刑事责任能力有所减弱。根据刑法的规定，可以从轻或者减轻处罚。

法条链接>>>

● 《中华人民共和国刑法》

第十八条　精神病人在不能辨认或者不能控制自己行为的时候造成危害结果，经法定程序鉴定确认的，不负刑事责任，但是应当责令他的家属或者监护人严加看管和医疗；在必要的时候，由政府强制医疗。

间歇性的精神病人在精神正常的时候犯罪，应当负刑事责任。

尚未完全丧失辨认或者控制自己行为能力的精神病人犯罪的，应当负刑事责任，但是可以从轻或者减轻处罚。

醉酒的人犯罪，应当负刑事责任。

最后，法院认定曹西江故意杀人罪成立，但鉴于曹西江属于限制刑事责任能力人，依法判处曹西江无期徒刑。等待曹西江的将是漫漫的牢狱生活。但鉴于他的精神疾患，狱方也会给予他相应的治疗和照顾。本案就此结束了，但伤痛却永远无法抹去，也带给我们深深的思考……

曹西江深爱着他的妻子周艳，却因为精神疾患无法控制自己的行为，最后酿成了惨剧。如果当初曹西江能正视自己的精神问题，早点治疗，而不是任由它发展；如果周艳在发现丈夫不能自控后，能给予足够的疏导，说服丈夫去看病，而不是羞于启齿、遮掩避讳、独自承受；如果周围的人在看到曹西江有不正常的表现后，能有所关心，而不是传一些风言风语，或许惨剧就不会发生。精神病人虽有疾病，心中也是向往和谐和幸福的。希望社会对这类人群放下偏见，能科学而正确地认知精神疾病，形成良好的救助机制，给这类人群提供心理测评、心理疏导、心理治疗和药物治疗，早发现、早控制，帮助他们逐步好转，避免悲剧的再次发生。

风流债

关键词　夫妻债务的偿还

2012年12月的一天上午，在民政局办理离婚登记的地方，一对已经办完离婚手续的男女显得与众不同。别的办完离婚手续的人，或黯然神伤，或表情冷淡，很快就各走各的路。只见这一对儿，男方满脸喜色，搂着女方肩膀不停地小声说着什么，就这样走出门去。他们俩不像是已经分道扬镳，倒像是要共赴前程。

男方名叫林凯，女方名叫罗薇，曾是中专同学。毕业后，一无所有的两人结了婚，然后一起做小买卖。在夫妻俩的共同打拼下，生意越做越红火，后来他们还租了几间房作为自己的办公中心。夫妻俩有了一定积蓄后，便买了自己的住房。随着生意步入稳定期，罗薇便退居家庭，做起了悠闲的全职太太。

然而，好景不长。林凯的生意接连遭遇了几次挫败，欠了不少债，雇员们纷纷离开，债主却屡屡上门。面对沉重的债务和奄奄一息的生意，林凯夫妇想尽了办法，东挪西凑，还清了不少。最后还剩一笔债，是欠一个叫贺老铁的包工头60万元。而要还这笔债，林凯夫妇仅剩的积蓄根本不够，要变卖掉现在的住房才行。

林凯不甘心就这样卖掉自己辛苦挣来的房子，但债主贺老铁又步步紧逼。林凯苦思冥想，终于想出了一个主意，那就是跟罗薇假离婚，把两人所有的财产包括积蓄和房子都划归罗薇，而把所有的债务都划归他自己。他认为，这样既能保全自家财产，还能躲避债务。反正自己是净身出户，光棍一条，就是没钱还债。贺老铁要是逼急了，他就出去躲一阵。实在躲不掉，大不了就坐牢。只要罗薇给他守好家产看好房，等风声过了，他还是有钱有房的。

对于林凯的这个主意，罗薇开始不同意，觉得这样躲债不道德。但后来不知为什么罗薇的态度一下就变了，不仅同意了，还催着林凯赶紧办。而今天，他们俩就是来民政局办理离婚的。

眼看着离婚手续办完了，林凯一脸喜色，因为这意味着他可以保住自己的房产和积蓄了。他搂着罗薇的肩头，小声叮嘱着她一定要看好家产和房子。罗薇听着，一声不吭，表情僵硬。林凯便劝她："亲爱的，别不开心了，我们不过是假离婚。你先回家吧。这几天，我可能都要在外处理债务。等欠债的事平息了，我马上回家找你。"

然而，没等林凯去找罗薇，贺老铁就找上了林凯。贺老铁曾经找林凯要过债，但要了几次都没要到。眼见着快到年关了，贺老铁要债要得更急更凶了。这次，他带着人杀气腾腾地来到了林凯的办公室，不仅跟林凯大吵了起来，还动起了手，打得林凯满脸是血。

厮打中，落败的林凯被逼得步步后退。他边招架边喊："我再说一遍，我的生意全赔了，我也离婚了，净身出户！你的债，我没钱还了！你就是逼死我也没用！"说着就退到了窗户旁边。看到自己已经无路可退，林凯一狠心，竟然不顾死活地从窗户跳了出去！所幸的是，林凯的办公室在二楼，不算太高。一落地，林凯马上挣扎着爬起来，一瘸一拐地逃走了。

贺老铁见林凯从他眼皮子底下跳楼跑了，恼恨地吩咐手下轮流守着林凯的办公室，等他回来接着要债。然而，林凯自从跑了后，就再也没有回来过，并且各处也打听不到林凯的下落。他整个人就像人间蒸发了一样。

有人跟贺老铁说了，这林凯没钱还债，又好不容易从你手里跑了，怎么可能再回来找死？而且他人没了，你就算去法院告他，也是白告！你这亏呀，就自己吃下去吧！

这天，贺老铁正为这事生气，恨不得把林凯给剁了。突然，他的办公室门被推开了，而走进来的居然是林凯！

这躲债躲得无影无踪的林凯，怎么突然跳出来，主动送上门来？难道说，他发了一笔横财，有钱还债了？贺老铁此时是满肚子疑问。然而，林凯却说他还是没钱还债。他这次来，是来求贺老铁把他告上法院。法院该怎么判就怎么判，他坚决执行！

贺老铁一听简直跳了起来，嚷道："林凯，你神经病吧？哪有主动跑来求债主去法院告自己的？还坚决执行？你现在什么钱都没有，拿什么坚决执行？"林凯听贺老铁这么问，脸上露出一丝古怪的微笑，不慌不忙地说："我现在是什么钱都没有，但是，我老婆有呀！夫债妻还呗。"随即，林凯便对贺老铁全盘说出了他跟罗薇假离婚的事。

既然林凯打定了以假离婚来保全家产、躲避债务的主意，并且实施得颇为顺利，为什么现在又主动跳出来告诉贺老铁实情，要贺老铁去告自己，要罗薇替自己还债？林凯到底想干什么呢？

原来，林凯从楼上跳下来跑了之后，一直东躲西藏。他没敢去罗薇那儿，甚至没敢跟罗薇联系，害怕把贺老铁招了去，引来麻烦。眼看自己身上带的钱花得差不多了，林凯便偷偷溜到附近的一个提款机前，想提点钱出来。

在跟罗薇假离婚前，林凯就把自己账户里的钱都转到了罗薇名下，他的银行卡上已经没有钱了。考虑到要出去躲一阵子债，手上也需要有些备用的钱，林凯临走时便从罗薇那里拿了一张罗薇的银行卡。卡上还有几万元，林凯觉得这足够他躲债时用了。

然而，当他把这张银行卡插入提款机的时候，一件他意想不到的事发生了！提款机显示，他卡里只剩下了10元钱！林凯不由得大吃一惊。这张银行卡的密码只有他和罗薇两个人知道。到底发生了什么事？钱怎么会没了？这可是他躲债用的钱呀！没了钱，他可怎么过？

林凯顾不上许多了，赶紧给罗薇打电话。没想到，电话那头居然传来的是："您拨打的电话已停机。"林凯感到大事不好，急忙打了一辆出租车，溜回自己和罗薇的住处。

刚一进小区，林凯就远远看到罗薇带着两个房产中介模样的人从自己家的单元门口走出来。见到还有其他人在场，林凯不敢上前。等只剩下罗薇一个人的时候，他快速跟了上来，一把抓住罗薇的胳膊，焦躁地问："你这是要干嘛?"

罗薇回头一看是林凯，只见昔日衣冠楚楚的他变得蓬头垢面，大概是因为东躲西藏，没条件也没心情收拾吧。面对林凯一脸的惊慌和疑虑，罗薇冷笑着说："我想卖我的房，不行吗?"林凯一听头"嗡"的一下，似乎明白了点什么，愤怒地说："银行卡上的钱是不是也是你提的? 你怎么不考虑一下我?"罗薇甩开林凯的手，冷冷地说："我们离婚时可是白纸黑字写好的，所有的积蓄归我，房子也归我。我当然可以提我的积蓄，卖我的房子了。考虑你? 哼，别忘了，我们已经离婚了！根本就没关系了!"

林凯这时全明白了，这场离婚对于他来说是假离婚，可对于罗薇来说却是真的离婚了。

看着罗薇冷冰冰的脸和决然离开的背影，林凯想不通这个女人怎么突然变得这么绝情。为什么说好的假离婚，会变成现在的真离婚? 难道说，罗薇看到自己混得差，又背了债，怕被拖累，嫌弃自己了? 真没想到罗薇竟然是这样势利的人，真够狠心薄情的。

林凯不由得忿忿不平：如果当初他卖掉房子还债，还清债后，他还能落下几十万。现在，不仅债还是那么多，他几年辛苦挣下的财产也全没了，这可叫他怎么活下去呀?！他现在真的是一无所有，光棍一条了！

不行！不能就这么算了！既然罗薇这样无情，那就别怪他林凯无义了。林凯决定去找贺老铁，求他上法庭告自己，以此揭穿当初假离婚躲债的真相，从罗薇手里要回自己的财产。于是，林凯主动找到了贺老铁，表示只要贺老铁肯配合，他一定会把自己的房子卖了还钱给贺老铁。

这种有利无害的事，贺老铁怎么可能不干? 于是，第三天，贺老铁就把林凯和罗薇一起告上了法庭，说他们夫妻俩串通起来假离婚，恶意躲避债务。

然而，在法庭上，罗薇却说，自己当时是真的要跟林凯离婚，不存在假离婚一说；再说，离婚协议上已经写清了财产全归自己，债务全归林凯，应按照离婚协议来执行。

罗薇再三强调，我不是因为逃避债务才跟林凯离婚的。林凯欠的其他债务，我都是跟他一起想办法还的。但这笔贺老铁的债，我确实不愿再跟他一起还了，而且也不该我跟他一起还。因为这不是一笔正常的债务，而是一笔蹊跷异常的债务。

原来，罗薇当初听丈夫林凯说，他欠了贺老铁这么多钱时，就觉得不对劲儿，因为这笔债出现得太奇怪了。事先，罗薇根本就没听林凯提起过，他跟贺老铁有这么大额度的生意往来。后来，林凯又说要用假离婚来躲债，并再三央求她答应。面对着这笔会毁掉自家信誉和婚姻的债务，罗薇当然要彻查。但鉴于是林凯借的这笔债，罗薇决定瞒着丈夫，自己先暗中查一下。

为了弄清这笔债的来历，罗薇偷偷去了林凯的办公室查账。以前林凯生意上的账，都是罗薇亲自管的，会计也是她招进来的，所以她很容易就拿到了账本。这一查不要紧，罗薇发现了这笔账来得十分蹊跷。

这是一笔欠贺老铁的工程款。但据罗薇所知，林凯前期跟贺老铁只做过几个小项目，一单也就是几万，全部都结清了。后期就没再跟贺老铁有过生意合作。那么，这笔数额巨大的工程款又是从哪里来的呢？

再一细查，这个工程项目是一个叫小乔的女员工负责的。而这个小乔当时进来不过三个月，只是一名普通文员，是没资格负责这样大的项目的。并且这个小乔在签了这个项目后，便突然离开了，只留下了这个巨大的债务黑洞。

然而，更蹊跷的是，一向有什么事都跟罗薇商量的林凯，对小乔和这个大项目从来都没有提起过，好像在它们背后藏着什么不可告人的秘密似的。那么，在这个小乔、这个大项目、这笔债务黑洞的背后到底藏着什么不可告人的秘密呢？

要弄清这一切，还得从一条短信说起……

这天，到林凯这里上班没多久的小乔匆匆闯进了老板林凯的办公室，一副怕得要死的样子。还没等林凯开口问，小乔就慌里慌张地对他说：“我老公要打死我，怎么办？怎么办呀?”林凯吓了一跳，赶紧问为什么。小乔紧张地说：“短信。他看到我手机上的一条短信了。”从小乔的眼神中，林凯明白了，那条引起小乔老公暴怒的短信一定是自己发给小乔的。原来林凯跟小乔不是一般的关系，而是婚外情人。

在当初的招工面试上，林凯一下就注意到了小乔，因为她显得是那么娇媚可爱。于是，小乔便顺利地进入了林凯的办公室。这时的林凯小有成就，却觉得自己对罗薇越来越没有当初的热情了，平淡得甚至有些乏味。而小乔的出现，突然又点燃了林凯心中那团激情的火。但是，林凯知道小乔有老公，罗薇也跟自己吃了好几年的苦，所以，他一直在克制着自己。

然而，林凯却发现，这个小乔似乎对他也格外喜欢，总是睁着一双水汪汪的大眼睛含情脉脉地看着他，目光里充满了爱慕和敬佩。一来二去，林凯就醉倒在了小乔的目光下，而小乔也成了林凯的婚外情人。两个人隔三岔五就到外面酒店偷偷幽会，还经常发短信互诉衷肠。

正当林凯陶醉在“家里红旗不倒，家外彩旗飘飘”的绝妙滋味中时，没想到，小乔的短信被她的老公发现了，还扬言要打死她。别说小乔慌了，林凯也慌了。林凯便跟小乔约定，下班后就去老地方，商量一下怎么办。

下班后，林凯跟小乔一前一后来到了常去的酒店。正商量呢，房门突然就被推开了，闯进来了一伙杀气腾腾的人。林凯心想不好。当他看清带头的那个人时，心里不由得“咯噔”了一下：天啊，怎么是他?!

原来，这个带头闯进来的人不是别人，正是贺老铁。林凯前期跟贺老铁做过几个小项目，觉得这个人蛮横不讲理，不好惹，便再没有合作过。没想到，今天居然撞上了他！只见贺老铁上前一把抓住林凯的脖领子，吼道：“原来是你小子搞我老婆。亏你一口一个大哥地叫我，背着我却干出这种事。我今天非宰了你不可！”说完就带着人打林凯，还拿出了明晃晃的刀子，狂吼着就要在这儿剁了林凯和小乔！

这时的林凯早就吓破了胆。自知理亏的他赶紧向贺老铁求饶，连声说他错了，再也不敢了，他愿意拿钱出来赔偿，贺老铁说怎么赔就怎么赔，只要能饶过他这次就行。听到这儿，贺老铁好像才缓和下来了一点，开口便问林凯要60万元赔偿费。林凯刚要反驳，贺老铁就把刀架到了他的脖子上，威胁说如果不给60万元，现在就要了他的命。林凯只能先顾命，于是就勉强答应了。

看到林凯这么快就答应了，贺老铁冷笑着说："你这小子鬼点子多，我可要防着你点。这样吧，这笔钱就做成你欠我的工程款，直接做到你的生意账户去，咱们就公对公坐实了它。"说着，贺老铁就叫人拿出一份合同，写明林凯应支付贺老铁60万元工程款，让小乔以经办员工的名义、林凯以老板的名义在上面签了字。林凯见自己的退路被贺老铁封得死死的，是又恨又气，但也没办法，只得签了。

事后，林凯越想小乔这事，越觉得蹊跷。

贺老铁大小也算是个老板，他怎么可能让他的老婆来自己这里应聘个普通文员，一个月就拿两千多元。林凯记得，当初贺老铁为了能跟自己合作，请自己吃了次饭，就花了三千多元。小乔这一个月的薪水，还不够贺老铁请人吃顿饭的。

还有就是小乔。她明知道贺老铁是个浑人，要起狠来六亲不认，又特好面子，为什么还对自己那么主动、那么热情？她就不怕贺老铁知道后，剁了她吗？另外，自己跟贺老铁也认识，怎么从没听小乔提起过贺老铁呢？而酒店事发后，小乔就不辞而别，再也联系不上了。

再有就是那天，贺老铁怎么就知道自己跟小乔在哪个酒店哪个房间幽会？贺老铁怎么就随身带着那份逼他就范的合同？

一切的一切，似乎都是早有安排。想到这里，林凯坐不住了，他立刻派人去打听小乔和贺老铁的底细。这一打听，让林凯彻底傻了！

原来，这个小乔并不是贺老铁真正的老婆，而是他的一个情妇。据说，小乔替贺老铁干这种事，已经不是一次两次了。每次事成后，贺老铁都会给小乔分一笔钱。

林凯终于明白了，自己这是掉进了贺老铁设的陷阱里了！可是，贺老铁为什么要设计害自己呢?

林凯想到，自己前期跟贺老铁做过几个小项目。但在合作的过程中，他就发现贺老铁这个人蛮不讲理，而且做事不规矩，和他合作风险很大，于是便停止了跟贺老铁的合作。后来，林凯经过多方努力，好不容易争取来了一个大项目。这个项目要是做成了，获得的利润和回报是相当丰厚的。为了确保项目的最终成功，林凯开始慎重地挑选合作伙伴。

不知贺老铁从哪儿听说了这件事，三番五次地找到他，请吃请喝，送东送西，想要跟他一起赚钱。可是，林凯由于有了以前的教训，虽然也跟贺老铁一起吃吃喝喝，说些场面上的话，但是心里不愿再跟贺老铁合作，私下里就签了别家。

这个项目最后果然让林凯和合作伙伴赚得盆满钵满。但同时，林凯也听说，贺老铁把自己恨得牙根痒痒，并放出话要林凯加倍偿还。然而，这些话带给林凯的烦恼，都被刚刚成功大赚一笔的喜悦给冲淡了。这以后，贺老铁也一直没再跟林凯有什么联系。没想到，却给他在这里设下了埋伏。

然而，谁让自己色迷心窍了呢?这哑巴亏，如今只能就这么硬生生地吞下去了。而这事，他又怎么可能跟自己的老婆罗薇说呢?

可是，罗薇却知道了。

原来，罗薇去办公室查账查出问题后，便找那里的雇员打听，得知林凯和小乔关系不正常。后来，她派人偷偷地跟踪过小乔，发现了小乔跟贺老铁的关系。罗薇想到，有次林凯很晚才回家，还带着一身伤，自己担心得不得了，林凯却不肯让她多问，只说是喝醉了从楼梯上摔下来了。而那晚正是这笔账签下的时间。想到这里，罗薇凭着女人的直觉把这笔账的来历想明白了。这哪是丈夫欠的什么生意债，明明就是一笔风流债。

想明白后，罗薇对林凯又气又恨。她想起了自己当初跟林凯白手起家创业，真是风里来雨里去，吃尽了苦、受尽了累，好不容易生意才走上了正轨，慢慢也攒了点儿家产。可她这才放手没几天，丈夫不仅不好好经营，反而沾花惹草，惹出这么一档子丢脸的事来。这不是把她的付出和感情都踩在了脚下吗？枉自己还跟林凯一起东拼西凑地还债，还安慰他、鼓励他，要共渡难关。别的生意上的债也就罢了，这次林凯自作自受欠下的风流债，自己凭什么要替他还？

罗薇又想起，林凯为了这笔风流债，居然还提出假离婚，连信誉和婚姻都不顾了。不，他早就不顾婚姻了，早就不顾两人之间的感情了，早就背叛和嫌弃了自己。你林凯不是说要离婚躲债吗？不是说积蓄和房子全归我，债务全归你吗？那好，我罗薇就跟你离了。我跟你吃了这么多年的苦，为生意出了这么多力，这剩下的积蓄和房子本来就该是我的。而你林凯的风流债，就该你一个人还，跟我罗薇有什么关系？

于是，倍感痛心和失望的罗薇态度大变。原来不同意离婚躲债的她，催着林凯办了离婚手续。听着林凯还在不停地说风声过后就复婚，罗薇只觉得这个男人真卑鄙。于是，离婚之后，罗薇立刻把所有的银行账户都提空，转移到新的账户，并主动约中介来看房。罗薇打算卖完房后，就拿着钱离开这个让她心痛的地方，彻底跟林凯老死不相往来。

在法庭上，罗薇依然坚持说，林凯的风流债，自己根本就不该替他偿还。那么，罗薇的说法能否得到法院的支持呢？

律师说法：夫妻债务的偿还>>>

按照法律规定，夫妻共同债务在离婚时应当由夫妻共同偿还。但对于夫妻债务的偿还，要从两个角度来划清。

第一，什么样的债务，夫妻应共同偿还，即使离了婚也要还。

如果所欠的债务是发生在夫妻关系存续期间，夫妻双方都知情，并用于共同的生产经营或生活开支的，这样的债应当由夫妻双方共同偿还。夫妻双方都是债务人，无论是否离婚。而离婚协议，在处理和分割财产时，必须先清偿该笔债务之后，才能分割剩下的财产。所以，有些离婚协议中约定的“财产全部归妻子所有，由丈夫偿还债务”，对债权人来说是无效的。

第二，什么样的债务，夫妻不应共同偿还，即使没离婚也不应还。

这种债务是指，即使债务是发生在夫妻关系存续期间，但另一方不知情的单方债务，或者债务本身是不受法律保护的也不需要偿还，比如赌债。像本案中林凯欠的这笔风流债，罗薇根本不知情，是不应受到法律的保护。

法条链接>>>

●《中华人民共和国婚姻法》

第四十一条　离婚时，原为夫妻共同生活所负的债务，应当共同偿还。共同财产不足清偿的，或财产归各自所有的，由双方协议清偿；协议不成时，由人民法院判决。

据此，法院经审理查明，判罗薇可不偿还债务。

听到这个宣判，贺老铁急了，直嚷着："林凯没有钱，罗薇又不用偿还债务，那我的债谁来还？林凯欠了我的债，不能就这么糊弄过去。要是没钱还，就让林凯蹲监狱去吧。"

贺老铁的债务当然有人偿还。这个人是谁呢？就是贺老铁。监狱当然也要有人蹲。这个人是谁呢？还是贺老铁。

原来，担心无人还债的贺老铁一气之下，去公安局报了案。可公安机关在问讯核实时，却发现林凯没有犯罪事实，反而是贺老铁的行为涉嫌敲诈勒索罪。结果，贺老铁被判处有期徒刑8个月。至于林凯的债，则是属于被敲诈的情况下被迫认的，不是一个真实存在的债，所以根本就不需要偿还。最终，贺老铁以蹲监狱的方式，自己偿还了自己捏造出来的那60万元莫须有的债。

林凯虽然不用再偿还贺老铁的债务，可是对他彻底失望的罗薇，还是坚决变卖了房产，带着所有的积蓄，离他远去。大年夜里，无家可归又身无分文的林凯，一个人孤零零地走在大街上。看着别人阖家欢聚的灯光，想起那些跟罗薇相互扶持的日子，他不禁流下泪来。因为他明白，自己欠的这笔风流债永远都会压在心上，永远也还不清了。

在婚外情事件中，受害最大的莫过于婚外情者的配偶了。他（她）们是这场感情悲剧中最无辜的牺牲品，他（她）们往往毫无过错，却被自己的配偶出卖和伤害。婚外情给配偶带来的伤害，并非仅仅止于被背叛。相比婚外情事件本身，爱人对自己的隐瞒和欺骗，更让配偶们愤怒和伤心。所以，婚外情常常直接导致婚姻的破裂，家庭的解体。而婚外情行为一旦公诸于世，就会受到多方面的干预和谴责。而来自社会的干预，则是对当事者的致命打击。它会使当事者自损形象，自贬人格，并且受到家人、朋友和社会等各个方面的谴责和批判，然后对自身造成很大的心理困惑，留下心理阴影，严重影响他们以后的生活和工作。因此，不要让不良的社会现象冲击自己婚姻与家庭的根基，洁身自好方能获得长久的内心安宁和幸福。

一个名字引发的婚变

关键词　出资购房与借款购房　共同还贷及其增值

2011年7月的一天深夜，万籁俱寂，突然从一个居民楼里传出了激烈的厮打声，还伴着撕心裂肺的哭喊和低沉暴躁的咒骂。

出什么事了?！惊恐的居民聚拢过来，发现声音源自三楼的一家住户。这家住户的灯全亮着，屋里面的哭喊打骂声一波高过一波，激烈地嚷着什么“名字”“名字”的。当大家拼命敲开了这户人家紧闭的大门时，都被眼前的景象吓呆了！

只见屋里一个小个子男人和一个高个儿男人正发疯似地扭打在一起。旁边有个不到30岁的女人披头散发，哭天抢地，痛不欲生。角落里一个老太太瘫坐在地上，捂着胸口，抽成一团；一个脸色铁青的老头正用颤抖的手给老太太掐人中。屋中的物品东倒西歪，一股子酒气扑面而来。

人们赶紧拨打了110报警。闻讯而来的警察刚分开那两个打得你死我活的男人，瘫坐在一边的老太太就突然跳起来抓住警察的手，指着小个子男人说：“快把他抓起来！他想抢我们家东西！”

情绪刚稳定了点的小个子男人，听老太太这么一说，又暴怒了起来，冲老太太吼道：“你们才应该被抓起来！你们一家串通一气地害人！不得好死的大骗子！”

高个儿男人听到这话，立刻又冲了上来。那个披头散发的女人则猛地跳起来，狠狠咬住了高个儿男人的手。一时间，惨叫声、咒骂声、厮打声又响成了一片，场面再次陷入混乱中……

当事的双方到底有什么深仇大恨？怎么会怨恨对方到了咬牙切齿的地步？

然而，调查的结果却让警方大吃一惊，当事的双方不仅不是仇人，反而还是亲人！这场混战的一方是丈夫刘大年和他的父母，也就是那个高个儿男人和那对老头老太太；另一方则是妻子何雨和她的弟弟何力，也就是那个咬人的女人和那个小个子男人。

旁边有邻居诧异地说，何力跟姐夫刘大年过去处得不错，为什么现在要打姐夫？还有邻居吃惊地说，以前见刘大年跟何雨挺好的，怎么现在何雨上来就咬刘大年？

而被拉开的双方还在不停地咒骂着对方。何力骂刘家是骗子，设计坑骗了老实善良的姐姐。刘母却说，何雨居心不良，一直阴谋抢占刘家的私产。在他们的对骂中，一个词不停地出现，那就是“名字”——“何雨”的名字。

何雨的名字怎么就引发了亲人之间的反目？何雨是个怎样的女人？这场激烈的厮打咒骂的背后到底藏着怎样的心结和怨恨？一切还要从何雨与刘大年的相识说起。

当初，同是打工仔的何雨和刘大年，远离各自的家乡，来到这个陌生的城市讨生活。他们俩境遇相似，互生好感，最终走到了一起。结婚后，虽然日子清苦，但两人都能彼此体谅和照顾，小家里总是充满着温情和欢笑。他们也称得上是一对相濡以沫的夫妻。

对小两口来说，唯一的遗憾就是，结婚几年，一直租房住。房东还常常突然就把房子收回，撵他们走，害得他们猝不及防，满世界乱跑去找房子。有一次，因为一时找不到合适的房子，小两口不得不在小旅馆的地下室里凑合了两个礼拜，还被人偷了东西。这样居无定所、东飘西荡的日子，让何雨和刘大年都感到不安全、不踏实。他们都觉得，能有一套写着自己名字、属于自己的房子，这个家才算是真正的家。

2007 年，省吃俭用的小两口终于按揭买下了一处便宜的房子，首付了 23 万元，贷款了 20 万元。虽然只是个小两居，但他们已经很满足了。搬进自己房子的那一天，小两口兴高采烈，觉得自己的这个小家从此就安定下来了，再没什么遗憾了，好好过日子吧。

为了尽早把借银行的20万元房贷还清，刘大年就跟何雨商量，先不要孩子。这样，他们不仅可以省下一大笔生养孩子的费用，还可以多打几份工来挣钱。何雨觉得刘大年说得有理，就同意了。

从此，小两口一起白天黑夜地打工赚钱，生活也十分节俭，常常馒头、粥、咸菜就把一天对付过去了。其他方面也是能将就就将就，何雨好久都没买新衣服了，刘大年也很久不出去喝酒了。但是，何雨和刘大年并不觉得苦，因为他们的房贷在一点点减少，这就意味着他们的经济压力在一点点减轻，日子会越过越宽裕。

四年后，也就是2011年初，小两口终于还清了房屋贷款，刘大年也从银行领回了抵押的房产证。这下，何雨心头的一块石头总算落了地。房产证被抵押在银行的时候，何雨总是觉得不踏实，担心还不上房贷，这房子就要被银行收回，她又要过回那种居无定所、被撵来撵去的日子。这下，房产证在手，她就可以在写着她的名字、真正属于她的房子里睡踏实觉了。

然而，当何雨打开刘大年领回的房产证时，脸色一下变得煞白，头"嗡"一声就懵住了。原来，那个房产证上"房屋所有权人"一项里只写了一个人的名字——刘大年。

何雨不明白，明明是自己跟丈夫共同买的房，共同还的贷，为什么房产证上只有丈夫一个人的名字，没有自己的名字。怎么会这样？是不是房管局弄错了？这对于一直想有一套写着自己名字的房子的何雨来说，可是天大的事呀！何雨急得就想立刻拉着刘大年去房管局问个明白。

谁料，刘大年却不慌不忙地制止了她。刘大年对何雨说，房管局并没有错，在办这个房产证时，确实只能写他刘大年的名字，不能写何雨的名字。

何雨想起来，这套房子当初刘大年没跟自己商量就火速签了下来，相关的房产买卖、借贷手续也都是刘大年一手操办的。那么，他应该早就知道名字的事，却一直都没跟自己说过。现在，自己终于知道了，刘大年却又说只能写他刘大年的名字，不能写自己的名字。这到底是怎么回事？何雨忽然觉得丈夫刘大年变得有些陌生，甚至有点可怕。难道说，刘大年一直在有意瞒着自己什么？

刘大年看到何雨脸色不对，忙向她解释说：当初，他也看了好多套房，但都太贵了，买不起，只有这套房的总价还能承受。所以，他才决定买这套房。然而，这套房之所以比别的房子便宜，是有原因的。那是因为这是一套经济适用房。而按照当地的规定，经济适用房只能卖给有当地户口的人。何雨和刘大年都是外来打工者，然而刘大年的单位给他办了当地户口，何雨的却一直没有办成。也就是说，小两口中只有刘大年才有资格买这套房。

刘大年继续说，当时，这套房因为总价偏低，很抢手，好几家都争着买。他怕跟何雨商量耽误了时间，便宜房子就被别人抢走了，于是当即自行决定用自己的户口先抢签下这套房。

至于为什么事后没跟何雨说这事，刘大年解释道，他知道何雨很渴望有一套写着自己名字的房子，怕何雨知道了闹情绪，所以就没敢跟何雨说，想找个合适的机会再好好跟何雨解释。这不，一直也没有机会，所以才拖到现在。不过，他相信何雨是能够理解他的。他做这一切都是事出有因，最终也是为了这个家好。这房子尽管写的是他刘大年的名字，但那也是何雨的家呀。

面对刘大年的辩解，何雨心中很不是滋味。没有自己的名字，那这房还是自己的吗？自己这么多年省吃俭用地还贷，岂不是都白辛苦了？可是，事到如今，生米已成熟饭，何雨也无可奈何。但是，她心里总觉得不舒服，感到自己好像是被刘大年骗了。

何雨的弟弟何力跟姐姐在同一个城市打工，平时姐弟俩有什么事都会在一起商量。何力跟姐夫刘大年也处得比较熟。于是，何雨就把自己的委屈和疑虑都跟何力说了，想请弟弟给自己出出主意。

何力听姐姐说完这事，也觉得姐姐多少是有些憋屈。他便私下找律师咨询了一下。律师告诉他，通过添加共有人名字，就可以把“单独所有”更改为“共同所有”。何力便建议姐姐在房产证上加上她自己的名字，这样姐姐就能名正言顺、踏踏实实地拥有这套房子了。

何力的这个建议本来是要解决姐姐的顾虑，让姐姐从此无忧无虑地生活下去。没承想，却把姐姐推入了水深火热之中。

原来，何雨在听了何力的建议之后，觉得弟弟的这个主意好极了，既合法理又合人情。于是，她便兴高采烈地把加名字的想法和理由都跟刘大年说了。末了，何雨强调，这套房子是她和刘大年的共有财产，房产证上理应写上他们俩人的名字，当初写刘大年一人的名字那是形势所迫，如今时过境迁了，就应当再改回来。

刘大年听了，觉得何雨有些小心眼，太过于计较有没有名字之类形式上的东西。他一再强调过，这房子尽管写着他刘大年的名字，但也是何雨的家。可何雨还是非要加上她自己的名字，好像不相信他这个丈夫似的。

何雨这时确实有些不相信刘大年了。尽管刘大年不是很乐意，何雨还是一再要求加上自己的名字，以保障自身的权益。在何雨的软硬兼施下，刘大年同意了。这下，何雨才长出了一口气，心里踏实了下来。

然而，就在何雨兴奋地催着刘大年尽早去房管局加名字的时候，刘大年却突然改口了，表示房产证上绝对不能加何雨的名字。

刘大年跟何雨说，这个房子不是他和何雨的共有财产，而是他刘大年的个人财产。所以，房产证上只能写他一个人的名字，不能加何雨的名字。

何雨一听简直气炸了。夫妻俩共同购买、共同还贷的房子怎么就变成刘大年的个人财产了？这不是摆明了欺负人嘛？当初，要自己一起还贷的时候，他刘大年怎么不说房子是他个人财产？等自己苦巴巴地跟他一起赚钱把房贷还完了，他却跳出来说这房子只属于他。

何雨第一次发现自己的丈夫竟然是个过河拆桥的阴险小人。她觉得自己被丈夫狠狠地涮了。何雨甚至怀疑，最早买房时，丈夫就开始给自己设局了。什么经济适用房，什么只能本地户口买，统统是丈夫的谎言。何雨跟刘大年大吵了一架，越想越气，觉得实在无法忍受跟这样的人再生活在一个屋檐下，于是就搬到了弟弟那里住。

何力听说了这事，大骂刘大年不是东西。他愤愤地对姐姐说：“他这样对你，你也不能白便宜了他。去告这个骗子！哪还能他说什么就是什么了？我们要把该得的都要回来。”

于是，何雨向法院提起了诉讼，要求确认房产为夫妻共有，在房产证上加上自己的名字。

开庭那天，除刘大年、何雨、何力外，刘大年的父母也从老家赶来了。何力出任何雨的代理人。何雨姐弟俩胸有成竹地站在了原告席上，而开始时的形势对他们也很有利，何雨的遭遇获得了不少同情和支持。

就在何雨姐弟俩都认为法律一定会严惩刘大年这个骗子，还他们一个公道时，刘大年父母站出来说了一番话。而就是这一番话，使形势急转直下，出现了令他们始料不及的改变。

刘大年的父母是以证人身份出现在法庭上的。他们为儿子刘大年作证，说这套房子当初是他们拿出几乎所有的积蓄为儿子一个人买的，所以就应该归儿子刘大年一人所有，不能加儿媳妇何雨的名字。

何雨一听，大吃一惊。她说，当初刘大年买这个房子买得很急，签下来的一周内就要交23万元的首付。他们没有这么多钱，也来不及向别人借，就求助于刘大年的父母。刘大年的父母确实很快就给他们打来了20万元。但是，按照她的理解，这应该是一笔借款，最终是要还的。

刘大年的父母却说，刘大年是他们的独生子，他们就算是砸锅卖铁，也是要给儿子买套房的。所以，他们一直都给儿子攒着买房钱。当时，儿子一说首付不够，他们就把这笔钱打过来了。这笔钱几乎是他们一生所有的积蓄，他们心甘情愿地全部拿出来给儿子买房用，根本就没想过要让儿子还。

而刘大年也在法庭上出示了相关的转账记录，证明在首付前两天他的父母确实把一笔20万元的款打进了他的银行卡，他也确实是用这个银行卡里的钱支付了首付。刘大年也肯定了自己父母的说法。他说正因为他知道父母给自己准备了一笔买房钱，所以才敢那么急地签了买房合同。他虽然一度答应在房产证上加上何雨的名字，但考虑到父母拿出一生积蓄为他购房的本意，他还是拒绝了何雨加名的要求。

此时的何雨陷入了绝境。她拿不出任何证据来证明，刘大年父母的那笔钱是借款，而不是出资。因为双方当时并没签什么借款书面协议，甚至都没有明确地说过这个问题。不过，何雨强调，在她看来，这笔钱就是借款。

是出资，还是借款，似乎成了争论的焦点。那么，由父母出资购房和向父母借款购房究竟有什么不同呢？

律师说法：出资购房与借款购房>>>

出资与借款的不同，恰恰是判断房子是夫妻一方个人财产还是夫妻双方共有财产的最为关键之处。

根据婚姻法解释三的规定，婚后由一方父母出资为子女购买的不动产，产权登记在出资人子女名下的，视为只对自己子女一方的赠与，该不动产应认定为夫妻一方的个人财产。

如果被认定为由父母出资购房，夫妻双方哪一方父母出的资，房产就归哪一方，也就是说，房产归夫妻一方单独所有；如果被认定为向父母借款购房，那么房产则归夫妻双方共同所有，这笔借款就只是夫妻债务。

回到本案，刘大年的父母出庭作证说是他们出资为儿子购房。刘大年也出示了相关的转账证据，并肯定了出资的说法。而何雨却拿不出证据来证明这笔钱是借款。那么，这笔钱应该属于出资性质。

这套房子虽然是刘大年和何雨在婚姻关系存续期间买的，但购房首付款23万元中有20万元是由刘大年的父母出的，所有的首付款也都是从刘大年的银行卡里转入卖方账户里的，并且房屋产权登记在刘大年名下。因此，这套房的所有权不属于何雨。

法条链接>>>

●《最高人民法院关于适用〈中华人民共和国婚姻法〉若干问题的解释（三）》

第七条　婚后由一方父母出资为子女购买的不动产，产权登记在出资人子女名下的，可按照婚姻法第十八条第（三）项的规定，视为只对自己子女一方的赠与，该不动产应认定为夫妻一方的个人财产。

由双方父母出资购买的不动产，产权登记在一方子女名下的，该不动产可认定为双方按照各自父母的出资份额按份共有，但当事人另有约定的除外。

法院最终对何雨要求确认房产为夫妻共同财产、房产证加自己名字的诉讼请求不予支持。也就是说，何雨败诉了。

败诉后的何雨悔恨当初没有把那笔钱是借款还是出资弄清楚，也没有留下相关的文字借据，结果吃了大亏。何雨觉得自己真是憋屈死了，辛苦了几年，就想有个自己名下的房子，却落得竹篮打水一场空。拿到败诉判决的那天，她一直哭个不停。何力看着姐姐这样，是又心疼又着急。

当天晚上，何力一边喝酒一边不停地咒骂刘家，不知不觉就喝多了。他拉着姐姐，冲进刘大年家，骂他们是骗子，一起骗了他姐姐。何雨也骂刘家一家从开始就没安好心，在耍她。刘大年的妈妈也不示弱，说那房子本来就是他们拿出所有积蓄给儿子买的，何雨就不该痴心妄想地加名字，那摆明了是要抢占他们老刘家的私产。于是，何雨姐弟俩跟刘大年妈妈起了口角，对骂了起来。老太太一口气没上来，瘫在地上，抽成了一团。刘大年急了，就跟何力打了起来。这便出现了那一场亲人之间的厮打咒骂。

经过警察和在场邻居的劝解，这场厮打总算是暂时平息了下来。大家都劝刘何两家顾念亲情，好好商量，没必要把亲人变成仇人。刘何两家当事人都沉默不语，没做回应，但是态度明显没有那么仇视和敌对了。

时间不知不觉过去了一周，就在大家都觉得这事会有转机的时候，传来了一个坏消息——何雨决定跟刘大年离婚！

何雨正式向法院提出了离婚申请，同时她也提出了分割财产的要求。当初是她跟刘大年一起还房贷的，所以她要求在总房价中扣除刘大年父母出资的20万元，余下的钱跟刘大年平分。而由于最近几年房价高涨，当初的那套房子市价已经超过100万元。也就是说，何雨要求跟刘大年平分扣除20万元后余下的80多万元。何雨想，自己既然得不到房子，那就让刘大年出钱赔偿自己的损失吧。

刘大年听说了何雨的要求，不由得慌了。因为他还完房贷后，根本就没有什么钱了，而他的父母也把所有的积蓄都搭进了这套房子里，从哪再拿出40多万元给何雨呢？他又不可能把房子卖了。

刘大年的父母就劝刘大年别慌。他们说何雨这是穷疯了、瞎胡要，既然法院都判何雨败诉了，那房子就跟何雨没任何关系了，何雨根本没资格来分。

出乎刘大年父母意料的是，法院认定何雨有资格来分。刘大年的妈妈悻悻然地想，真是风水轮流转，这次该轮到何雨得意了。然而，何雨并没有她想得那么得意。因为对于何雨的分割请求，法院也没有完全给予支持。

这是怎么回事呢？

律师说法：共同还贷及其增值>>>

虽然法院没有认定何雨是这套房子的所有权人，但这套房子中还有何雨的财产利益，那就是共同出资、共同还贷支付的款项及其相对应财产增值部分。所以说，何雨有资格分这房子的一部分，而这一部分需要由刘大年对何雨进行补偿。

房价的构成，既包括贷款部分，也包括首付款部分。对于这套房子来说，首付款中的20万元是刘大年父母出资的，这20万元及其升值，何雨是分不到的；而首付款中的3万元以及按揭贷款的20万元，是何雨和刘大年夫妇用共同财产支付的，何雨可以与刘大年平分这23万元，获得11.5万元。而这11.5万元及其升值是属于何雨的。在43万元的原房价中，何雨的11.5万元约占四分之一。那么，房价由原来的43万元涨成现在的100多万元，升值了60多万元，何雨也只能分到升值部分的四分之一，约15万元。因此，何雨总共能分得26.5万元，而不是40多万元。

最后，法院判刘大年支付何雨26.5万元补偿款。而刘大年与何雨的婚姻经法院调解无效，也离了。

刘大年一家为了买这套房子，早就花光了所有的积蓄，现在又要给何雨支付一笔经济补偿，只得到处借债。刘大年孤独地奔波在借债的路上，疲惫不堪，有苦难言。何雨虽然获得了经济补偿，但形单影只，一个人上班，一个人吃饭，一个人租房住。他们俩有时会不约而同地想起从前，那时候他们没有房子没有钱，可是却有一个温暖快乐的家。然而，从什么时候起，他们竟然失去了它？

刘大年虽然得到了一套房子，但婚姻破裂了，还背上了大笔的外债，不知何年何月才能还清，真可算“人财两空”。何雨虽然拿到了一笔赔偿，可是却失去了辛辛苦苦才经营起来的家庭，最终也没能拥有一套写着自己名字、属于自己的房子，也算是“人房两空”。过去，他们没有自己的房子，可家确实是真正的家，充满了温暖，充满了欢笑。等到他们有了自己的房子后，这个家倒变得越来越不像家了。最后，何雨没了房子，刘大年没了钱，而两人同时没了家。

可见，家不是房子、不是金钱，家是亲切的笑脸、温暖的依靠，家是黑夜的灯光、冬天的炉火，家是避风的港湾，是充满亲情与关怀的地方，是彼此的真诚相待。这个家里，不一定非要有汽车、别墅、巨款，它只需要一个字——爱。这个字虽然不能吃、不能喝，但没有它，就没有家。

滴血的父爱

关键词　返聘人员能否享受工伤待遇　诈骗罪共犯的认定

2012年3月的一天中午，正在国外某大学攻读硕士学位的黄娟突然接到了一个电话。这个突如其来的电话犹如晴天霹雳般打破了她来之不易的学习生活，让她感觉到头晕目眩。

原来，这个电话是大使馆打来的，说黄娟涉嫌诈骗，要求她回国接受公安机关的调查。黄娟不明白，她一直以来都遵纪守法，究竟做错了什么，必须中断学业回国接受调查。是不是公安机关搞错了？黄娟带着种种疑问，踏上了回国的路。

回国后，黄娟便直奔公安局。面对严肃的警察，从小没经历过这种场面的黄娟心里充满了恐惧。她胆怯地问办案民警："我是黄娟，请问我犯了什么事？"警察跟黄娟说："半年前，你父亲黄汉生上班时出了事故，后来不治身亡，你因此获得了一笔死亡赔偿金。我们现在怀疑，那笔死亡赔偿金是你父亲黄汉生有意骗取的。你作为这笔钱的受益人也涉嫌诈骗，请协助我们调查。"

黄娟一听立刻惊呆了。在她的记忆里，父亲是极其老实本分的一个人，根本不可能跟诈骗沾边。黄娟急了，激动地说："你们凭什么说我父亲诈骗？他老人家命都没了，骗这些钱做什么？你们又凭什么怀疑我？我父亲没了，我伤心死了，怎么会去诈骗？"话还没有说完，黄娟已经泣不成声，陷入对往事的悲痛回忆中……

黄娟的母亲40岁才生下黄娟。中年得女的夫妻二人，把黄娟当作掌上明珠一般疼爱。黄娟自小就学习很好，是父母最大的骄傲。中学毕业后，黄娟不负众望以优异的成绩考上了省重点大学。大家纷纷对她表示祝贺，但黄娟并没因此满足，因为她有更高的理想。黄娟的外语成绩很好，也很喜欢经济贸易专业，一直渴望有机会去国外深造。

在父母面前，黄娟常常心驰神往地描绘起自己的理想蓝图。黄汉生看到女儿聪明、上进、有理想，是又欣慰又无奈。因为黄家属于工薪阶层，黄汉生是某钢铁厂的技术工人，薪水微薄。而黄娟母亲一直身体不太好，长期看病吃药，让家里也背上了沉重的负担。黄汉生看着自己捉襟见肘的家境，内心很是煎熬。他怪自己没本事给女儿挣到足够多的钱，圆女儿一个出国留学梦。

两年前，黄娟的母亲被查出患有肝癌。为了给妻子治病，黄汉生不得不把房子卖掉，还借了几万元的外债。但这些努力依然没能挽回黄娟母亲的生命，她最终撒手人寰。这个本就不富裕的家庭，遭遇了精神和经济的双重打击，陷入了悲痛和贫困之中。

此时的黄汉生60岁了，已经退休。家里唯一的收入来源就是他的退休金，可他的退休金却屈指可数。黄汉生看着女儿一心想出国留学，是看在眼里，急在心里。他思前想后，决定用余生之力帮助女儿完成这个心愿。可仅凭他那点退休金，是无法让女儿出国留学的。他想过向亲戚朋友借钱，可是知道他处境的亲友都对他避而远之，不愿借给他钱。最后，黄汉生想到了一个办法，就是返回钢铁厂上班。那样的话，他能多赚些钱，帮女儿多筹点学费。于是，黄汉生去求工厂领导，希望继续回来上班。

工厂领导了解黄汉生的家庭情况，知道他女儿在上大学，家里有外债，现在还在租房子住；工厂领导更了解黄汉生的工作情况，知道他老实本分，做事踏实，技术过硬，确实还能做些有价值的工作，于是就同意了黄汉生的请求。由于黄汉生年纪大了，无法从事车间生产工作，工厂领导便安排他从事车间的保管工作。工厂和黄汉生重新签订了用工合同。就这样，黄汉生又回到单位上班了。

看到父亲为了自己能出国，不顾年事已高，又返回工厂上班，黄娟感动得直流眼泪。父爱如山，黄娟觉得自己无以为报，只能用更勤奋的学习和更好的成绩来回报父亲。于是，她愈发埋头于自己的功课中，异常刻苦地读书。

一天中午，黄娟正在学校自习室专心写论文，她的手机突然响了。黄娟低头一看，来电显示是父亲黄汉生打来的。可等她接通电话后，说话的却不是她父亲，而是一个陌生男人。那个人的语气显得非常焦急，他说："黄娟，我是你爸爸的工友何师傅。你爸爸在上班时，突然摔倒，现在正在中心医院急救室抢救，情况很危急，人快不行了，你赶快来看看吧！"黄娟一听，眼前一黑，慌忙挂断了电话，火速往医院赶。

在医院，心急如焚的黄娟见到了同样一脸焦急的何师傅。何师傅说，今天早上，黄娟的爸爸黄汉生在仓库值班。大概十点多，他走进仓库时，就发现黄汉生躺在地上，嘴里不断地呻吟，地上流了一大滩血。他看情况不好，赶紧叫来工厂里的车，把黄汉生送往医院。一到医院，黄汉生就被推进了急救室。不一会儿，医生出来对他说："人送来医院太晚了，错过了最佳的抢救时机，能不能抢救过来，就看天意了。你通知他家属做好处理后事的准备吧。"他这才急忙用黄汉生的手机通知了黄娟。

说到这里，何师傅感慨地看着黄娟说："你爸爸真爱你呀！在往医院送的路上，你爸爸都快不行了，还拽着我的手说：'让我女儿别担心我，出国留学去吧！'"黄娟听到这里，"哇"地大哭了起来。她边哭边说："我爸这次好了之后，我就陪着他，我不出国留学了。"

然而，黄娟连父亲的最后一面都没见上，黄汉生因抢救无效直接死在了手术台上。面对着父亲冰冷的尸体，黄娟痛不欲生，撕心裂肺地哭喊着："爸爸，你这是怎么了？爸爸，你醒醒啊！你不能丢下我一个人啊！"

活得好好的父亲怎么就突然死了？黄娟无法接受父亲已经死亡的事实，也无法排解心中的悲愤和疑惑。在稍微冷静了一些后，她向公安机关报了案，并提出了司法鉴定申请，想弄清楚父亲死亡的真正原因。

在经历了数十天的等待后，最终得出的司法鉴定意见为：黄汉生系头部遭受钝性外力作用造成颅脑损伤，导致原发性脑损害，脑功能障碍致死；黄汉生的死亡非他人造成。公安机关也介入了调查。在勘查现场后，他们也排除了他杀，认为是黄汉生在仓库摔倒，撞伤了头部，导致了最终的死亡。于是，公安机关对此案做出了不予立案的处理。

不予立案？难道父亲就这么白白死了吗？这可不行。那么，谁又该为父亲的死负责呢？黄娟为此咨询了律师。律师认为，黄汉生的死属于因工死亡，应当享受工伤保险待遇，因此主张按工亡的待遇标准向工厂提出民事赔偿。黄娟于是委托律师向工厂提出索赔。

但是，工厂却认为，黄汉生以前虽是工厂职工，可是他已经退休，劳动关系已经解除。现在黄汉生是返聘回工厂上班的人员，且已达到法定的退休年龄，不符合劳动法的相关用工规定，不属于劳动关系，不应该享受工伤待遇。

律师说法：返聘人员能否享受工伤待遇>>>

国务院法制办公室对《关于重新进入劳动生产领域的离退休人员能否享受工伤保险待遇的请示》的复函（国法秘函［2005］310号），答复认为：离退休专业技术人员受聘工作期间，因工作发生职工伤害的，应由聘用单位参照工伤保险的相关待遇妥善处理；因工作发生职业伤害与聘用单位发生争议的，可通过民事诉讼处理。

虽然黄汉生属于退休返聘人员，但其因工作发生伤害的，应享受工伤保险的相关待遇，并由聘用单位承担相关费用。最后钢铁厂承担了黄汉生的工亡赔偿金，共计40万元。

很快，黄娟拿到了父亲的因工死亡赔偿金。这些钱虽然不足以弥补她心灵上的创伤，却可以让她继续她的求学梦。黄娟在亲朋好友的帮助下料理了父亲的后事，同时也办理了出国手续。不久之后的一个清晨，黄娟带着父母的遗照，坐飞机离开了故乡，去国外某大学继续深造学习。

在异国的求学生涯中，黄娟力争做到最好，因为她不想让关爱她的人失望，尤其是不想让已在天国的父母失望。她凭借扎实的学习功底和真诚待人的态度，很快就得到了导师和同学们的认可，同时也积累了很多人脉。异国新鲜的环境和求学紧张的生活，冲淡了黄娟的伤痛，她渴望平静地度过这段时光。

然而，世事总不随人愿，如今她不得不回国接受公安机关的调查，居然是因为父亲涉嫌诈骗。

黄娟是第一次接受公安机关询问，更何况此案涉及了她最敬爱的父亲，她难免有些情绪失控。她那老实本分、没留下一句话就走了的父亲，现在却因为涉嫌诈骗而被追诉。这是一件听上去多么不可思议的事啊！而举报她父亲诈骗的，居然是当初把她父亲送进医院抢救的那个何师傅。

何师傅是仓库的主管。就在黄娟出国后不久，有一天，何师傅在整理仓库监控资料时，发现了一段惊人的监控画面。这段监控画面清楚地记录了黄汉生在仓库摔倒的全过程，让事情发生了一百八十度的大转变。

出事的那天早上，是黄汉生值班。在上班后不久，黄汉生就走到仓库的拐角处四下张望。当看到四下无人时，他从怀里掏出了一小截圆形钢管，并把它放置于自己的脚下。然后，让人难以置信的事发生了。黄汉生居然用力踩那截钢管，接着就摔倒在地。

可他这一次摔倒，并没造成什么大碍。不一会儿，黄汉生又爬了起来。他停了停，居然按同样的方法再摔了一次。这一次，他的头部重重撞在了地上。黄汉生再也没能爬起来，倒在地上不停地呻吟，地上流了一大滩血。

大概过了半个小时，何师傅走了进来，发现了他，赶紧叫人把他送往医院……

看到这里，何师傅惊呆了，原来黄汉生是故意让自己摔倒，故意制造了这起工伤事故，并最终导致死亡。可是，黄汉生是多么老实本分的一个人呀，他为什么要这样做呢？为什么要自寻死路？

为了慎重起见，何师傅决定先不把这段监控录像交给工厂领导，自己暗中调查一下。在调查中，何师傅听说了一件事。几个月前，黄汉生正在车间巡视的时候，突然晕倒了。车间的工友们把他送进医院进行检查，医生当即要求他住院。没几天，黄汉生就出院了，说自己没什么大病，就是年纪大了有些活儿吃不消。黄汉生还因此被调到了仓库，因为仓库的工作比车间的工作轻松些。

何师傅觉得这件事没有那么简单，于是他专门去了一趟医院，找到了当初给黄汉生诊治的医生，这才知道，黄汉生并不是像他自己说的那样没什么大病，而是恰恰相反，已经病入膏肓了——他被查出晚期肺癌。

这位医生说，黄汉生当时听到这个诊断结果，简直无法接受。黄汉生还哭着说，妻子的离世已经给他们家带来了太多的悲苦，他女儿不能再受这样的打击了。但这件事瞒不了多久，一旦病情恶化，他女儿就会知道，到时候他女儿怎么办？以他女儿的性格，肯定会到处借钱给他治病。如果他死了，他女儿就再也没有依靠了。家里负债累累，他女儿一个人怎么能撑下去？他女儿还要上学，还有出国深造的梦想，这孩子不该就这样被毁了前程。

后来，黄汉生要求出院，说要回到工厂上班，因为他的身体快不行了，如果出了什么事，他的医药费可以通过工厂报销，不用拖累女儿。在黄汉生的再三要求下，医院给他办了出院手续。

何师傅打听了一圈，发现没人知道黄汉生得晚期肺癌的事。看来，黄汉生对所有人隐瞒了病情，以便能回到工作岗位上。

这时，何师傅又想起了一件事。黄汉生有个工友，在修理机床时不小心被轧断了四根手指。这位工友因此拿到了一笔巨额工伤赔偿金，还用这笔赔偿金还清了住房贷款。这件事对黄汉生的触动很大，他曾对何师傅说，这位工友是因祸得福。

何师傅还记得，当时送黄汉生去医院抢救，黄汉生对他说的话：“让我女儿别担心我，出国留学去吧！”再结合黄汉生的家境，何师傅想明白了，黄汉生自知病情危重，但他女儿的出国留学费用还没有着落，于是他就用自残的方式摔倒在仓库，想制造一起工伤事故，骗取工伤赔偿款，作为女儿的出国留学经费，没想到竟然为此送了命。这真是滴血的父爱呀！

这种父爱虽然让何师傅感慨再三，但是他也认识到绝不能隐瞒此事，必须得让工厂领导知道。于是，何师傅便向工厂领导说明了这一切，并上交了那段监控录像。

工厂领导听了很震惊，立刻派人着手调查，事实证明何师傅所言确有其事。工厂领导认为黄汉生的行为让工厂蒙受了巨大的损失，必须依法予以严惩，并要追回那40万元工亡赔偿金。于是，工厂领导向公安机关报了案，控告黄汉生诈骗工亡赔偿金。公安机关经调查发现，黄汉生的所作所为确属骗取工亡赔偿金，涉嫌诈骗罪，于是决定立案侦查。而黄娟作为这笔钱的直接受益人，难逃嫌疑，于是公安机关召黄娟回国接受调查。

黄娟强忍着悲痛，听完了办案民警讲述她父亲诈骗的经过，也明白了自己被卷入此案的真正原因。她擦干眼泪，对民警说："我没有和我父亲合谋实施诈骗。我自始至终都不知道我父亲的行为，包括他的病。而且，我深爱着我的父亲。我不可能因为自己需要钱出国留学，就让他拿生命去冒险。请你们相信我！"

此时的黄娟忐忑不安，百感交集。对于父亲的死，她感到非常内疚。自己长这么大，几乎所有的事情都是父亲全力操办。现在，父亲又因为自己出国的费用付出了生命，而自己却没有让父亲享过一天清福。黄娟觉得自己很没用，她无法原谅自己。对于那笔工亡赔偿金，她又感到害怕。因为她是靠着这笔赔偿金出国的，她害怕因此会受到法律的制裁。

那么，对于知情但已死的黄汉生、不知情却用了赔偿金的黄娟，司法机关应该怎么认定呢？

律师说法：诈骗罪共犯的认定>>>

诈骗罪的核心要件是虚构事实、隐瞒真相。本案中，黄汉生为了给女儿筹集出国留学的费用，以非法占有为目的，采取自残方式，虚构事实、隐瞒真相，骗取工伤赔偿款40万元，属数额巨大，情节严重，已构成诈骗罪。

虽然黄汉生的行为构成诈骗罪，但是他已经在实施诈骗的过程中死亡。根据刑事诉讼法的规定，犯罪嫌疑人、被告人死亡的，不追究刑事责任，已经追究的，应当撤销案件，或者不起诉，或者终止审理，或者宣告无罪。鉴于犯罪嫌疑人黄汉生已经死亡，没有了继续追诉的可能，应对此案做出撤销案件的处理决定。

黄娟虽然作为此笔赔偿金的受益人，但是她并没有与黄汉生共谋，应排除黄娟与黄汉生共同犯诈骗罪的嫌疑，不认定她构成犯罪。虽然黄娟不构成刑事犯罪，但并不能免除民事责任。黄娟实际占有了该笔赔偿款，她须承担返还责任。

法条链接>>>

● 《中华人民共和国刑事诉讼法》

第十五条　有下列情形之一的，不追究刑事责任，已经追究的，应当撤销案件，或者不起诉，或者终止审理，或者宣告无罪：

（一）情节显著轻微、危害不大，不认为是犯罪的；

（二）犯罪已过追诉时效期限的；

（三）经特赦令免除刑罚的；

（四）依照刑法告诉才处理的犯罪，没有告诉或者撤回告诉的；

（五）犯罪嫌疑人、被告人死亡的；

（六）其他法律规定免予追究刑事责任的。

最后，公安机关对黄汉生诈骗案做出撤销案件的处理决定。而黄娟共同犯诈骗罪的嫌疑也被排除，不予追究刑事责任。

虽然黄娟可以不被追究刑事责任，但工厂很快就向法院提起了要求黄娟返还赔偿款的民事诉讼。

接到法院传票后，黄娟非常后悔。如果不是自己当初一心想出国留学，她那一向老实本分的父亲就不会去骗工伤赔偿款，更不会死亡；她也不会被别人非议、嘲笑，说她自私，为了出国，不惜让自己的爸爸去死；她更不会成为被告……这一切的一切都不会发生。

黄娟承受着巨大的心理压力和精神创伤。她想到为自己而死的爸爸，想到即将中止的学业，想到要返还的巨额赔偿金，想到被别人嘲笑、误解……黄娟觉得这个世界已经变得无比灰暗，变得无比寒冷，自己没有了希望，也没有了继续活在世上的必要。

黄娟拖着沉重的步伐，回到了空无一人的家。她给国外的老师和同学写了封电子邮件，将她现在的处境告诉了他们。在邮件中，黄娟首先感谢了老师和同学给予的帮助，接着道出了不得不放弃学业的无奈和遗憾。

发出邮件后，黄娟又含着泪写下了遗书："原谅我！我不是自私，我只是想追求自己的梦想，可是没想到我却害死了我最爱的爸爸。我只能以死赎罪。"写完遗书后，黄娟用水果刀割了手腕，躺在地上，等待着死亡的来临。渐渐地，她陷入了昏迷。

当黄娟再次醒来时，她已经躺在了医院。原来，邻居大妈觉得黄娟一个人在家可怜，做好了饭给她送来，因此发现了黄娟已经割腕，陷入昏迷。大妈立刻拨打了120，将她送到医院抢救。

在医院醒来后的黄娟，看到自己身边站着很多人，不由得愣了。这时，救她的那个大妈拿着一个水壶回来了。见黄娟醒了，大妈高兴地说："孩子，你醒了啊！你怎么那么想不开呢？有什么大不了的事啊！你年纪轻轻，非得走这条路？你看，周围的邻居听说你自杀了，都来看你。这都来了好几拨人了。"黄娟含着泪，向那些来看望她的人连声说道："谢谢！谢谢你们！"在随后几天住院的时间里，大妈一直在照顾黄娟。她们之间也因此建立了深厚的感情。

而黄娟的老师和同学收到了她的邮件，都很为她着急。老师们不想失去这个学习成绩优秀的学生，同学们也不想失去这个为人真诚的朋友。他们决定帮助黄娟完成学业，帮助她跨过这道坎儿。他们通过募捐的方式为黄娟筹集了一些钱，汇到了黄娟的账户上。他们还再三鼓励黄娟要振作精神，好好活下去。

当看到老师和同学如此关心自己，黄娟也有了活下去的信心和勇气。她觉得她的世界又重新洒进了阳光。于是，她用这些善款，先返还了一部分工亡赔偿款。剩下的赔偿款，黄娟相信凭自己的努力总有一天会偿还完。

法院如期开庭审理了工厂诉黄娟返还工亡赔偿款的案子。主审法官在得知黄娟为此曾自杀的情况后，做了大量的调解工作，希望工厂能做出一些让步。工厂领导知道了黄娟的遭遇后，也深表同情，并念在黄汉生生前为工厂做过贡献，最终决定撤诉，对于未返还的赔偿款不再追究。

不久之后，黄娟再一次离开了家乡，飞往国外继续自己的学业。当飞机冲上云霄时，黄娟想起那些认识和不认识的人对自己的关爱，又一次流下了眼泪。而此刻舷窗外，蓝天如洗，阳光灿烂。

任何一种爱只有尊重了法律和道德，才是真正的爱。黄汉生为了女儿，不惜付出自己的生命。他的爱从某种程度上讲，确实让我们感动。但是，黄汉生却没有守住父爱的原则和底线，而是将父爱建立在获取非法利益的基础上。这样的表达方式太过极端，由此也引发了一场悲剧，让他付出了生命和名誉的代价，也让他的女儿饱受谴责和非议，差点害死了这个人生才刚刚开始的孩子。人们常说父爱如海，因为它是博大的，包容了生活的酸甜苦辣；人们也常说父爱如山，因为它是庄重的，它不光承担着家庭的责任，还承担着社会的责任。

阁楼上的女鬼

关键词 收养关系解除

2010年8月底的一个午夜，月明星稀，小镇的人们都陷入了熟睡，四周一片沉寂。然而，就在这时，突然从镇北传来了一声惊恐的惨叫："啊！有鬼！"月光下隐约可见，两个黑影从一个旧阁楼的楼顶上摔了下来，仓皇逃窜，很快就消失在小巷深处。

第二天，镇子里就传开了，说是老郭家的兄弟俩昨天半夜跑到旧阁楼去了，结果——撞到鬼了！

凡是听说了这事的人，脸都吓白了，连连说这兄弟俩真是不要命了，怎么敢在这个时候去那个旧阁楼呢？不遇见鬼才怪！能捡一条命回来就是万幸了。

这个时候是什么时候，那个旧阁楼又有什么古怪，让镇上的人这样害怕？

原来，此时正值农历七月，就是传说中的"鬼月"。据说在这个月，地狱的鬼都被放出来了。所以，鬼月的禁忌很多，其中一条就是半夜不外出，是怕遇上鬼。

至于镇北的那个旧阁楼，人们更是谈之色变，因为那是这个小镇出了名的"鬼楼"！这个旧阁楼位于一个独门独院的小楼的三层。以前，这里住着一个富商的小老婆。1949年，小镇解放那会儿，富商丢下小老婆，自己跑了。这小老婆受了刺激，变得古怪起来，总把自己关在小楼里，常在半夜哭。偶尔露面时，人们惊讶地看到，她原先乌黑水亮的头发竟然花白了。

有一天，人们突然发觉已经好几周都没看到她了。有几个人便去敲小楼的门，没人应。这几个人大着胆子把门弄开，楼里空无一人。等找到三层阁楼上，才看到那个小老婆一动不动地坐在一面镜子前，头发披散在背上，竟然全都白了！

然而，叫她，她不应。一推，她竟然慢慢地倒在了地上，脸色惨白，双目紧闭，嘴唇乌黑，早就没气了。当时的几个人吓得魂儿都没了。

事后调查说这个小老婆是服毒自杀的，大概是因为对生活绝望了吧。这股死亡的绝望似乎也笼罩了这座小楼，让它显得阴森森的。有人甚至说，半夜里，曾隐约看见过一个白发女鬼在小楼出没，低声地哭，应该是那个小老婆不散的阴魂吧。

从此，这座无人的小楼就变成了“鬼楼”，镇上的人避之唯恐不及，小楼因此也更加荒凉破败、阴森诡异。

那么，郭家兄弟为什么会在鬼月的半夜，爬上这座大家都害怕的鬼楼呢?

原来，郭家兄弟自小就莽撞大胆。关于鬼楼的事，他们早就听说了，也很好奇想上去看看究竟。但因为当时年龄小，不敢贸然靠近。初中辍学后，兄弟俩结伴外出打工，几年都没回来。前些日子，他俩才又回到老家，再次听人说起白发女鬼在阁楼出没半夜哭的事。

如今，他俩年纪大了，胆子也更大了，加之又在外边见了不少世面，并不在乎什么鬼月。闲来无事，更想去阁楼探个究竟。恰逢当晚，两人又喝了点酒。半夜，被强烈的好奇心驱使的兄弟俩便仗着酒胆，偷偷爬上了阁楼的楼顶。

然而，当他们凑近阁楼的窗子，借着月光往里看时，竟看到了骇人的一幕：黑洞洞的房间里，在一面镜子前，真的坐着一个白发女鬼！而那女鬼似乎也听到了动静，慢慢地转过头来……

郭家兄弟吓得一声惨叫，从阁楼上摔了下来，然后连滚带爬地逃走了。

这一摔不仅让郭家兄弟多处受伤，还让他们受尽了人们的指责和嘲笑，说他们胆大包天，竟敢在鬼月去鬼楼，摔伤还是轻的，就等着鬼来找他们算账吧。在阁楼受尽惊吓的郭家兄弟听了这些话，又气又怕，思前想后，便到当地派出所报案，要求警方保护他们的人身安全。

民警接到报案后，简直啼笑皆非，怎么可能有鬼要害人，还要求警方保护？可是，郭家兄弟赌咒发誓说，那天半夜确确实实在阁楼里见到了一个白发女鬼。如果民警不信，可以去阁楼看看。看到郭家兄弟叙述当晚的情况时，神情惊恐万分，不像有假。民警商量了一下，打算派人跟着郭家兄弟先去鬼楼查看一下情况。

然而，让警方没想到的是，在这个阴森荒凉的鬼楼里居然还住着一个大活人！

这是一个快五十岁的老汉，叫崔兵，靠收破烂为生。崔兵不是本地人，是二十多年前从外地来到这个小镇的。他和善谦让、寡言少语、与世无争，但小镇的人却背地里都说他是个怪人。

说他“怪”，首先是因为他选择的职业。刚到小镇的崔兵正当壮年，高大壮实，干什么不好，却偏偏干起了大家都觉得丢脸的营生——收破烂，而且一干就是二十多年。其次是因为他总是一个人生活。据他说，老家有父母、媳妇、孩子。但他从没把家里人带来过。只是在每年过年的时候，他才回老家一趟，可不超过一周就又回来了。

而崔兵更“怪”的是，在来到小镇后，竟然住进了已经荒弃了多年的鬼楼。崔兵解释说，自个儿人穷命硬，不怕鬼；这楼反正也没人要了，他住进来，不就省了房租吗？而且这楼里地方大，足够放得下他收来的那些旧书旧报、瓶子塑料、破铜烂铁等，让他可以就地分类处理了，卖给回收总站。

崔兵在鬼楼一住就是二十多年。有人半夜听到阁楼有哭声，还隐约看到有白发女鬼出没，便去问崔兵。崔兵说，这阁楼里确实有个白发女鬼，不过鬼看他人又穷命又硬，便饶过他了；至于能不能饶过别人，他就不知道了。听了崔兵的话，人们更不敢靠近鬼楼了，同时也觉得这个能跟鬼住在一起的老汉实在太古怪了。

一个半夜哭泣的白发女鬼，一个与鬼为邻的收破烂的怪老头，这个鬼楼到底还藏了多少骇人的秘密呢？

警方发现事情变得越来越诡异了，决定立刻上门调查，然而却遭到了崔兵的拒绝。崔兵堵在了鬼楼大门口，说自己家的阁楼根本就没有鬼，因为家里收来的东西多，怕别人来捣乱，所以他才瞎编有鬼，让别人不敢靠近。而现在楼里到处都堆的是破烂，也不方便人进来看。过两天，等他收拾好了，再请警方进屋。

在这种情形下，警方也不好明闯。但是，他们也没有坐等崔兵收拾好，而是决定暗中进去看个究竟，而时间就定在了当天夜里。

这天晚上，两个办案人员悄悄爬上了鬼楼的小阁楼，凑近窗子，借着月光往里一看，不由得大吃一惊：在一面镜子前，真的坐着一个白发女鬼，而崔兵竟然就站在她的身边！

两个办案人员见状，一把推开窗户，跳了进去，直向白发女鬼扑去。崔兵冲上前拦住他们，声音颤抖地喊道："求求你们，放过她吧。她不是鬼，是我的妹妹娟子呀！"

白发女鬼竟然是崔兵的妹妹?！这到底是怎么回事?

警方迅速展开调查，确认这个阁楼上的白发女鬼，不，应该说是白发女人，确实是崔兵的妹妹崔娟子。但是，让他们更为吃惊的是，资料显示，崔娟子在二十多年前就在老家失踪了。那么，失踪了二十多年的崔娟子怎么又出现在了哥哥崔兵的阁楼上?

一切都要从头说起……

崔兵和妹妹娟子以及父母住在北方一个偏远闭塞的农村，虽然生计艰难，常常吃不饱穿不暖，但这一家四口相亲相爱，感情很好。尤其是崔兵、娟子这兄妹俩处得比其他家的兄妹都好。崔兵虽然只比娟子大两岁，但就像个小保护神似的护着妹妹，把好吃的、好玩的都让给妹妹，谁要是敢欺负娟子，他就跟谁拼命。娟子更是一天到晚黏着哥哥，一时半会儿不见哥哥，她就会急得哭出来。

眼见着崔兵兄妹渐渐长大，到了谈婚论嫁的年龄。崔家二老兴高采烈地给儿女张罗起亲事来。崔兵长得高大壮实，娟子生得苗条俊俏，村里村外给这兄妹俩说媒的人也不少。

然而，怪事也接二连三地发生了。给崔兵介绍的对象少说也有几十个了，其中不乏对他中意的好姑娘，可是崔兵一个都没看上。问他为什么，崔兵只嘿嘿笑，不回答，把媒人气坏了。娟子的情况也差不多，那么多喜欢她、追她的帅小伙，她谁都不理。对于媒人介绍的，不论条件多好，一概不见。村里的人都说，这娟子眼睛是长到天上去了，不知道最后要挑个什么样的才行。

渐渐地，这个曾经和睦的四口之家也开始不断发生争吵。邻居们虽然听不清他们具体在吵些什么，但感觉应该是关于兄妹俩的终身大事。按说，这事也是急不得的。然而，这家人却越吵越凶。有好几次，就见一向和善的崔爸爸竟然骂起了娟子，还动手痛打崔兵。而以前总是笑眯眯的崔妈妈，现在常常哭红了眼睛，神情也越来越愁苦。

邻居们就劝两位老人，这儿女的婚事急不得，慢慢选吧，他们总会选到自己满意的对象。崔家二老听到这样的劝说，非但没有半点和缓，反而显得更焦躁苦闷了。看见崔家如此反常，争吵也越来越激烈，邻居们都觉得不妙，隐隐感到有什么事要发生。

不久之后，还真出事了！

在一次激烈的争吵后，崔妈妈竟然喝下农药自杀了！邻居们看见，崔兵大哭着抱着已经人事不省、口吐白沫的妈妈往医院狂奔，后面跟着满脸是泪、头发散乱的娟子。而崔爸爸瘫坐在家里，捶胸顿足，不停地哭喊着："我这是造了什么孽呀！造了什么孽呀！"

听说，还是因为兄妹俩不肯相亲结婚，才气得崔妈妈喝了农药。好在抢救得及时，崔妈妈才捡回了一条命。对于这件事，村民都很惊讶，说这崔家二老平时也是讲理的人，不至于为了孩子的婚事生这么大的气吧。崔家兄妹虽说一个22岁，一个20岁，在村里的同龄人中算大的，但也不至于急成这样，要死逼着他们结婚成家。

不过，这次的以死相逼似乎很有效。崔家再也听不到争吵声了。没过两三周，崔兵就跟一位喜欢他很久的姑娘订了婚，而娟子也开始与一位条件不错的小伙子谈起了恋爱。崔家二老的气色是一天好过一天，看起来精神多了，也舒心多了。两个月后，崔家便开始张罗着给崔兵娶亲，家里家外到处都是一片喜庆之色。

就在这时，一件谁也没想到的事发生了，让崔家从喜庆直接跌入悲伤：娟子失踪了！

大家找遍了村里村外，问遍了所有相关的人，就是找不到娟子，谁也不知道她在哪里。把娟子视为心肝宝贝的崔家二老，遭遇这样的不幸，就像心被人挖空了一样，哭得嗓子都哑了，整天失魂落魄。而最疼爱娟子的崔兵更像发了疯一样，几乎不眠不休，四乡八村地到处跑着找妹妹。然而，娟子就像人间蒸发了一样，消失得无影无踪。

在这种情况下，崔兵的婚礼自然就被取消了。此后的几个月，崔家陷入了愁苦和哀伤的深渊，崔家二老眼见着衰老了许多，崔兵更是迅速地憔悴了下去。他依然疯了一样到处找娟子，可是依然没有任何消息。

有一天，崔兵突然提出要到外地打工。他说，这里的乡镇他都找遍了，到现在都没有找到，恐怕妹妹已经不在家乡了，他想去外地看看，边打工边找妹妹。

崔家二老便同意了。只是他们没想到，崔兵这一去就是二十多年，只在每年过年时才回来看看，但待一周便说什么都要走。那门亲事是早就退了，给崔兵再介绍，他也坚决不肯了，说要等娟子找回来后，一家团聚了，再结婚。可一晃二十多年，娟子是活不见人，死不见尸。没办法，崔家二老便年年去派出所，央求警察帮他们找女儿。

那么，失踪的娟子怎么又会出现在这栋鬼楼里呢？崔兵明明知道娟子就在自己的阁楼里，为什么不告诉父母，也不告诉任何人？

要说清这一切，还得从一段惊世骇俗的恋情谈起……

崔兵和崔娟子这对兄妹，从小就对对方有种异乎寻常的关爱和依恋。小时候过家家，崔兵就说，长大要娶娟子做媳妇。娟子也说，自己谁都不嫁，要嫁就嫁给哥哥。这些童言童语惹得崔家二老和其他大人是哈哈大笑。笑完后，大人们都会郑重地告诉两个孩子，他们是兄妹，是不能结婚的。如果结婚，那就是伤风败俗，会被所有人耻笑，还会被抓起来坐牢。

两个孩子长大成人后，崔家二老便高兴地给他们张罗对象，却发现左一个不行，右一个不行，都介绍了几十个了，这兄妹俩愣是没有一个相中的。渐渐地，崔家二老觉得不对劲了。在几次三番的逼问下，崔兵和娟子居然说出了一件事，让两个老人听得是犹如五雷轰顶！

原来，随着年龄的渐长，崔兵和娟子竟然真的产生了超越兄妹的感情，爱上了彼此。因此，他俩对介绍的对象或追求者，一概拒绝。在注重伦理道德的崔家二老听来，这真是件伤风败俗的丑事！因此，他们一方面对崔兵和娟子严加训斥和看管，另一方面托人加紧给儿女介绍对象。但这些似乎都不能阻止事态的发展。

于是，这个曾经和睦的家庭开始不断争吵，并且愈演愈烈。有好几次，气急了的崔爸爸忍不住就骂起娟子，还打了崔兵。终于，在一次激烈的争吵中，崔妈妈不顾一切地喝下了农药，想以死来阻止这桩丑事的发生。崔兵和娟子看到妈妈被他们气得寻死，害怕极了，也悔恨极了，都跪下来认错，保证再不会对对方有非分之想了。

此后，崔兵很快跟别人订了婚，娟子也尝试着谈起了恋爱。然而，在崔兵结婚前夕，娟子突然失踪了。崔兵发疯一样找了几个月，没有任何线索。

就在崔兵快要崩溃的时候，突然收到了一封来自外地的神秘信件。这封信竟然是娟子写的。

娟子在信上说，她并没有失踪，而是自己跑了，因为她实在受不了崔兵要娶别的女人进门。她现在在外地某处，很想念崔兵和父母，但又不知怎么回去面对这一切。她希望崔兵能来外地陪她一阵，同时，她要求崔兵先别告诉父母她的消息。

于是，崔兵对父母谎称要到外地打工兼打探娟子的下落，这样便来到了娟子身边。两个人在承受了分离的痛苦后，越发觉得离不开对方，感情比以前竟更为深刻、更为炽烈。他们发誓不管别人理解不理解，他们是一定要厮守终生的，于是两人就共同生活在了一起。

但上次妈妈喝药自杀，也让他们明白了，父母是宁可死，也不能接受他们这样的。所以，老家肯定是回不去的，他们在一起的消息也绝不能让父母知道，同时也不能让任何人知道。因为这不仅是伤风败俗的事，也是违法的事。为此，崔兵一直对所有人隐瞒找到娟子的消息。为了避免被人发现，娟子便躲在屋里不出门，由崔兵出来打工挣钱。即使这样，两人还是不停地换地方住，惶惶不可终日。

最后，他们来到了这个小镇。当看到那栋荒弃的鬼楼时，崔兵笑了。这是多好的一个藏身的地方啊！没有房东来收房租，甚至没有人敢轻易靠近，房子又大，足够娟子活动了。于是，他住进了鬼楼，而娟子也就住进了鬼楼的阁楼。

为了陪伴只能待在小楼的娟子，崔兵放弃了去工厂打工的机会，而干起了相对自由的收破烂的活儿。娟子也能帮着他在小楼里整理破烂，这样娟子就不闷了。为了要给娟子弄吃弄喝，他一年只能回去看父母一次，还不能久待，因为临走时给娟子备的食物一周后基本就不能再吃了。他跟镇上的人说自己老家有媳妇、孩子，是想打消他们的好奇。他与世无争、遇事谦让、寡言少语，都是为了与别人保持一定的距离，这样才能更安全。而他跟别人说阁楼确实有女鬼，也是为了让别人尽量远离阁楼和阁楼里的秘密。

然而，崔兵的细心呵护并没有给娟子带来多少幸福和满足。因为怕被人发现，娟子成天提心吊胆，加上常年生活在灰暗、憋闷的空间里，不能在阳光下自由走动，娟子逐渐变得脸色惨白、身体虚弱、心情抑郁，四十多岁时头发就全白了。半夜醒来，想起老家的父母和自己的遭遇，娟子便会伤心哭泣。每到这个时候，崔兵就悄悄带她到小楼边上走走散心。这也就是为什么有人说，半夜听到鬼楼有哭声，隐约看到有白发女鬼出没。

就这样，崔兵和娟子在这座鬼楼里共同生活了二十多年。没想到，最终还是被发现了。而警方随即也通知了崔家二老前来认亲。办案人员本以为，两位老人听说儿女最终还是做出了这样违反天理人伦的丑事，一定会十分恼恨，大骂他们。没想到，两位老人不但对崔兵和娟子没有半句责骂，反而直后悔是自己当初做错了。

那么，他们当初到底做错了什么呢？

原来，娟子并不是崔家二老的亲生骨肉，而是抱养的孩子。当初，娟子的亲生父母先后生下了四个女儿，因为家里穷，无力抚养，便打算把最小的两个女儿送给别人，其中一个是娟子，另一个是她的妹妹。

崔家二老一直想要个女儿。但崔妈妈在生下崔兵后，被医生告知不适合再怀孕了。崔妈妈和崔爸爸经人介绍，来到了娟子的亲生父母家。他们在娟子姐妹俩中，看了再三，选中了娟子，心满意足地抱走了。然而，当初这个让他们心满意足的选择，却酿成了日后的大患。

自从发现了娟子和崔兵的恋情，两位老人就一直在后悔。他们觉得，如果当初他们选的不是娟子而是娟子的妹妹，这事可能就不会发生了。可见，当初，真是选错了孩子，做错了事。

娟子本来不知道自己是抱养的。十几岁时，因为出了车祸要输血，她发现自己跟全家人的血型都不符，才知道了抱养的事，而崔兵也才知道了娟子不是自己的亲生妹妹。

正因为知道了两人之间没有血缘关系，本来就互相依恋的崔兵和娟子，没有再刻意压抑自己的感情，终于发展成超越兄妹关系的爱恋。而后来他们能共同生活在一起，也是基于此。娟子和崔兵都认为，既然不是亲生兄妹，为什么还要受到兄妹伦常的限制呢？

然而，这个想法却遭到了崔家二老的坚决反对。在他们的观念里，虽然崔兵和娟子没有血缘关系，但从小都是以兄妹相处，户口簿上也是兄妹身份，这个人伦纲常是绝不可以颠倒的，否则就是伤风败俗，会被亲戚耻笑，被邻里谩骂，为社会所不容，而法律也不会允许。

那么，崔兵和娟子的这种行为真的是法理不容吗？

律师说法：收养关系解除>>>

首先，崔兵的父母与娟子虽然不是亲生父女、母女关系，但已经形成了事实上的收养关系。自收养关系成立之日起，养父母与养子女间的权利义务关系，适用法律关于父母子女关系的规定；养子女与养父母的近亲属间的权利义务关系，适用法律关于子女与父母的近亲属关系的规定。也就是说，娟子与崔兵的关系在法律上与亲生兄妹是一样的，所以不能登记结婚。

但是，收养是一种拟制的血亲。按照收养法的规定，根据当事人对解除收养所持的一致或相反的态度，收养关系可以解除。

收养关系解除后会产生两种法律后果：一是拟制血亲关系的解除；二是自然血亲关系的恢复。也就是说，如果娟子与崔家二老解除收养关系，娟子与崔兵就不再是养兄妹关系了，可以登记结婚。

法条链接>>>

● 《中华人民共和国收养法》

第二十九条　收养关系解除后，养子女与养父母及其他近亲属间的权利义务关系即行消除，与生父母及其他近亲属间的权利义务关系自行恢复，但成年养子女与生父母及其他近亲属间的权利义务关系是否恢复，可以协商确定。

真相大白后，警方为崔兵和娟子找来了律师。在律师的指点和帮助下，娟子与养父母顺利解除了收养关系。当然，她跟崔兵法律上的兄妹关系也就不存在了。很快，娟子跟崔兵领取了结婚证，成为了正式夫妻。

考虑到老家农村传统思想依然很顽固，为了避免遭人非议，崔家一家四口商量后，决定就在这个小镇安居下来。他们重新整修了小楼，再度欢欢喜喜地生活在一起。而过去那座阴森的鬼楼，也彻底变成了温馨的家，从楼里传出的不再是夜半哭声，而是幸福的笑声……

二十多年人不人、鬼不鬼、躲躲藏藏，二十多年孤独、焦虑、担惊受怕，这一切都源于没有血缘关系的养兄妹萌发了爱情却为旧有的伦理所不容。最后，帮助他们走出鬼楼、重获光明与自由的是法律。

伦理与法律是维系社会秩序、保证社会和谐发展的最基本和最重要的两大范畴。伦理反映人际关系及其次序、规则。法律是人类进步的最基本条件，是人类走向文明的重要标志，也是人类伦理走向成熟的标志。随着社会的发展，伦理规则也会因历史、经济、文化等社会因素的变化而变化，越来越进步，越来越宽容和尊重人性。而法律在帮助伦理进行新的构建、扬弃旧的观念等方面发挥着重要的作用。

如果崔家的人们能在当初有矛盾的时候，再包容理解一些，再理性冷静一些，更重要的是再懂法一些，就不用经历二十多年的暗无天日、四散分离。而伦理的本意也是要帮助、教育人们更好地生活。

“多情”的保姆

关键词　中止诉讼　附条件合同的生效

俗话说，福无双至，祸不单行。这句话在薛大妈身上得到了应验。三个月前，她刚死了老伴儿，一直陷在悲痛中无法自拔。现在，又要被人从住了十年的老房子里撵出去。而撵她的还是一个她根本不认识的陌生人。

那是2010年7月的一天早上，薛大妈正在吃早饭，突然传来一阵急促的敲门声。她不知出了什么事，赶紧去开门。只见一个陌生的中年妇女站在门口，对她说：“大妈，我叫李莎莎，这个房子已经是我的了。我今天过来，就是请您尽快搬出去。”

薛大妈一听这话就懵了，吃惊地问：“你是不是找错门儿了？我们家的老房子怎么成你的了？”李莎莎不慌不忙地说：“我没找错门儿。这房子还真就是我的，因为我已经买下它了。请您赶快收拾收拾搬走吧。”李莎莎边说边从包里拿出购房合同和自己的身份证。薛大妈仔细一看，合同上白纸黑字写着，自己这套房的购买人正是李莎莎。

薛大妈赶紧把合同翻到双方签字的那一页，只见卖方人一项上写了三个大字“蒋三妹”。薛大妈一看立刻火冒三丈，冲着李莎莎说：“这房子明明是我的，蒋三妹她凭什么给卖了？”李莎莎也吃了一惊说：“蒋三妹说这房子是她的，而且她已经卖给我了。”“谁卖你的，你找谁去！别来找我！”薛大妈说完，就砰的一声关上门，任凭门外的李莎莎怎么敲门，就是不给开了。

李莎莎在薛大妈这里碰了个大钉子，感觉事情不对。她害怕自己被人骗了，于是急匆匆跑到房产中介核实。中介一听这事也很吃惊，他们一方面给蒋三妹打电话请她赶紧过来一趟，一方面找出当初蒋三妹登记的信息和房产证复印件，反复核对，发现并没有什么错，这套房的房产证上写的就是“蒋三妹”的名字。

这时，蒋三妹也来到了中介。她听了情况后，不慌不忙地说：“这个房子是谁的，不能光听人说，得看看房产证上写的是谁的名字。你们可都看见了这房产证上写的是我蒋三妹的名字。也就是说，我才是这个房子的房主。至于那个大妈，我先前不是跟你们都说过了吗？那是一直租我房子的一个孤老婆子。我早就让她搬出去，她硬是赖着不走。我也没办法。”

这套房子到底是谁的？是薛大妈老糊涂了，还是蒋三妹隐瞒了什么？薛大妈跟蒋三妹究竟是什么关系？她真的只是蒋三妹的租客吗？

一切还要从薛大妈的第二次婚姻说起……

十年前，守寡多年的薛大妈经人介绍，认识了丧偶的退休工人陆大爷。在有心人的撮合下，这两个老人走到了一起，并且办了结婚登记手续。后来，他们还买了一套位于闹市的60平方米的二手房，打算就在这套房里安度晚年了。

可是，对于这段婚姻，薛大妈的两个儿子并不赞成。他们认为薛大妈应该跟他们生活在一起，安安分分地过日子。怎么老了老了，还要再嫁一个老头儿呢？说出去多不好听。因此，自从薛大妈再婚后，儿子们就很少跟她来往了。

再婚后，老两口靠着陆大爷的退休金生活。钱虽不多，但也够用了，日子过得还算平静。就这样过了六七年，陆大爷患上了高血压、冠心病等老年病；薛大妈虽然比陆大爷小点儿，但身体也大不如前了，别说照顾陆大爷了，照顾自己都有点儿费劲了。陆大爷便向薛大妈提议，从老家找个人来照顾他们。于是，薛大妈从自己老家找来一个保姆，而这个保姆正是蒋三妹。她当时三十多岁，长着一双水汪汪的杏眼。

蒋三妹刚到陆家头两年，非常卖力，包下了家里所有的活儿，她眼角眉梢都洋溢着盈盈的笑意，对着老两口是大爷长、大妈短地叫，哄得老两口非常开心。蒋三妹看到陆大爷岁数更大、身体更差，就格外照顾他，每天还给他按摩。陆大爷很满意这个保姆。薛大妈也觉得自己找的这个人老实妥当，让人放心，也让人舒心。

然而，正是这个让薛大妈觉得又放心又舒心的蒋三妹，后来却成了薛大妈最大的心病。

那是2009年的春节，薛大妈接到儿子从老家打来的电话，说儿媳妇病了，孙子没人照顾，想请薛大妈回老家帮忙带一阵孩子。薛大妈想老伴儿这里有蒋三妹，应该没什么问题。于是就回了老家，照顾孙子去了。

一个月后，薛大妈从老家回来。为了给老伴儿一个惊喜，她事先没有通知陆大爷，而是悄悄地回到了家。然而，刚一进屋，薛大妈就觉得不对劲，屋里空荡荡的一个人也没有，老两口的卧室却房门紧闭。薛大妈走过去，一把推开卧室门，看到自己的老伴儿居然抱着保姆蒋三妹！

陆大爷和蒋三妹见到薛大妈突然闯入，吓得赶紧分开了。蒋三妹冲了出去，陆大爷则“扑通”一下跪在了薛大妈面前。

原来薛大妈走后，家里只剩下陆大爷和蒋三妹两个人了。蒋三妹更加殷勤地照顾陆大爷，一双水汪汪的杏眼里充满了温柔。而本来就对蒋三妹有好感的陆大爷，也更加依赖她了。一天，陆大爷去医院做例行检查。蒋三妹忙前忙后，累得满头大汗。陆大爷觉得蒋三妹比老伴儿对自己都上心，回家后便拿出300元钱，给了蒋三妹，以示感谢。

蒋三妹接过钱一个劲儿地道谢，还眼圈一红跟陆大爷说起了自己的身世。因为父母重男轻女，她从小就成了大人嫌弃的对象。好不容易熬到出嫁，谁知丈夫居然是个酒鬼，喝醉了就打她。她实在受不了，就离了婚。然而，回到娘家后，却更受歧视。而她的前夫还不放过她，三天两头地来她娘家闹，扬言要杀了她。眼见着娘家也呆不下去了，刚好这时薛大妈要在老家找个保姆，而蒋三妹的娘家就在薛大妈的老家。于是，蒋三妹就主动找上门，表示愿意来伺候老两口。

说到过去，蒋三妹伤心地哭了起来。陆大爷劝她，她却越哭越委屈，最后竟抱着陆大爷放声大哭。早就对蒋三妹有好感的陆大爷，看着蒋三妹那双泪光闪闪、楚楚可怜的眼睛，也没有推开她。从这之后，蒋三妹就经常来找陆大爷诉苦。她觉得自己总是遭人嫌弃，受尽了委屈，一直无家可归，只有陆大爷知道心疼她。陆大爷对这个多情又薄命的保姆是又心疼又喜欢。就这样，两个人渐渐越了界。

知道这一切后，薛大妈想死的心都有了。老伴儿的背叛让她又伤心又羞愧，自己找来的保姆拆自己的台更让她既痛恨又难堪，而这件事还不能给别人知道，尤其是两个儿子，因为这会被人笑话。薛大妈觉得自己太憋屈了，她一边数落着老伴儿，一边准备尽快打发了蒋三妹。

可蒋三妹却不走。她现在没处去，出了这个门，那还不得流落街头？在陆大爷这里，好房住着，好饭吃着，还有钱拿。再说了，陆大爷占了她的便宜，她不能就这么白吃亏了。

于是，蒋三妹就私下找到陆大爷，逼陆大爷离婚娶她。可是真要离婚，陆大爷却不愿意了，怎么说他跟薛大妈也生活了这么多年了，而且这次是他犯了错。

蒋三妹似乎早料到会是这么个结果，她平静地对陆大爷说："如果你实在离不了婚，也可以。但是，你得答应我一个条件。"然而，正是这个条件，引来了无穷的后患。

原来蒋三妹要求陆大爷把房子给她作为补偿。陆大爷一听这话，不由得急火攻心，说："你这不是敲诈吗？我们老两口现在就这么一套房，怎么可能给你？给你了，我们住哪？"此时的蒋三妹，眼中早已没有了往日的多情和温柔，只剩下冷酷。她说："不给也可以，那我就把咱俩的那点事儿全抖搂出去，让你没脸见人。"陆大爷本以为自己还挺有艳福，遇到了一个多情的女人，没想到在这"多情"的背后是另有所图。他吃了哑巴亏，但后悔也晚了。

为了保全自己和家庭，陆大爷绞尽脑汁想出了一个"两全其美"的办法。那就是把房子以保姆费的名义抵给蒋三妹，蒋三妹只要给他们老两口养老送终就可以了。

蒋三妹一听要她养老送终，每月还不给保姆费，当然不愿意。陆大爷就悄悄允诺她，私下还会给她零花钱。蒋三妹一想，反正陆大爷给自己钱花，将来还能在城里落个房子，自己也不吃亏；至于养老送终，那还不是全看她自己。于是就同意了。

然而，薛大妈却不干了。她觉得跟一个要抢走自己老伴儿的保姆生活在一个屋檐下，临了还要把房子给这个女人，这算怎么回事?！陆大爷跟薛大妈好说歹说，告诉她现在不能得罪蒋三妹，否则这个家就完了；再说，也不是白给蒋三妹房子，是当保姆费抵给她，是要她伺候老两口一辈子的，算起来，也不吃亏。最终，为了保全家庭和名声，薛大妈也只好忍气吞声，委曲求全了。

2009年3月底，陆大爷、薛大妈和蒋三妹签订了房屋买卖合同，并共同到建委备案，将该房转给蒋三妹。但是约定这套房蒋三妹以保姆费抵房款，蒋三妹对老两口尽生养死葬及生活护理义务，老两口在世时居住此房，离世后房产归蒋三妹处置。

自从签下了这纸合同，蒋三妹就按照约定继续照看着老两口。她得了房子，心中安稳了，也就安分了许多。而陆大爷经历了这场风波，也看清楚了不少事，觉得还是薛大妈好，便一心一意跟薛大妈过日子，不再胡思乱想了。于是，陆大爷与蒋三妹也不再有什么越界的举动。虽然如此，薛大妈心中还是多多少少有些别扭，但是她也只能这么将就着了。生活似乎恢复了以往的平静。

然而，一年后，陆大爷突发心脏病撒手而去。刚给陆大爷办理完丧葬，蒋三妹就搬出去了。薛大妈开始还觉得蒋三妹说话不算数，明明说的是伺候老两口到死的，怎么刚走了一个，就离开了？可转念一想，走就走吧，自己早就过够了这种别扭日子，这下走了也好，她蒋三妹既然不履行合同，这房子也不用再给她了，还是自己的。可是没想到，现在居然被人找上门来，说从蒋三妹手里买了这套房子。

薛大妈越想越气，蒋三妹凭什么卖房？这房明明是自己的。可是，为什么那个购房合同上写着“蒋三妹”是卖房人呢？薛大妈觉得不踏实，必须把房产证找出来看看。这一找，薛大妈才发现，房产证没了！

薛大妈这下慌了，没了房产证就没法证明房子是自己的。可这房产证怎么好端端地就没了？薛大妈忽然全都明白了：一定是蒋三妹偷了房产证，又偷偷地把房给卖了。

薛大妈家的房产证确实是被偷了，但是偷房产证的却不是蒋三妹，而是陆大爷。

原来，蒋三妹虽然跟陆大爷、薛大妈在建委把合同备了案，但是她怕夜长梦多，加上老两口都各有子女，如果真等到他们过世的那一天，自己可能什么都落不下。于是，她就跟陆大爷闹，要求将房子尽早过户给她，否则就不让老两口好过。蒋三妹还保证说，只要陆大爷肯过户给她，她就安安心心地伺候他们，不再闹了。

陆大爷被蒋三妹闹得心脏病都要犯了。他是又恼又悔又没办法，还不敢跟任何人提这事。在蒋三妹的步步紧逼下，陆大爷想：反正这房子早晚是蒋三妹的，早一天给她，他们老两口就早一天安生。但他不敢跟薛大妈说，因为他知道这要一说，又是一场大吵。当务之急是先把蒋三妹安稳住了，以后再找机会慢慢告诉老伴儿吧。

抱着息事宁人的想法，陆大爷背着薛大妈偷走了房产证，在2009年5月悄悄和蒋三妹去办了过户手续。也就是说，从2009年5月起，这套房子就过户到了蒋三妹的名下。看到房产证上写着自己的大名，蒋三妹这下踏实了，也就安心地伺候起二老来，没再生事。陆大爷一直想找个机会跟薛大妈慢慢解释这事。没想到，他还没来得及说，就突发心脏病去世了。

2010年4月，陆大爷去世之后，蒋三妹觉得再也不能在这个家憋屈下去了，于是就搬了出来。她又怕将来陆大爷和薛大妈两边的儿女找上来，那时这套房子可能就保不住了。与其那样，倒不如赶紧把这套房卖了，再拿着钱远走高飞，让他们找都找不到自己。于是，蒋三妹来到房产中介把这套房子低价挂牌出售，而且声明是急售，越快越好。

房刚挂出来，正好赶上李莎莎来中介要买一套房子照顾上学的孩子。李莎莎看到蒋三妹的这套房，价格比别的房子都低，不由得心中一喜，觉得自己捡了个大便宜，当即就表示非常想买，同时要求看房。

中介把李莎莎的要求转给了蒋三妹。蒋三妹谎称这套房子现在租给了一个大妈住，不方便看房。这不看房，怎么能买呢？李莎莎犹豫起来。蒋三妹眼见煮熟的鸭子要飞了，但她确实也不能让李莎莎跟薛大妈见面。虽说房子在自己名下，但她也怕薛大妈会坏了自己的好事。后来，蒋三妹想了个办法。她趁着手上还有房门钥匙，也清楚薛大妈的作息习惯，便找了个薛大妈买菜的时间，和中介一起带着李莎莎迅速看了房。

看完后，李莎莎对这套房非常满意，但她又怕租房的大妈到时候赖着不走。蒋三妹和中介就说，房子一过户，李莎莎就是房主，名正言顺，大妈不走就是犯法，她还不得老老实实地搬走？李莎莎还在犹豫，可是听蒋三妹和中介说有好几个买家都准备买这套低价房。李莎莎很怕这个大便宜被别人抢了去，于是当晚就签了合同，并付了首付。

这之后，李莎莎再找蒋三妹要房，蒋三妹总是推脱，说租住的那个大妈不同意腾房，她也没办法。于是，等不及的李莎莎亲自上门，要求薛大妈腾房，没承想却碰了个钉子。

事后，李莎莎觉得不能再任由薛大妈占着自己的房子。很快，她便向法院起诉薛大妈，要求确认房屋归自己所有，并要求薛大妈立即腾房。

而薛大妈在发现房产证丢失之后，也赶紧来到房管局查询，看到房子已经变更到蒋三妹名下，但是还没有办成李莎莎的。此时，她也赶到法院起诉了蒋三妹，要求解除自己与蒋三妹之间的买卖合同，同时申请了财产保全，冻结了这套房子的产权过户，使李莎莎与蒋三妹不能办理过户手续。

薛大妈的律师向法院答辩说，因为薛大妈已经起诉了蒋三妹，李莎莎起诉薛大妈一案应该中止诉讼。

律师说法：中止诉讼>>>

中止诉讼是指在诉讼过程中出现了法律规定的情形，要暂停审理，等这种法定的情形解除后再恢复审理。

根据民事诉讼法的规定，本案必须以另一案的审理结果为依据，而另一案尚未审结的，中止诉讼。

回到本案，李莎莎起诉薛大妈案，必须以薛大妈起诉蒋三妹案的审理结果为依据。在不能确定蒋三妹是否享有所有权的情况下，李莎莎要求确定房子归自己所有并要求腾房是没有根据的。由于薛大妈起诉蒋三妹案尚未审结，李莎莎起诉薛大妈案应中止诉讼。

法条链接>>>

●《中华人民共和国民事诉讼法》

第一百五十条　有下列情形之一的，中止诉讼：

（一）一方当事人死亡，需要等待继承人表明是否参加诉讼的；

（二）一方当事人丧失诉讼行为能力，尚未确定法定代理人的；

（三）作为一方当事人的法人或者其他组织终止，尚未确定权利义务承受人的；

（四）一方当事人因不可抗拒的事由，不能参加诉讼的；

（五）本案必须以另一案的审理结果为依据，而另一案尚未审结的；

（六）其他应当中止诉讼的情形。

中止诉讼的原因消除后，恢复诉讼。

根据法律规定，法院中止了审理李莎莎起诉薛大妈的案了，而先审理薛大妈起诉蒋三妹的官司。

薛大妈是当完被告，又当原告。开庭当天，蒋三妹并没有出席庭审。在庭审的过程中，薛大妈的律师拿出了当初陆大爷、薛大妈与蒋三妹三方签订的房屋买卖合同，要求法院判决解除这份合同。

那么，法院会解除这个已经签订的并且已经过了户的合同吗？

律师说法：附条件合同的生效>>>

当初，陆大爷老两口与蒋三妹签订的合同是附条件合同。所谓附条件合同，是指当事人在合同中约定某种事实状态，并以其将来发生或者不发生作为合同生效或者不生效的限制性条件。所附的条件是指合同当事人自己约定的、未来有可能发生的、用来限定合同效力的某种合法事实。

陆大爷老两口与蒋三妹签合同时，约定的是蒋三妹以保姆费抵房款，蒋三妹在处置房产时是要有义务的，也就是必须负责两个老人的养老送终。合同约定得很清楚，必须要两个老人都去世以后，房子才能归蒋三妹处置。老人活着，蒋三妹就无权处理房产。而蒋三妹在陆大爷去世后就离开了陆家，不再履行照顾薛大妈的义务，薛大妈也无需再用房产来支付保姆费。因此，该合同是可以解除的。

法条链接>>>

●《中华人民共和国合同法》

第四十五条　当事人对合同的效力可以约定附条件。附生效条件的合同，自条件成就时生效。附解除条件的合同，自条件成就时失效。

当事人为自己的利益不正当地阻止条件成就的，视为条件已成就；不正当地促成条件成就的，视为条件不成就。

最后，法院判决蒋三妹的行为已在事实上违反了合同当事人之间的约定，未履行相应的义务，导致合同无法继续履行，薛大妈因此有权解除双方当事人签订的房屋买卖合同。

这个案子判完了，李莎莎起诉薛大妈的案子就恢复了审理。李莎莎声称自己是看到房产证上面写的是“蒋三妹”才花钱买的，自己没有过错，蒋三妹就是房子主人，请求法院一定要判决房子归自己所有。

那么，李莎莎还能要回自己买下的房子吗？

在薛大妈解除了与蒋三妹签订的房屋买卖合同后，蒋三妹已经不再是这个房屋的所有权人，李莎莎与蒋三妹签订的房屋买卖合同不能继续履行，李莎莎也不能取得所有权。在李莎莎没有取得产权证的情况下，她不应享有房屋的物权权利。所以，李莎莎起诉要求确认房子归自己所有，并要求薛大妈腾房的诉讼请求就不能被支持。

最后，法院驳回了李莎莎的诉讼请求，同时也指出，李莎莎如果认为她所享有的权利受损，可向卖房人蒋三妹主张。

拿到这纸判决，李莎莎肠子都悔青了。她怨恨自己一味图便宜，轻信了蒋三妹和中介的话，没有及时核实清楚就匆匆付了首付款，结果吃了个大亏。原来，这有房本的不一定就是房主。

而此时薛大妈也是百感交集：一来她心里安稳了，被保姆抢走的房子总算是拿回来了；二来她又恨起了自己的老伴儿，如果不是当初他那么不检点，也不至于弄成这样；三来她也怨自己，为什么不从正规的渠道找保姆，真是引狼入室。这“多情”的保姆不仅险些抢了自己的丈夫，还险些抢了自己的房。

这是一起由购房引发的案件，促使我们去思考如何规避大宗房产交易风险。在看房、购房过程中，一定要加强警惕和防范意识，千万不要图便宜，也不要轻信一面之词。在确定交易之前，最好能同房主到房屋管理部门进行确认是否可以交易，是否有冻结、限制等因素，这样才能把风险降低到最小。

这也是一起由保姆引发的案件，促使我们去思考如何建立一个良好诚信的雇佣关系。雇员一方固然要安分守己，靠勤劳谋生；雇主一方也应恪守道德底线，忠于家庭，不要陷自己于难堪和被动之中。这样的雇佣关系才能带来和谐与安宁。

我要坐牢

关键词　家庭暴力的法律责任　家庭冷暴力

2009年10月15日这天下午，某区公安局的大门外一片宁静。突然，不知从哪里钻出来一辆出租车，径直向公安局大门冲去。门卫见势不好，赶紧上前拦截。还没等门卫跑到出租车跟前，出租车就猛地停了下来。只见从出租车里跳出来了一个50岁左右的女人，手持一把明晃晃的菜刀大喊："我抢劫了出租车！我抢劫了！"

几个警察闻声出动，见此情形，对着女人厉声喝道："赶快把刀放下，抗拒从严，马上投案。"女人被这阵势吓得一哆嗦，手一抖，菜刀"哐当"一声掉在了地上。警察立刻围上来，给女人戴上手铐。奇怪的是，女人不但不挣扎逃避，反而异常配合，主动束手就擒，脸上竟然露出一种如释重负的表情。

警察随即对出租车司机老刘进行了查问。老刘说，他根本就不认识这个女人。二十多分钟前，他开车经过前街路口，遇到这个女人招手打车，他便停下来载她。没想到，这个女人上车后，趁他不备，掏出了一把菜刀，声称要抢劫他。看着明晃晃的菜刀，他着实出了一身冷汗。他正想着该如何报警脱身，这个女人居然要求他开向附近的公安局。他一边开车，一边觉得奇怪，哪有抢劫犯作案时主动往公安局跑的？一路上，他发现这个女人并不像真正的抢劫犯那样穷凶极恶，也没有真要伤害他的意思。到公安局门口，这个女人便立刻跳下车，大喊她抢劫了出租车，其实她什么也没抢。

这可真是奇怪了！这个女人嚷着抢劫，却什么都没抢；她居然逼着所劫持的车开向警察局；被抓后，她不但没有恐惧慌乱，反而显得轻松平静。难道说，这个女人在工作或生活中受了什么大刺激，导致精神失常，所以行为反常？

警方对这个女人的情况展开了调查。调查结果显示，这个女人叫刘梅，是工厂的一名工人。刘梅的工作，可以说是非常稳定的。二十多年来，她一直在这家工厂上班，工资待遇也是逐年上升。她工作认真负责，待人诚恳，领导和同事都很信任她、喜欢她。她在工作中并没有遭受过排挤、打压，她也没有经历过诸如下岗等重大变故。

至于刘梅的家庭，那就更没的说了。刘梅的父亲早已过世，她母亲身子骨还很硬朗，一直由刘梅的姐姐照顾着；刘梅的女儿乖巧懂事，学习成绩很好；而刘梅的老公李维文虽说是她的第二任丈夫，但两人已经结婚五年了，亲戚朋友从未听说过他们两口子打过架或拌过嘴。

那么，工作稳定、家庭安乐的刘梅为什么要去抢劫，还跑到警察面前去抢劫？真是令人百思不得其解。

然而，很快，一件令人更加疑惑不解的事又发生了。

虽然刘梅始终什么也没抢，但她的行为已经构成了抢劫罪，属于抢劫未遂，是要追究刑事责任的。不久，公安机关以刘梅涉嫌抢劫罪将其移交到人民检察院。人民检察院以刘梅犯抢劫罪提起了公诉，这起案件在人民法院进行了开庭审理。

刘梅的丈夫李维文和刘梅所在街道的居委会主任张大婶当天也旁听了庭审。法庭上，张大婶见到了出事后一直在押的刘梅，发现她的精神很好，脸色甚至还红润了起来。面对亲人和朋友，刘梅的表情里没有丝毫的羞愧或懊悔，甚至还透着一些兴奋。张大婶心中纳闷：出了这样的丑事，这刘梅就一点也不觉得羞愧吗？她家又不缺钱，日子过得安安稳稳的，她怎么突然就跑去抢劫了？更让张大婶奇怪的是，刘梅的那股兴奋劲儿是从哪儿来的呢？

在审理的过程中，刘梅认罪态度非常好，而且还多次强调："法官，我犯了抢劫罪。我的行为对社会危害很大，我认罪。我愿意接受法律的严惩，愿意坐牢服刑。给我重判吧！"

法官听了也很纳闷，这个被告人是不是糊涂了？认罪服法也就罢了，竟然还主动要求重判，别人可都是巴望着轻判啊！在庭审结束后，法官当庭宣读了判决书："被告人刘梅，犯抢劫罪，因抢劫未遂及悔罪态度良好，判处有期徒刑2年零6个月，缓期3年执行。"

听到缓刑的宣判，张大婶很高兴，因为这就意味着刘梅可以不用坐牢。然而，刘梅的脸色却一下变了，原来轻松甚至有点兴奋的表情不见了，竟然充满了焦虑和痛苦。她冲着法官半是急切半是祈求地喊道："法官，你们搞错了吧。我可是持刀抢劫犯，应该坐牢的。我愿意坐牢，我罪有应得，让我马上坐牢吧！"

刘梅此话一出，整个法庭的人都惊呆了，张大婶更是惊讶得嘴都合不上了，大家都不明白刘梅怎么会有这样失常的举动和言语。张大婶转过头来问李维文："刘梅这到底是怎么回事？为什么法庭都判她缓刑了，让她先回家，她还哭着喊着要坐牢？她是不是受了什么刺激呀？"

李维文自开庭以来一言不发，神情冰冷。听张大婶这么一问，他黑着脸没好气地说："我能刺激她什么？这么丢人的事，她都能干出来，我这面子算是被她给丢尽了。"张大婶连连点头说："肯定不是你刺激的，你和刘梅在咱们小区里那可是模范夫妻，从来没见过你们吵架。我是说，会不会是以前那件事，让她受了刺激，所以精神有些……"李维文恨恨地说："我看就是那件事，让她变得成天颠三倒四、神经兮兮的，才有了今天这种疯疯癫癫的行为！"

那么，张大婶和李维文口中所说的让刘梅做出种种失常之举的事，究竟是件什么事呢？这还要从刘梅的第一段婚姻说起。

刘梅的第一任丈夫叫胡海。胡海跟刘梅从小就认识，而且关系不一般。他俩的父亲是拜把的兄弟，关系相当铁，也一直有意让两个孩子长大后结成夫妻。刘梅上初中的时候，爸爸得了重病。那段日子，胡海的爸爸没少帮忙，带着胡海跑进跑出，忙前忙后的。但是，刘梅的爸爸最终还是不治身亡了。刘梅的爸爸在临终前再三叮嘱刘梅的妈妈说，将来一定要让刘梅嫁给胡海，替自己报答胡家的恩情。

转眼间，胡海和刘梅都长大成人了。胡海初中毕业后，去技校学了一年烹饪，后来到饭馆做了厨师。刘梅中职毕业后去了工厂，而刘梅的姐姐也嫁人生子了。刘梅的妈妈始终惦记着刘梅的父亲临终前的嘱咐，眼见时机成熟，就跟胡家商量把孩子们的婚事办了。

胡家一听，当然高兴。没想到，刘梅不乐意了。原来，刘梅嫌胡海从小就不爱学习，没读过多少书，并且还脾气暴躁，举止粗鲁。刘梅的妈妈听刘梅这样讲，脸都气白了，她责骂刘梅忘恩负义。

在家庭的压力下，刘梅屈从了，带着报恩的心态嫁入了胡家。为了更好地报答胡家，刘梅的妈妈还搬去跟刘梅的姐姐一家住，把原来的房子腾出来，作为小女儿的陪嫁，好让小两口有个独立的小家。

婚后，刘梅虽然与胡海性格不太合，但她勤俭持家，把家里一切打理得井井有条，小日子也算过得风平浪静。两年后，刘梅和胡海的女儿出生了。女儿的出生原本是一件喜事，然而却成了刘梅婚姻悲剧的开始。

胡家三代单传，有着严重的重男轻女思想。女儿出生后，胡海心情不好，开始对刘梅骂骂咧咧起来。一天，胡海又被几个哥们儿嘲笑，说他生不出儿子，老胡家到他这一辈算是断子绝孙了。憋着一肚子火的胡海，一回到家就给了刘梅一巴掌。从那以后，胡海就越来越粗暴，经常殴打刘梅。刘梅的思想也比较传统，觉得不能为胡家传宗接代多少有些惭愧，加之胡家对他们家有恩，所以，她对胡海一直都采取忍让的态度。

然而，刘梅的忍让却换来了胡海的变本加厉。刘梅经常带着伤去上班，在同事面前抬不起头来。刘梅也想过离婚，但妈妈和姐姐都劝她看在胡家的恩情和孩子的分上忍忍算了。无助的刘梅只好继续忍耐下去。为了胡家的恩情，为了女儿有个完整的家，为了不让母亲为难，也为了自己的面子，她默默承受着胡海的责骂和殴打，身体和精神都受到了严重的摧残。刘梅的婚姻在打骂声中又摇摇晃晃地过了几年，刘梅身上的伤越来越多，神色也越来越呆滞，常常发愣或突然傻笑起来，精神好像出了问题。而胡海越发地肆无忌惮，对刘梅想打就打，想骂就骂。

长久的压抑，终于在一天深夜爆发了。

那天夜里，街坊都睡下了。忽然听到刘梅大喊救命，大家都赶紧起来看出了什么事。只见刘梅披头散发地在前面狂奔，而胡海拿着把刀满身酒气地在后面追。被人救下来的刘梅声嘶力竭地大喊："他要杀我。我受不了了！我要去告他！"被人拦住的胡海脸红脖子粗地嚷嚷："老公打老婆，这点家里的破事，谁管呀？你哪儿告去呀？就算告了，又能把我怎么样?!"

这一次毒打，把刘梅吓坏了，也让她彻底死心了。她觉得如果再这样下去，胡海真的会杀了自己。但是，真的如胡海所言，这样的家事没人管，没处告，真的没办法吗？刘梅决定咨询一下律师。

律师说法：家庭暴力的法律责任>>>

婚姻法将"禁止家庭暴力"作为一项基本原则，同时还规定了实施家庭暴力的法律后果。婚姻法不但将"实施家庭暴力或虐待"作为法院认定夫妻感情确已破裂、调解无效可以准予离婚的法定理由之一，也规定了对家庭暴力受害人的救助措施与施暴者的民事法律责任。如该法第46条规定，配偶一方因实施家庭暴力或者虐待、遗弃家庭成员而导致离婚的，无过错方有权请求赔偿。而施暴者重则触犯刑法，构成故意伤害罪等；轻则要受到侵权责任的惩罚。本案中，胡海对刘梅的行为已经构成了家庭暴力，刘梅完全可以要求离婚，并要求胡海给予赔偿。

法条链接>>>

● 《中华人民共和国婚姻法》

第三十二条　男女一方要求离婚的，可由有关部门进行调解或直接向人民法院提出离婚诉讼。

人民法院审理离婚案件，应当进行调解；如感情确已破裂，调解无效，应准予离婚。

有下列情形之一，调解无效的，应准予离婚：

（一）重婚或有配偶者与他人同居的；

（二）实施家庭暴力或虐待、遗弃家庭成员的；

（三）有赌博、吸毒等恶习屡教不改的；

（四）因感情不和分居满二年的；

（五）其他导致夫妻感情破裂的情形。

一方被宣告失踪，另一方提出离婚诉讼的，应准予离婚。

第四十六条　有下列情形之一，导致离婚的，无过错方有权请求损害赔偿：

（一）重婚的；

（二）有配偶者与他人同居的；

（三）实施家庭暴力的；

（四）虐待、遗弃家庭成员的。

根据刘梅的情况，律师建议刘梅向法院提出离婚并要求赔偿，于是刘梅将胡海告上了法庭。刘梅这回是铁了心要离，任凭亲友怎么劝和，她都不听，一心想要逃出胡海的魔掌。而胡海也早就想把这个生不出儿子的“没用”的女人给甩了，于是就答应了。很快，两人就离了婚，胡海也给予了刘梅一定的赔偿。离婚后，胡海搬了出去，刘梅带着女儿独自住在妈妈给自己的那套房子里。

时间是最好的疗伤药。随着时间的推移，刘梅身体和精神上的创伤慢慢愈合，不再像遭受家暴期间那样憔悴、呆滞，而逐渐变得健康开朗起来。有热心人看见刘梅一个人带着孩子过，实在不容易，就开始给她张罗介绍对象。刘梅表示不愿再婚，因为她好不容易才从一段充满了暴力的婚姻里逃出来，实在没有勇气和信心再踏进去。

然而，刘梅不再结婚的决心，却被一个男人瓦解了。这个男人就是李维文。李维文也是一个在婚姻上经历过坎坷的人。李维文的前妻很漂亮，各方面条件都好。他们俩从上大学就开始谈恋爱，然而结婚后，两人却常常因为家务谁做的问题闹别扭。时间久了，女方又开始抱怨李维文只是个搞技术的，收入不高，给不了她想要的那种光鲜亮丽的生活。后来，她便跟一个私企老板跑了。

这次婚姻的失败，让李维文不再相信爱情，他只想找个老实勤快、能照顾好自己的女人做老婆，哪怕这个女人不漂亮、没文化。李维文在一堆介绍给他的对象中挑挑选选，最后对刘梅表示中意，因为刘梅很符合他的要求。刘梅也听说李维文博学多才，跟自己的前夫胡海比，简直一个天上一个地下，所以也看中了李维文。

就这样，在认识三个月后，两人就结婚了。婚后几年，在街坊邻居眼里，李维文儒雅斯文，彬彬有礼，从未听说过他们夫妻打架或拌嘴。街坊邻居都说，刘梅真是苦尽甘来了。

所以，面对着刘梅在法庭上的表现，张大婶百思不得其解：刘梅为什么非要毁掉来之不易的幸福？先是莫名其妙去抢劫，现在又不愿缓刑，就要坐牢。看来，刘梅的精神真是有点问题。于是，张大婶便向李维文打听刘梅的精神状况。

李维文说，这两年刘梅的精神状态确实有些反常，总是在家里莫名其妙地哭，不停地小声嘀咕着什么，而且这些症状最近越来越严重了。这应该是刘梅以前遭受家暴留下的后遗症。张大婶听后，很同情李维文，觉得他真命苦，第一个老婆红杏出墙，再婚的这个又是个潜伏性精神病患者。

鉴于家属反映刘梅存在精神异常的状况，刘梅被带去做精神疾病测试。结果却表明：刘梅没有任何精神方面的疾患。那么，刘梅到底为什么要去抢劫呢？律师又对刘梅进行了询问。

刘梅很平静地告诉律师，她这次抢劫不是胡闹，也不是发神经，而是经过再三计划的，目的只有一个，就是坐牢！

坐牢？这是什么话！所有人都避之唯恐不及，即使犯罪被关押，也都一心想尽早从牢里出来。为什么刘梅却偏偏要给自己找点事，往牢里钻呢？

面对着律师的质疑，刘梅终于吐出了她内心深处最隐秘的痛：她居然是想通过坐牢逃离自己的第二段婚姻！

原来，刘梅的第二段婚姻并不像外人所见到的那样温情。婚后，吃苦耐劳的刘梅把家里收拾得干干净净，让李维文过得舒舒服服。可是，在外彬彬有礼的李维文，在家里对刘梅总是不冷不热的，不愿意跟她多说话，只是让她干这干那。而且李维文从不带刘梅去参加自己亲友同事的聚会，也不带熟人来家里。

刘梅刚开始还不明白李维文为什么这样做，后来发生了一件事，让她渐渐看清了李维文那幽暗难言的心思。

那天，李维文不在，刘梅接到了李维文老同学打来的电话，邀请他们夫妻出席同学聚会。刘梅很高兴，因为婚后丈夫还没有带她出席过任何聚会。为此，刘梅还特意买了条红裙子。

李维文知道后却沉着脸说，参加这种聚会的都是文化人，他们的爱人也都很有涵养，像刘梅这种没什么学历也没什么文化的工人，根本不适合出现在这样的场合。最后，他还说刘梅没什么品味，只知道买些大红大绿的衣服穿，要多土就有多土。

刘梅听完丈夫的话，如同被泼了一盆冷水。她没想到自己在丈夫眼里是这样的粗俗不堪。刘梅似乎明白了，李维文娶自己只不过是想找一个免费的保姆，照顾他的衣食住行。李维文在心里是瞧不上她的，所以也不屑于跟她交流，更不愿把她带进自己的社交圈，因为刘梅的见识和谈吐只能丢他李维文的人。这对于在上一段婚姻中没体会到爱而渴望爱的刘梅来说，是极为冷酷的重创。

紧接着，李维文在孩子的问题上，又给了刘梅冷冷一刀。李维文跟前妻有个女儿，虽然归前妻抚养，但李维文对自己的女儿那是非常看重的，总夸她基因优异、天分高，将来一定有大出息。而对于刘梅的女儿，他则不管不问，态度冷淡，有时候还流露出一个厨子和工人的女儿能有啥出息的轻蔑，骨子里瞧不上刘梅母女。

刘梅内心开始发凉。她觉得她和李维文之间像隔着一座冰山似的，一片死寂。那种死寂让刘梅感到窒息。李维文虽然不曾打骂过自己和女儿，可是他那种冷淡的眼神和口气比打骂还让她难以忍受。

可是，当刘梅把这些感受告诉妈妈和姐姐的时候，她们却说她太挑剔了。她们认为，李维文就是个不温不火的性格。至于孩子，毕竟不是李维文亲生的，肯定跟亲生的不一样。很多男人都不愿要这种“拖油瓶”，李维文能接纳她们母女，一不打二不骂，不少吃不少穿，刘梅就该知足了。

这样有苦说不出的日子一天天过去了，刘梅变得越来越抑郁，经常会躲在一个角落偷偷流泪或者自言自语。李维文看到刘梅这样，认为是以前的家暴给刘梅造成的精神创伤复发了。于是，他更不愿意理她，也更不愿带她出去了。

就这样，刘梅在冰窖一样的婚姻里苦苦熬着，感觉自己要疯了。因为承受不了，她试着向李维文提出了离婚。然而，李维文本身是个爱面子的人，曾经的离婚让他颜面扫地，这次他是无论如何都不愿再离了。李维文冷冷地问刘梅：“你凭什么跟我离婚？我又不像你的前夫那样对你家暴。有我这样的人愿意娶你，你就该知足了。你即使去法院告，我也不会同意离婚。像我们这种情况，走到哪儿，法院都不会判离的。”

刘梅觉得自己陷入了绝境，无人可诉，无处可逃。与胡海在一起，那种肉体上的痛，因为看得到、摸得着，大家都会同情她。如今，这种内心的痛，没人看得见，也没人愿意帮她，甚至还认为她不知足。但是，这种冷冰冰的婚姻对她造成的伤害，确实超过了上次那段暴虐的婚姻。

刘梅感觉自己被关在了一个无形又无情的牢笼里。这时，刘梅突然想到，与其这样，她还不如真的去坐牢。这样，她就可以逃离这个冰窖一样的家，逃离这个让她感到无比痛苦的婚姻。于是，一个荒唐的计划在刘梅脑中形成了。她决定去抢劫，这样她就能被关进监狱，就能逃离这个家了。因此，刘梅劫持了出租车，奔向公安局，她为自己被抓而欣喜，为自己被判缓刑而焦急，因为缓刑意味着她又得回到那个冰冷的家里。

当律师询问刘梅，李维文是否对她使用过家庭暴力时，刘梅表示没有。她说胡海那样才算家庭暴力，李维文从来都没打骂过她，只是冷漠得让她受不了。律师却告诉刘梅，她已经遭受了李维文的家庭暴力。

律师说法：家庭冷暴力>>>

家庭暴力有两种形式，一种是对肉体的摧残，一种是对精神的折磨。胡海的非打即骂属于摧残肉体的显性暴力，李维文的冷漠轻蔑则属于折磨精神的冷暴力。

冷暴力的表现形式多为长期讽刺挖苦、言语攻击、无端挑剔，或漠不关心对方、将语言交流降到最低限度。不同于显性暴力，冷暴力更多的是摧残对方的精神，使其产生巨大的心理压力，甚至接近崩溃。冷暴力实际上就是一种精神虐待，对受害人的伤害比显性暴力更大。这种暴力的实施其危害性较之身体暴力要严重得多。

由于冷暴力具有反复性、隐藏性，没有伤痕、不见鲜血，不能做伤情鉴定等特点，法律制裁的操作难度较大。目前，法律界对此还没有明确界定，仍然很难举证。

在律师的支持和指点下，刘梅向法院起诉离婚。李维文也感觉到这样的婚姻维持下去对两个人都是伤害，于是在法院的主持下同意了调解离婚。刘梅终于逃离了那个冰冷的家，过上了自己的生活。

正如列夫·托尔斯泰所言："幸福的家庭都是相似的，不幸的家庭各有各的不幸。"刘梅怀着报恩的心态，走进了她的第一段婚姻，忍受着胡海的家庭暴力。然而，婚姻不是靠单方的含垢忍辱就能维系，软弱和屈从只能使暴虐变本加厉。或许是出于补偿心理，刘梅选择了与前夫有着天壤之别的李维文，却遭受了另一种形式的家庭暴力——冷暴力。由此可见，精神层面的巨大差距极易导致婚姻的错位和断层。李维文在刘梅的勤劳和仰视中，获得了生活上的舒适感和精神上的优越感，却给妻子的心灵造成了严重的伤害。因为他忘了婚姻的基础是彼此精神上的尊重和人格上的平等。从他们的不幸中，我们能学到很多婚姻的经营之道和夫妻的相处之道。希望每个踏入婚姻的人都能善待并珍惜彼此。如果婚姻不能继续，尽量做到理性和平地分手。这样，无论是对自己、对家庭，还是对社会都是有益的。

空白的婚姻

关键词　离婚请求与离婚判决　重婚罪

2010年5月的一天，高美英走进了结婚5年来一直居住的小区，却觉得一股陌生感扑面而来。因为她已经几个月没回来了。高美英是单位的技术骨干，工作一直都非常忙碌。而春节后，她接手了一个大型项目，为赶进度，几个月都一直吃住在单位。现在，项目终于结束了，她也可以回家看看了。

小区街边新开的饭店、楼面重刷的涂料、花园新添的设施……这一切都让高美英感到陌生；而邻居看她的表情更让她觉得奇怪，那表情中充满了想说什么又说不出口的古怪。内向的高美英一向不愿跟外人多打交道，于是便低着头，匆匆来到自家门前，想赶紧躲进自己熟悉的那个小窝里去。

然而，一件奇怪的事情发生了。她竟然开不开自己家的房门。是钥匙几个月没用，不好使了吗？高美英边想边敲门，但屋里一点反应都没有。是老公听不见敲门声，还是不在？高美英的家在一楼，于是她决定绕到客厅窗外看看。

这一看，让高美英彻底惊呆了！

屋里完全是一个陌生的世界：全新的家具，全新的电器，还有粉色的窗帘和红艳艳的玫瑰。天哪！这些东西都是从哪里来的？家里原来的东西又到哪里去了？

这是自己的家吗？高美英的第一反应就是再去看看门牌号。没错呀，就是自己的家。可是，这又是怎么回事呢？高美英突然心中一喜，因为她想到这应该是老公谢辉布置的。这是谢辉要向她道歉，给她一个惊喜啊！

高美英的老公谢辉是家里的独生子，自小就很受宠，养成了凡事要人伺候的少爷作风，也没什么事业心，就喜欢过闲散的享乐生活。相对于谢辉来说，高美英在工作上就勤奋得多，可以称得上是个不折不扣的工作狂，因而也一直很受单位重用。

两人结婚后，谢辉嫌高美英老是忙于工作，疏忽了家，不给自己做饭，也不陪自己。谢辉总说，这样的婚姻简直是空白的。高美英却觉得谢辉不懂事，自己工作这么忙，而老公的工作那样清闲，却不知道关心一下她，反而还让她一天到晚做饭洗衣服，伺候吃喝。再说了，她这么忙，不也是为了这个家吗？夫妻俩谁都觉得自己有理，也就谁都说服不了谁。

每天晚上，谢辉下班回来，见高美英还没到家，便随便叫外卖送点吃的，一个人就在家里上上网、玩玩游戏，或者和网友聊聊天，以此打发时间。而高美英往往加班回来就到夜里十一二点了，累得倒头就睡，也很少关心谢辉在干些什么。时间久了，高美英和谢辉的感情交流越来越少，有时一个礼拜也难得在一起吃顿饭。

后来，随着高美英越来越受单位重用，她变得更加忙碌了。而高美英的单位离家非常远，每天早出晚归让她感到很疲惫。于是，高美英便搬到单位的员工宿舍去住。开始时，高美英还每周休息日回来。后来，一忙起来，周末也很少回来了。这更激化了夫妻间的矛盾。为了逃避无谓的争吵，高美英回家的次数越来越少。而春节后的那个大项目赶得急，高美英就更顾不上家里了。

然而，就在高美英忙项目忙得火烧眉毛的时候，突然接到了一个电话。一听到这个电话，一向冷静的高美英立刻气炸了。原来，这是一个法院打来的电话，说是谢辉已经到法院起诉，要跟她离婚。法院要求高美英出庭调解。

高美英这次真生气了！她心说，谢辉怎么这么不知轻重，这都什么时候了，耗资上千万的项目等着她高美英交工，而她带着手下十几个人玩命赶工，都几天几夜没合眼了。这谢辉却只知道在那儿没事找事地瞎闹。还调解？

她哪有那闲工夫跟谢辉调解？让他谢辉自个儿单蹦去吧。于是，高美英根本就没理谢辉离婚这茬儿。法院传了几次，高美英都拒绝到庭。因为生谢辉的气，高美英索性连电话也不给谢辉打了。

此刻的高美英，透过客厅的窗子看到焕然一新得完全陌生的家，心想，一定是谢辉认识到他那时无理取闹错了，又听说她的大项目结束了，想跟她重归于好，便把屋子重新布置了一番。这是想找回新婚时的甜蜜呀。对，一定是这样的。这谢辉大本事没有，鼓弄这些事可有一手。

想到这里，高美英的脸上不由露出了一丝微笑。这时，她看见厅里挂了一张大幅的婚纱照，便甜滋滋地猜测：应该是谢辉把当初的婚纱照拿去重新放大镶框了。于是，高美英凑近窗户，想好好看看谢辉给自己准备的这份幸福的惊喜。

然而，当她看清那幅婚纱照时，整个人都僵住了！婚纱照上，她那风度翩翩的老公谢辉正含情脉脉地看着新娘，那个新娘的脸真甜真美。可这张脸却不是她高美英的脸，而是另一个陌生女人的面孔！

高美英顿时觉得天旋地转，简直不敢相信自己的眼睛。她马上拿起手机给谢辉打了过去，问这到底是怎么回事。电话那头的谢辉显然早有准备，不紧不慢地说道："高美英，你还没看明白吗？家具家电，我换了；女主人，我也换了。"高美英心口一痛，紧张地问："难道你和别人结婚了？"谢辉说："是啊！我总不能一辈子都让我的婚姻这样空白着吧。今后，你走你的阳关道，我过我的独木桥，咱们井水不犯河水。"说完，谢辉就不由分说地挂断了电话。

短短的几个月，物非，人也非，这中间到底发生了什么事呢？

原来，自从高美英搬到单位宿舍住后，无所事事的谢辉就更加放纵自己了，一回家就上网打游戏，找网友聊天。一来二去，谢辉便认识了一个叫田恬的网友，两人聊得非常投机。田恬很喜欢腻着谢辉，让谢辉找到了在高美英那儿感受不到的被需要感。后来，谢辉和田恬见面了。田恬比谢辉小很多，娇小甜美，一副小鸟依人的样子。两人一见倾心，居然很快就难舍难分，坠入爱河了。

后来，田恬听说谢辉已经结婚了，便开始后悔，想跟谢辉分手。但谢辉向田恬诉苦，说自己的老婆这些年从没尽过一个做妻子的责任，整天就是工作、工作，根本就不在家里待。自己很久都没有吃上一口热菜热饭了，天天独守空房，没人照顾没人疼，就跟没老婆一样。说着说着，谢辉委屈得不行，眼睛都有些微微湿润。

田恬看到谢辉这样，觉得这个男人也怪可怜的，不由得心疼起来。谢辉趁机抓着田恬的手，哀求她嫁给自己，并说只要田恬愿意嫁给他，他马上就跟他那个名存实亡的老婆离婚。这之后，谢辉又几次三番地向田恬求婚。田恬虽然也心软过，但谢辉有老婆这事始终让她觉得既难过又难堪。于是，田恬最后还是跟谢辉分手了。

然而，就在这时，发生了一件事，让田恬不得不又回到了谢辉的身边。原来，就在田恬跟谢辉分手后不久，她发现自己竟然怀孕了。没经过什么事的田恬，不由得慌了，不得不又回头去找谢辉，问他该怎么办。

谢辉和高美英虽然已经结婚 5 年了，但由于高美英忙于工作，不肯生育，他们便一直没有孩子。这让想要孩子的谢辉心里总是空落落的。现在，他听说田恬怀孕了，一拍大腿，乐得差点跳起来。谢辉兴高采烈地对田恬说："别发愁，宝贝！我现在马上就跟我老婆离婚，马上娶你，咱马上办事！"此刻的田恬，摸着自己的肚子，觉得事到如今，也只能如此了。

第二天，谢辉一纸诉状把妻子高美英告上了法庭，要求与妻子离婚。为了让田恬安心，谢辉在向法院提起诉讼后，就拿着起诉书和法院的立案通知书给田恬看，说自己和老婆办离婚手续了，要跟她马上结婚。随后，谢辉就把之前用过的家具家电全变卖了，又花了一大笔钱买了全新的一套，并跟田恬拍摄了一组豪华的婚纱照。而田恬就是高美英家里婚纱照上谢辉身边的那个女人。

然而，就在谢辉万事俱备、只差办喜事的时候，突然发生了一件事，完全打乱了谢辉的计划。原来法院驳回了谢辉的诉讼请求，不准他和高美英离婚。这是因为没有更多的证据证明他们夫妻感情确已破裂。

拿到这纸判决，谢辉犯了难。他原以为自己不想跟高美英过了，起诉到法院，就一定能把婚离了，这样便可以跟田恬结婚生孩子。可这一纸判决却让他所有的计划都落空了。谢辉想，这事不能让田恬知道，否则田恬一定不干了，那自己不就辛辛苦苦白忙了吗？随后，他又想，这婚他是一定要离的。管你高美英到不到场，我有这离婚起诉，那说明我这是跟你高美英离定了。

为了拢住田恬，谢辉马上张罗着和田恬举行婚礼。他跟田恬撒谎说，高美英为了阻扰他跟田恬结婚，偷走了户口簿，不肯给他，而田恬的肚子一天天大起来，再不结婚，会让人笑话。所以，不如先举行婚礼，一方面田恬从此可以名正言顺地在他谢辉家养胎，另一方面也可以断了高美英的指望，这样高美英就会把户口簿早点还给他，他就可以跟田恬登记了。年纪轻轻的田恬，看着谢辉为自己想得这么周到，况且已经和高美英起诉离婚了，也就答应了。于是，在五一节，谢辉和田恬举办了婚礼。

完婚后，由于田恬的胎位不正，还出现了先兆流产的征兆，而谢辉要天天上班无法照顾，他便把田恬送进了一家看护医院，自己也一有空就去陪床。所以，当高美英来的时候，家里并没有人。

高美英在自己的家中遭遇了意想不到的打击后，气得浑身发抖。她找到律师进行咨询。律师告诉她，从现在的情况看，谢辉已涉嫌重婚罪，高美英可以到公安机关报案，进行举报。

听到律师的建议，高美英犹豫了起来，毕竟夫妻一场，她实在不愿就这样把自己的老公告进监狱。但她又觉得谢辉太无情无义了，和自己还没有离婚，就明目张胆地和别的女人结了婚，这对自己真是一种莫大的蔑视和羞辱。高美英考虑再三，决定再找谢辉谈一次，希望他能回头，和自己好好过日子。

然而，事与愿违，这场谈话最终造成了双方关系的彻底破裂。

谈话那天，谢辉一看到高美英就表现得很不耐烦。高美英看着谢辉傲慢的态度，强忍着放低身段，恳请谢辉念及过去的夫妻情分，知错能改，回头来好好过日子，自己可以既往不咎。

谢辉听到“情分”二字，气不打一处来，气冲冲地说：“我们夫妻之间还有情分吗？这些年，你尽过做妻子的责任吗？你一周能在家待几个小时？你一个月能给我做几次饭？你一年能陪我看几场电影？成天就知道你的工作，不肯陪我这，不肯为我那，连孩子你也不肯给我生。你眼里还有我吗？你把我一个人撂在空房子里，还不许我去追求我的幸福。高美英，你够毒的！”

看到谢辉这样说自己，一向心高气傲的高美英也生气了，她说：“我是有没做到的地方，但我这样拼死拼活还不是为了这个家？而你呢，完全不要这个家了，居然错得这样荒唐！我来找你，是想给你一个机会，否则闹上法院，你吃不了兜着走。”

谢辉冷笑着说：“你拼死拼活为了谁，你自己心里最清楚。撕破脸对大家都没什么好处。我们就走着瞧好了，看谁最后吃不了兜着走。”说完，不容高美英分辩，谢辉转身就走了。

随后，谢辉来到看护医院，把高美英找他的事都跟田恬说了。田恬不由得担心起来，说：“看高美英这意思，是要去法院告你呀？”谢辉却胸有成竹地说：“放心！她高美英不会去法院告我。她没理由告，我料她也不敢告！”

然而，高美英不但去公安局举报了谢辉，还举报了田恬，罪名都是重婚。面对指控，谢辉坚决不认罪，他说我没有重婚，我和高美英虽然是夫妻，但我已经提出离婚请求了，表明我要跟她离婚的决心。我有权重新寻找我的幸福。

那么，提出离婚请求，是不是就意味着有权重新寻找配偶呢？

律师说法：离婚请求与离婚判决>>>

“离婚请求”与“离婚判决”是两个概念。离婚请求只是一种请求，是一个法律程序的开始，但并不代表着就一定会离婚。而离婚判决是一个结果，是对实体权利的处分，只有判决了离婚才是真正意义上解除了婚姻关系。这时才有法律赋予的权利去寻找新的配偶。

面对着高美英重婚罪的举报，谢辉又说，我和田恬并没有登记结婚，只是一起同居而已，我不能算重婚，田恬就更不能算重婚了。

那么，谢辉和田恬到底算不算重婚呢？

律师说法：重婚罪>>>

重婚，是指有配偶的人又与他人结婚或以夫妻名义共同生活的行为。法院并没有判决谢辉和高美英离婚。也就是说，谢辉和高美英仍是法律上认可的夫妻。谢辉和田恬也确实没有进行登记结婚，也就是说，谢辉和田恬不是法律上认可的夫妻。然而，谢辉和田恬却以夫妻的名义同居生活。根据最高人民法院的相关批复，有配偶的人与他人以夫妻名义同居生活的，或者明知他人有配偶而与之以夫妻名义同居生活的，仍应按重婚罪定罪处罚。所以，谢辉已经构成了重婚罪。

而田恬不具备法律规定的“明知他人有配偶而与之以夫妻名义同居生活”的构成要件，不构成重婚罪。田恬不是“明知”，她一直都以为谢辉和高美英已经离婚了，因为谢辉就是这样告诉她的。田恬的无知就在于没有看到法院的判决书，就相信了谢辉的话。

法条链接>>>

●《最高人民法院关于〈婚姻登记管理条例〉施行后发生的以夫妻名义非法同居的重婚案件是否以重婚罪定罪处罚的批复》

新的《婚姻登记管理条例》（1994 年 1 月 12 日国务院批准，1994 年 2 月 1 日民政部发布）发布施行后，有配偶的人与他人以夫妻名义同居生活的，或者明知他人有配偶而与之以夫妻名义同居生活的，仍应按重婚罪定罪处罚。

●《中华人民共和国刑法》

第二百五十八条　有配偶而重婚的，或者明知他人有配偶而与之结婚的，处二年以下有期徒刑或者拘役。

最终，法院认定谢辉犯重婚罪，判处有期徒刑8个月。

听到法院对自己的宣判，谢辉表示有话要说。然而，他不是要为自己申辩，而是要举报一个人。这个人不是别人，正是高美英。他举报高美英也犯有重婚罪！

谢辉的话一出口，旁听席上就乱成了一片，人们简直不敢相信自己的耳朵：什么？重婚？高美英也重婚了？爱面子的高美英更是满脸通红，直指谢辉借机报复，造谣中伤，血口喷人！

谢辉冷冷地看着高美英，慢慢地说："哪个男人会没事给自己弄顶绿帽子戴？实话告诉你吧，早就有人给我打电话，说你能升职是因为李处长，你搬到单位住不回家也是因为李处长。更难听的话，我就不说了。我找田恬怎么啦？你不是也找别的男人了吗？我不跟你计较也就罢了，你反而把我告上法庭！那你就别怪我撕破脸了。"谢辉的这番话说得高美英脸色煞白，双唇颤抖着一句话都说不出来了。

旁听席上坐着的人都坐不住了，纷纷议论，到底是谢辉在造谣中伤高美英？还是高美英真的跟什么李处长有私情？这对互相举报彼此重婚的夫妇背后到底还隐藏了多少难以启齿的隐私？而李处长又是谁呢？

李处长是高美英的上级，四十岁出头，有老婆，也有孩子。高美英单位的人都知道，高美英完全是李处长一手提拔起来的。李处长非常看重高美英，有什么重大项目他都会派高美英去做，有什么露脸的机会他也都留给高美英。此外，单位的人还经常看到李处长跟高美英一起吃饭。而自从高美英搬到单位宿舍住后，有人还好几次看到李处长出入高美英的宿舍。

于是，单位里一些平时就嫉妒高美英的人便私下议论，说高美英和李处长的关系不一般，要不她也不可能升得这么快。还说，高美英不住家里住单位，也是为了方便跟李处长交往等等。总之，关于李处长和高美英的桃色新闻传得沸沸扬扬。当然，也传到了谢辉的耳朵里。

有一天，谢辉接到了一个陌生女人的来电。这个女人气哄哄地对谢辉说："管管你老婆吧！自己有老公，还要撬别人的老公。你居然让她从家里搬出来，是为了方便跟领导偷情吗？”

谢辉听得晕头转向，就问对方是谁。陌生女人说：“你还问我是谁？你老婆在外面勾引单位领导，就是在破坏我的家庭。”谢辉立刻明白了，打电话来的女人一定是李处长的老婆。

不过，这个电话却让谢辉一下子轻松了。因为他的心已经在田恬身上了，早不想跟高美英过了。所以，谢辉并没有追究老婆的桃色事件。同时，他也没有告诉任何人这件事，包括田恬，因为老婆出轨毕竟是很伤男人面子和自尊的。他觉得既然他跟高美英都各有新欢，就各放对方一马，一拍两散，离了算了。

所以，他才让田恬放心，他确信高美英不会去告他，高美英没理由告，也不敢告，因为高美英本身也不清白。但他没想到，高美英真的举报了他和田恬，他还因此被判了刑。

听到判决的谢辉，恼羞成怒，恨恨地想：“高美英，你够狠，真下得去手呀。既然你不想让我好过，那就别怪我不客气了。”于是，他在法庭上把高美英和李处长的事捅了出来。

这场夫妻大战变得越来越热闹，由以前的三角关系，上升到了四角关系，再加上李处长的老婆，就成了五角关系。

然而，经取证了解，李处长和高美英是正常的上下级关系。李处长提拔高美英只是因为高美英能力强、工作拼命，而李处长跟高美英吃饭、去她的宿舍都是出于对下属生活的关心。所以，在经过核实后，司法机关认定高美英不构成重婚。

这边谢辉刚告完高美英，那边高美英又对谢辉提起了诉讼。这次，高美英是正式起诉要跟谢辉离婚。谢辉对夫妻感情的不忠、对她的怀疑和羞辱……给她造成了永远无法修复的创伤，她无法再原谅谢辉。法院也支持了高美英的离婚请求。

至于田恬，她本来就有先兆流产的迹象。这场风波给她带来的打击，使她最终还是流产了。田恬失去了孩子和健康，失去了颜面和尊严，失去了所谓的婚姻与爱情，又悔又痛，不久便离开了这个让她伤心的城市。

服刑中的谢辉，跟高美英办完了离婚手续，又听说田恬远走他乡，心中一下变得空荡荡的。他心里有过两个女人，生命中有过两段姻缘，而现在却只剩下一片空白……

谢辉对婚姻的不忠使他落了个重婚的罪名。他的所作所为既对不起信赖他的田恬，也对不起高美英。因为高美英努力工作都是为了这个家，而他却怀疑她，并背叛了她。而高美英在婚姻中也有自己的失误和不足。她没有尽到一个妻子的义务，与老公的沟通过少，过于关注工作，因此影响了夫妻的感情。田恬轻信了谢辉，把感情放在了一个已婚男人的身上，既破坏了别人的家庭，自己也下场凄凉。

可见，在整个婚外情中，出轨者、妻子、情人都有各自的问题，也都会受到伤害，背负沉重的包袱和阴影。当一个家庭因为长期错误的相处和摩擦而产生问题时，不去正确地疏导和解决，而是选择到婚姻外面寻求补偿。这样的做法，非但解决不了问题，反而让事情恶化，同时造成几方的痛苦。婚姻不是儿戏，且行且珍惜。

真假老婆

关键词 无效婚姻 赠与的认定

2011 年 10 月的一天，天刚蒙蒙亮，就有个青年男人急匆匆地走进了派出所。这个男人叫潘小聪，是附近村子的村民。他这么一大早急匆匆地赶来，是来报案的。他说，就在 3 周前，他被人一下骗走了 300 万元！这个人名叫周红。

潘小聪说，他的名下有一块父母留下的宅基地。后来，这块宅基地被划入了拆迁的范围，现在面临着拆迁。4 个月前，他与拆迁方签订了《货币补偿协议书》，约定就这块宅基地补偿给他拆迁款 300 万元。3 周前，拆迁方将这笔钱通过银行转账支付给了他。

然而，在收到这笔巨额拆迁款后，潘小聪却把它转到了别人的账户里。

对此，潘小聪解释说，他们家兄弟两个，父母走得早。父母走的时候，他刚高中毕业，而哥哥已到了结婚的年龄。那时，村里还很穷，哥哥便一直在城里打工，也很想在城里生活，还在城里谈了个对象。于是，父母临终前把攒下的钱都给了哥哥，让哥哥在城里成家立业，而把名下的宅基地留给了他。

可是，谁能料到，十年后，村子面临拆迁，巨额的拆迁款让穷了几辈子的村民都富了起来。他哥哥听说，他们家的宅基地也要拆迁了，便时不时地向他暗示这宅基地自己也有份，应该重新分配。可他认为当初父母已经分得很清楚，钱归哥哥，宅基地归自己。再说了，哥哥已经是城市户口了，也没有资格重新分宅基地。于是，兄弟俩常为这事闹得面红耳赤。

拿到巨额的拆迁补偿款后，他怕哥哥知道了来找麻烦。正不知怎么办好呢，周红便主动提出可以先替他保管一阵子。于是，他就把钱转到了周红的账户。可是，没想到，几天后，当他需要用这笔钱向周红索要时，却被周红以种种理由拒不归还。他这才意识到，他这是被周红给骗了！

可是，周红又是谁呢？潘小聪为什么会那么轻易地就同意把钱转到这个人的账户上？这可是一笔300万元的巨款呀！

潘小聪说，周红不是别人，而是自己的老婆。他们2005年结了婚，在一起生活6年了。自己的老婆，自己还能不信吗？所以，他就把钱转到了老婆的账户。然而，令他没想到的是，自己的老婆还骗自己的钱。他多次向周红索要，周红都不给他。他气得没办法，只好来报案。

老公来报案，说老婆骗走了自己的钱。派出所的民警办了这么多案子，还是头一次听说这样的案子，都觉得既新鲜又好笑。可是，当他们询问周红时，却笑不出来了。

因为周红说，第一，她不是潘小聪的老婆；第二，她并没有骗潘小聪的拆迁款，因为那笔拆迁款本来就是她周红的，而且她还出示了有力的证据。

周红说，她跟潘小聪是在2005年结了婚，但他们在2009年已经离婚了。至于潘小聪说他们还一直生活在一起，那是因为刚离婚那阵子，孩子还小，需要爸爸在身边，她便让潘小聪暂时跟她们母子住在一起了。这几年也就这么凑合着过来了。可是，这并不代表什么。她是她，潘小聪是潘小聪，他们没有任何法律上的婚姻关系。

至于那笔拆迁补偿款，那本来就是她周红的，因为那块宅基地是她的，不是潘小聪的。

宅基地不是潘小聪父母留给潘小聪的吗？怎么变成周红的了？看到民警一脸疑惑，周红不慌不忙地拿出了一份文件。这是一份《离婚协议书》，是2009年周红和潘小聪离婚当日双方共同签订的。协议书上清清楚楚地写着：“为了弥补离婚给周红带来的伤害，潘小聪自愿将名下的宅基地67号赠与周红。”

周红说：“你们看清楚了。当年离婚是他潘小聪不对，给我造成了很大的伤害。为了表示歉意，他潘小聪主动提出把他家的宅基地赠与我。所以，这块宅基地是我的，不是潘小聪的。”

潘小聪听周红这么说，立刻委屈地嚷道：“我当初跟你离婚，那还不是为了你们娘儿俩能过得更好一些？怎么反倒要怪我？”

原来，潘小聪自高中毕业后就一直在镇上的一家工厂工作。2009年工厂集资盖房，这对工人们来说是一件振奋人心的大好事。由于想要房子的工人太多而房子有限，工厂就出台了一些限制政策。其中有一条就是，如果该工人在本地名下有房（包括宅基地），则无资格参与排号分房。

潘小聪本来对厂里分房的事兴致勃勃，琢磨着自己来厂里这么久了，这次一定能分上个一套半套的。可是，这条限制政策一出，潘小聪立刻像霜打的茄子一样没了精神。周红安慰他说：“反正咱家有地有房，排不上就排不上吧。”潘小聪可不这么想，他说：“你知道现在有套房多值钱吗？况且还是厂里集资盖房，这内部价一定比市面上的价低很多。那个地方位置又好，光是把房子租出去，一个月就不少钱呢。想想就不甘心。”

不甘心的潘小聪为了得到厂里的房子绞尽脑汁，终于想出了一个主意。这主意，他自己觉得很妙，却让周红气不打一处来。

原来，潘小聪的主意是，他跟周红假离婚，把名下的宅基地给周红，自己净身出户。这不就符合分房条件啦？周红一听就说：“怎么能为了房子，什么都不顾了？离婚，多难听呀，我可丢不起这个脸。”潘小聪反复跟周红说，这都是为了她和孩子能过得更好点。他们这是假离婚，离婚不离家，只要跟厂里出示离婚证明就行了，平时还跟夫妻一样。等到房子一到手，他们就立刻复婚。周红说：“这一离婚，没有约束了，谁知道你会怎么样？”潘小聪拍着胸脯说：“放心，我宅基地都给你了，人还能跑了不成？”

周红虽然最后同意跟潘小聪离婚，但还是觉得心里憋屈难受。为了安慰周红，更为了顺利分到房子，潘小聪在离婚当日与周红签订的《离婚协议书》中，写下“为了弥补离婚给周红带来的伤害，潘小聪自愿将名下的宅基地 67 号赠与周红”的语句。

离婚后，潘小聪果真如愿以偿地分到了房子，但是他却没有按照约定跟周红复婚。

原来，潘小聪的做法在厂里引起了不少议论。虽然厂里因为他符合排号分房的条件给了他房子，但也明确对他说了，只要他复婚了，这个房子就要收回。这一下打乱了潘小聪的如意算盘。不过，潘小聪觉得，不复婚就不复婚吧，反正他现在跟周红过得同过去一样，跟复婚也没什么区别，还多得了一套房子。可周红不这么想。爱面子的她总觉得背后有人对自己指指点点，毕竟这不是什么光明正大的事。这几年，周红为这事没少跟潘小聪吵，越吵越觉得自己很委屈。

周红对办案人员说：“当年他潘小聪亏欠了我，这宅基地就是他主动提出赠与我的。既然这宅基地是我的，这笔拆迁补偿款当然也就是我的。”

这时，潘小聪说：“当初我是把宅基地赠与你了，可你别忘了，后来你又把宅基地赠还给我了。这宅基地现在属于我，这笔拆迁补偿款当然也就属于我！”

只见潘小聪也掏出了一份文件，那是签订于 2011 年 3 月的一份声明。上面清清楚楚地写着：“周红愿意把名下的宅基地 67 号赠与潘小聪所有。”而下面赫然签着周红和潘小聪的大名。

周红一见潘小聪拿出这份文件，脸都气红了。她指着潘小聪说：“如果不是你当初的馊主意，我怎么会跟你签下这样的文件？你真是害我丢死人了。”

原来周红在嫁给潘小聪时，名下也有一块宅基地。正因为算上潘小聪的宅基地，家里已经有了两块地，周红才劝潘小聪不要再去惦记工厂的房子了，知足吧。可潘小聪不仅不听她的，还要把婚姻作为工具，用假离婚骗房子。离婚后，周红名下就有了两块宅基地，一个是原属于潘小聪的 67 号，一个是本来就属于她的 339 号。

眼见着这两块宅基地都被划进了拆迁的范围，潘小聪坐不住了。他要周红务必把67号宅基地再赠回给自己。

原来，潘小聪打听了，根据拆迁政策，村里不可能把两块宅基地认定为一个人的名义，一人只能签一份拆迁补偿协议，不可能有两份拆迁补偿。而一个人就两处宅基地签署一份拆迁补偿协议所得利益，明显要小于两个人就两处宅基地各自签署一份拆迁补偿协议所得利益。

精明的潘小聪怎么能吃这种亏呢？拆迁补偿，那可是一笔巨款。于是，潘小聪就想让周红把67号宅基地再赠还给自己。这样，他们俩可以分别就两块宅基地——67号和339号讨要各自的拆迁补偿，也就是说，他们可以获得两份拆迁补偿。

周红却不同意，她说："当年你为了分房，弄的那个什么假离婚，搞得我和孩子现在还被人指指点点。现在，又要这样弄，不知有多少人会笑话我们，为了房子为了钱，什么都做得出来。"潘小聪不以为然地说："假离婚算什么，还有根本不认识的人为了房子为了钱假结婚呢。"周红白了他一眼说："你别胡说了，我们假离婚都够离谱的了，谁会不认识对方就结婚呀？"潘小聪急了说："我可没胡说，我就……"他忽然像想起了什么，把后半句话硬生生地咽了回去，然后话锋一转说："被人笑、被人说，怎么了？那都是虚的，只有房子和钱是实实在在的。"

看到周红依然一脸不高兴，潘小聪便跟周红保证这种弄虚作假的事是最后一次做了。事成之后，他再也不会这样做了。周红经不起潘小聪的死缠硬磨，便答应了潘小聪，并写下了那份声明，表示"愿意把名下的宅基地67号赠与潘小聪所有"。

后来的事情进行得异乎寻常的顺利。潘小聪又一次如愿了。就在4个月前，他和周红分别就两块宅基地签署了两份补偿协议。周红签的是339号宅基地，获得的是一套新房子作为补偿；潘小聪签的是67号宅基地，获得的是一笔巨额补偿款，共计300万元。而在3周前，拆迁方就将这笔巨款通过银行转账支付给了他。

补偿款一到账，潘小聪就得意洋洋地展示给周红看。周红却并不怎么高兴，反倒显得心事重重。潘小聪觉得奇怪。周红就跟他说："我担心你哥哥知道了，可能会来找你分钱。要不，你先把钱转到我的账户上来，你哥哥总不会来问我要钱吧。他如果还要要，我就告诉他我们早就离婚了，把离婚证给他看，他根本问我要不着。"潘小聪觉得周红说得有理，便照办了。办完，他还笑话周红说："什么你的账户、我的账户的。我的不就是你的，你的不就是我的吗？"

可是，真的是这样吗？

过了几天，潘小聪看上了一部车，问周红要钱，周红却冷着脸说："这钱是我的，要买用你自己的钱买。"潘小聪开始以为周红在开玩笑，后来才发现不对，周红一分钱都不给他。潘小聪这才醒悟到，这钱一旦变成周红的，就不再是他潘小聪的了。

他简直气疯了！他自诩精明过人，算计了别人无数，到头来却被自己的老婆给骗了。没想到，这周红看起来粗粗笨笨的，还藏着这样的心眼。潘小聪气愤地说："我费这么多工夫折腾房子折腾地，不都是为了你。没想到，到头来，你居然在我背后捅刀子！"周红听潘小聪这么说，便冷笑道："是你在我背后捅刀子吧。你少在这儿骗人了。你这样折腾，恐怕不是为了我，是为了别的女人吧。"

潘小聪听周红这么说，好像一下就明白了周红为什么会突然翻脸。他赶紧跟周红解释说："哎呀，你误会了。我虽然跟她是真结婚，但她只是我的假老婆。"

真结婚，假老婆？这又是怎么一回事呢？

原来，在年初的时候，潘小聪的一位老哥们儿突然来找他，跟他说现在有个发财的机会，他潘小聪什么都不需要做，只要花他半天时间，就能净赚6万元，问潘小聪愿不愿意干。潘小聪一听，这不就跟天上掉馅饼一样吗？他当然乐意了。可是等这位老哥们儿把事情一讲，潘小聪就傻了。因为这事居然是要他跟一个叫何花的陌生女人立刻结婚！

老哥们儿说，何花是他的远房堂妹。何花的村子现在也在拆迁。按照他们村的拆迁政策，实行按户拆迁，然后根据每户的人口赔偿相应面积的房屋。比如说，如果一户有2个人，每个人补偿50平方米的面积，那么，这户人家最终得到拆迁补偿的面积就是100平方米。而如果一户有4个人，最终得到拆迁补偿的面积就是200平方米。换句话说，一户人家的人口数越多，得到拆迁补偿的面积就越大。

而在农村，即使夫妻俩离婚，如果他们再各自结婚，各自的配偶都可算在同一户里，这样就会多出两个人，拆迁时也可以多补偿两个人的面积。而这多补偿出的面积可是一笔不少的钱呀。

于是，有人就钻起了这个空子。夫妻俩先离婚，而后又各自找新人结婚，这样就多出了两个人。等拿到多出的补偿款后，再跟新人离婚，跟原配复婚。当然，事成后也要给新人一笔不菲的提成。潘小聪老哥们儿的堂妹何花找潘小聪结婚就属于这种情况。

潘小聪听完后，觉得真是自愧不如呀！他想："我都够会钻空子了，怎么有人比我更会钻?"但他对这事有点犹豫，就对老哥们儿说，自己根本就不认识何花，不了解她，再说了自己跟周红虽然离婚了，但迟早是一定要复婚的，自己不可能再娶别人了。

老哥们儿就笑话潘小聪死心眼，说认识不认识何花没什么关系，这不有他在嘛。再说了，就是一个假结婚走过场，何花也不想认识他。而恰恰是因为知道他将来会跟周红复婚，他们才找的他。因为这样才能保证何花将来跟他离婚的时候，干净利落，不留麻烦。

在老哥们儿的劝说下，潘小聪动心了。于是，他带着自己的离婚证明和其他相关材料，跟从来就没见过的一个女人——何花办了结婚登记手续。登记办完后，何花先给了他1万元，说剩下的5万元等拆迁款下来、两人办妥了离婚之后，再给他。

这事，潘小聪当然不能让周红知道。在劝说周红把宅基地转赠给自己的时候，他说："假离婚算什么，还有根本不认识的人为了房子为了钱假结婚呢。"说的就是自己这档子事。周红说他胡说，他反驳周红时还险些说漏嘴。

为此，他还后怕了半天。

可是，周红还是知道了这件事。

原来，周红前一阵整理衣物，无意中发现潘小聪藏在柜子深处的一张结婚证。周红打开一看，上面居然是潘小聪和一个叫何花的女人登的记，气坏了。她心想：“你潘小聪竟然背着我做出这样的事。怪不得你一个劲儿让我把67号宅基地赠给你，原来是为了跟这个女人分呀。”

不过，此时周红已经把宅基地给了潘小聪，要也要不回来了。周红转念一想：“你潘小聪无情，那就别怪我狠心了。”于是，她把结婚证又放回了原处，假装什么都不知道。等67号宅基地的300万元补偿款下来，她就借口怕潘小聪的哥哥来要，要潘小聪把钱转入她的账户。而这钱一入户，周红当然就不会再给潘小聪了。

潘小聪终于明白了事情的原委，就跟周红一个劲解释。周红哪里肯信，撂下话：除非潘小聪拿出跟何花离婚的证明并跟自己复婚，否则没得商量。

潘小聪急得不行，赶紧就去找他的老哥们儿。因为他跟何花就只在登记时见过一面，此后都是通过这个老哥们儿间接联系的，再没有直接接触过。老哥们儿一听潘小聪要跟何花离婚也急了，说这可不行，何花那边都报上去了，现在正等着审批呢，这个节骨眼上一离婚什么都完了。再说了，他潘小聪既然以后要跟周红复婚，那钱放谁那儿不都一样吗？潘小聪找了几次后，他的这位老哥们儿都坚决不同意，最后竟然躲了起来。

潘小聪找不到人，又去咨询律师，看能不能自己单方面宣布这次结婚无效。那么，律师会怎么说呢？

律师说法：无效婚姻>>>

按照我国现行婚姻法，只有4种情况属于无效婚姻，分别是：重婚；有禁止结婚的亲属关系的；婚前患有医学上认为不应当结婚的疾病，婚后尚未治愈的；未到法定婚龄的。也就是说，潘小聪的这次结婚在法律上是有效的。

如果他想再结婚，就必须解除现在的婚姻关系。而解除婚姻关系，必须当事的夫妻双方共同出面，达成一致。

法条链接>>>

●《中华人民共和国婚姻法》

第十条　有下列情形之一的，婚姻无效：

（一）重婚的；

（二）有禁止结婚的亲属关系的；

（三）婚前患有医学上认为不应当结婚的疾病，婚后尚未治愈的；

（四）未到法定婚龄的。

最后，律师告诉潘小聪，他是不能单方面宣布这次婚姻无效的，必须要何花同意，两人共同办理才行。

可是，潘小聪根本就找不到何花的人影。他没想到，自己跟何花当初不过是假结婚，现在却真离不了婚了。潘小聪没办法了，只好又去求周红，说自己跟周红从来都是假离婚，周红才是自己的真老婆，而他跟这个何花虽然真结婚了，但何花不过是自己的假老婆。

周红听了大怒，冲着潘小聪说："听到你说这话，我都替你臊得慌。你看看你这办的什么事呀！我告诉你，从你要跟我离婚去骗你们厂的房子那天起，我就窝了一肚子火。到今天，我彻底受够了！我们不可能再在一起了，我的儿子也不需要有你这样歪门邪道的爹。你走吧。我们完了！"

潘小聪终于意识到事情的严重性了。但他怎么甘心就这样把300万元巨款全给了周红。于是，潘小聪便把周红举报到了派出所，称周红骗了自己的巨额拆迁款。

派出所的民警在了解了事情的来龙去脉之后，认为周红并不构成诈骗罪，并告诉潘小聪和周红，他们之间的恩怨只能通过法院解决。于是，潘小聪一纸诉状把周红告上了法庭，称自己当初把300万元转给周红，只是要周红代为保管，现在他要求周红立刻返还自己这笔钱。周红则坚持说，这笔钱本来就是她的，潘小聪给她是其自愿履行离婚协议的行为，因而她拒不归还。

那么，法院会怎样判这起案子呢？

律师说法：赠与的认定>>>

“赠与”是指赠与人将自己的财产无偿给予受赠人的行为。

首先，宅基地是依申请取得，并不能够在个人之间进行赠与。所以，潘小聪和周红之间对67号宅基地进行的相互赠与，是无效的。67号宅基地始终属于潘小聪。潘小聪获得300万元拆迁补偿款，也是因为67号宅基地在他的名下。

其次，潘小聪给付周红这笔300万元拆迁补偿款时，双方已离婚数年，并且潘小聪已再婚。潘小聪要想证明这笔拆迁补偿款是周红帮自己保管的，就必须拿出委托保管的协议或其他证明材料，但现在潘小聪却没有这样的书面约定证据。

最后，潘小聪将其所得拆迁补偿款自愿给付周红的行为，应视为其对周红的赠与，且该赠与已生效并履行。潘小聪要求周红返还拆迁补偿款的诉讼请求，不具有法律依据。

法院经审理后认为，对潘小聪所持双方系保管关系一说，不予采纳。潘小聪将300万元拆迁补偿款转给周红乃赠与行为。对潘小聪要求周红返还拆迁补偿款的诉讼请求，不予支持。

潘小聪的案子公之于众后，使得何花的诡计也被拆穿了，她的拆迁补偿资格被发回重审，不能再多算面积了。在这种情况下，潘小聪对何花而言已经没有用了，何花干脆就跟他离了婚，还把给他的那1万元要了回来。潘小聪这边虽然离了婚，但那边周红已经彻底不理他了，两人也没了复婚的可能。

这时，潘小聪才发现，自己看似左右逢源，既有真老婆还有假老婆，既有宅基地还有厂里的房，什么都能占上，但到最后却竹篮打水，什么都没落下，身边一个老婆都没了，拆迁补偿款也给了别人。想到这里，潘小聪真是欲哭无泪啊。可这又能怪谁呢？真是“假作真时真亦假，无为有处有还无”。

人与人之间，尤其是朋友、恋人、夫妻之间经常会通过互相赠与东西来增进感情。本案中的67号宅基地当初由潘小聪赠与周红，后来又由周红赠回潘小聪，最后变成300万元补偿款由潘小聪再次赠与了周红。可他们夫妻的感情非但没有在赠来赠去中增加，反而彻底破裂了。而潘小聪当初跟周红真结婚，又假离婚；等到后来他跟何花假结婚了，又真离不了婚了。真真假假，假假真真，潘小聪钻这个空子，钻那个空子，却把自己给套进去了，没了宅基地，没了钱，没了老婆——哪怕是个假老婆，成了天底下最冤的那个冤大头。可见，人呀，还是不能动歪心眼。千万不要为了金钱或者其他利益，迷失本性，出卖自己的感情、婚姻、人格。否则，只能自作自受了。

神秘的表姑

关键词　合法收养与拐骗的区别　赡养义务的界定

2011年秋天的一个清早，下河村的一家农户门口传来了激烈的争吵声。只见一个三十多岁的妇女正把一个老太太往门外推，边推还边生气地说："赶紧从我家走，我再也不想看见你了。"那个老太太抓住门框苦苦哀求着："别赶我走呀，莫莉，求求你了。"

路过的村民看到这一幕，都觉得奇怪。这老太太不是莫莉的表姑王亚菊吗？自从半年前莫莉的母亲去世后，莫莉年逾古稀的父亲老莫也病倒了。莫莉离婚后自己带着个孩子，又要照顾父亲，又要打理家里的小诊所，如果不是这位表姑在老莫家照应着，莫莉早就垮了。听说，老莫上周又病重住院了，王亚菊六十多岁的人了还起早摸黑地给老莫熬药炖汤，忙得人都瘦了一圈儿。

可莫莉为什么现在要把老太太撵走呢？真是太不讲理了，也太没良心了。听到村里人这样议论，莫莉很委屈。她是有苦难言，这个表姑是帮了她们老莫家不少忙，但也正是她害得老莫家变成如今这样。

4年前，莫莉离婚后，就带着女儿回到了下河村的娘家。护校毕业的她，顺理成章地照看起了父母开的小诊所。小诊所的盈利虽然微薄，但也足够养家了，莫家老少四口过得很平静。

但是，这种平静在两年前的一个晚上被打破了。莫莉清楚地记得，那天晚上，父亲老莫突然把一个老太太领回家，介绍说：这个老太太叫王亚菊，是自己小姨家的女儿、莫莉的表姑。因为老伴儿死了，又没有孩子，孤苦伶仃怪可怜的，以后就跟着咱们过了。

老莫的小姨远嫁到了内蒙古，跟老莫家几乎没什么走动。所以，莫莉自小就没见过表姑，这是第一次见。然而，莫莉总觉得有点不对劲儿：这个表姑为什么不跟着自己的亲兄妹过，而要跟着没什么走动的表哥一家过呢？而且莫莉还发现父亲对表姑的态度很奇怪，没有平时对亲戚的那种热情随和，反而客气得有些生分，还总是一副心事重重的样子。而母亲看着表姑时，总像是在时刻警惕着什么。总之，这个突然出现的表姑给莫莉一种神秘莫测的感觉。莫莉觉得，她不是一个一般的表姑。

不过，这个表姑倒很勤快，经常帮老莫一家干活，尤其是喜欢为莫莉和莫莉的女儿忙前忙后。表姑对莫莉母女那是格外好，自己舍不得吃、舍不得穿，却经常从微薄的积蓄里拿出钱来给她们买这买那。表姑还喜欢长时间盯着莫莉看，目光是那样的专注、那样的热切，叫莫莉不免有些慌乱。尤其是当莫莉察觉到母亲对表姑的这种目光很不满时，她就更加不知所措了。

表姑来了以后，莫莉的父母就变得爱吵架了。莫莉听不清他们在吵什么，只觉得肯定跟这个神秘的表姑有关。半年前的一个深夜，莫莉听到父母的房间又传来了吵架声。这次似乎比以前任何一次都更激烈。莫莉担心出事，从床上爬起，走到父母的窗户下。她隐隐约约就听到母亲怒不可遏地嚷着什么“她不走，我就走”，还嚷着什么“我不能让她毁了我的家”。父亲也很激动，说什么“别忘当初怎么说的”。忽然，“咚”的一声，就听父亲惊叫了起来。

莫莉心想：“不好！出事了！”赶紧敲开门。然而，不幸已经不可避免地发生了。她的母亲因为情绪过度激动，突发脑溢血倒在了地上，并且永远离开了他们。莫莉母亲的死对老莫的打击非常大，他的精神一下就垮了，很快也病倒了。

莫莉将一切都归咎到了表姑身上。她总觉得这个表姑神秘面纱的背后刻意隐藏着什么。而就是这刻意隐藏起来的东西造成了家里接二连三的不幸。那么，表姑到底隐藏了什么呢？

母亲去世后，早就心生怀疑的莫莉暗中打听了一番，得知：父亲嫁到内蒙古的小姨的确生了两个女儿，但她们都有儿有女有丈夫，一大家子生活在一起。也就是说，这个王亚菊根本就不是老莫小姨的女儿、自己的什么表姑！那她到底是谁？

想想父母对王亚菊的不同态度和争吵时说的话，莫莉对王亚菊的身份有了个初步猜测。为了验证自己的猜测，莫莉试探了父亲老莫几次。她跟老莫说，她不喜欢表姑，想让表姑走。但是，每次都被老莫否定了。老莫疲惫但却坚定地跟莫莉讲，表姑这辈子就在莫家养老了，哪儿也不会去了。

由此，莫莉基本可以断定：这个冒牌表姑王亚菊应该是父亲的老相好。要不，母亲也不会对王亚菊那么警惕，不会总是跟父亲争吵，不会说出“她不走，我就走”“我不能让她毁了我的家”这样的话，更不会气得脑溢血发作；而父亲也不会总是护着王亚菊，还一心要给她养老。

想到这些，莫莉对王亚菊简直忍无可忍。尤其是看到王亚菊忙着给父亲熬药炖汤，莫莉更是来气，心想：“这老太太气死我妈、把我爸折腾病了还不算，现在还要乘机显摆，是想正式上位吗？想得倒好。只要有我在一天，她就别痴心妄想！”

于是，莫莉坚持要把王亚菊赶走。老莫越不同意，莫莉就越觉得可疑，因而也就越坚持。一周前，父女俩在这个问题上又发生了争执。老莫一激动，病情立刻加重了。莫莉一看情况不好，赶紧叫车把父亲送进了医院。

望着躺在病床上昏睡不醒的父亲，莫莉很难过，同时她也更怨恨王亚菊了。于是，她下定决心，一定要赶走这个搞得她们家鸡犬不宁的祸害。现在父亲住院，再没人拦着她了，正是大好时机。莫莉说做就做，于是才出现了莫莉坚决要把“表姑”王亚菊赶出家门的一幕。

此刻，王亚菊抓住莫家院门的门框，死活不肯走，哀求莫莉让自己留下来。被缠烦了的莫莉冲着老太太喊道：“你把我妈逼死了，又把我爸逼得住了院。你再不走，我就去法院告你。”王亚菊听到这话，面如死灰，不由得脱口而出：“你要去告我?！好呀，去告吧！告到法院，恐怕要坐牢的会是你爸！如果你妈还在，那连你妈也要坐牢！”莫莉一听这话，气得大叫：“你胡说！凭什么?!”王亚菊一字一顿地说：“就凭他们亏欠了我！”

亏欠？坐牢？……王亚菊的话如同平地起惊雷，揭开了一段尘封了36年的往事。

36年前，王亚菊父母住在上河村，家里没有儿子，只有3个女儿。大女儿、二女儿相继嫁到了邻村，一年也回不了娘家一两次。王家二老身边只剩下还没出嫁的小女儿王亚菊。眼看着王亚菊马上25岁了，王家二老希望能为王亚菊招个入赘女婿，这样自己老了身边也有个人照应。

然而，就在王家二老给王亚菊积极找女婿的时候，王亚菊却怀孕了。孩子的父亲是同村的一个有老婆的男人。他跟王亚菊交往，纯属图新鲜、找乐子，根本就没想过离婚娶她。看到弄出事来，这个男人吓坏了，他给王亚菊偷偷塞了点钱，让她赶紧把孩子打掉。王亚菊当然不愿意，非要这个男人娶她。在跟这个男人的吵闹中，王亚菊的肚子渐渐大了起来，眼见怀孕5个月了，更糟糕的是她还出现了腹痛和出血的症状。这个男人怕闹出人命，就赶紧溜了，带着老婆一起跑到外省大城市打工去了。

事到如今，王家二老只得一方面在村里替王亚菊遮着未婚先孕的事，让她在家里躲着别出去；另一方面劝说王亚菊不如早点把孩子打掉。王亚菊却觉得有孩子在，那个男人就会回来对她负责的，于是怎么也不肯打掉孩子。为此，她跟父母争吵不断。

在一个躁热的下午，已经怀孕7个月的王亚菊又跟父母发生了争吵。突然，她感到了剧烈的腹痛。王家二老赶紧把她往医院送。因为女儿是未婚先孕，不能让村里人知道，王家二老便把女儿送到了10里地外下河村老莫夫妇开的小诊所里。

到了诊所，王亚菊已经出现了早产征兆，情况十分危急。老莫夫妇全力抢救，终于保住了王亚菊的性命，然而婴儿却保不住了。老莫夫妇告诉王亚菊，是个女孩，生出来就死了。

事后，为了让女儿忘记过去，避开村里的议论，重新生活下去，王家二老放弃了招上门女婿的想法，一心想把女儿嫁得远远的。于是，他们急匆匆地给女儿在外地寻了门亲事。而王亚菊在知道孩子死了后，也没了指望，觉得再也等不回那个男人了，便同意了这门婚事。于是，王亚菊离开了上河村，远嫁他乡，而这一去就是三十多年。

由于路途遥远，加上不愿再回到这个让她受尽伤害流尽泪的地方，这三十多年间王亚菊只回来过几次，其中有两次还是为她去世的父亲、母亲办理后事。

然而，在两年前，一直不愿回老家的王亚菊又回到了上河村，并且打算从此长住这里，不再走了。

原来，王亚菊嫁到外地后，又生了个儿子。但是，这个儿子长到十来岁的时候，去河里游泳，溺死了。王亚菊中年丧子，悲痛异常。好在她的丈夫是个老实的庄稼人，对她一直都不错。不过，两年半前，她的丈夫也病死了。丈夫的同宗欺负她是一个人远嫁到这儿的，死了儿子，又没了丈夫，便把她家的地和宅院都占了去。孤苦无依的王亚菊在村里待不下去了，便又回到了自己的老家。因为这里还有她死去的父母留下的老屋。王亚菊在老屋里住了下来，想着就这样一个人凑合着过吧。

一天，王亚菊去镇上赶集，无意中看到了老莫夫妇。虽然三十多年过去了，年近七十的老莫夫妇老得都变样了，她还是认出了他们。王亚菊当初的命可以说是全赖这对夫妇才保下来的。于是，王亚菊走上前去，准备跟老莫夫妇打个招呼。然而，她刚迈出第一步，就像被雷劈了一样，呆住了！

因为她看到在老莫夫妇旁边走着一个带着孩子、30岁出头的妇女，眉眼像极了当年那个让自己未婚先孕又跑没了的男人。凭着母亲的直觉，她感到这个妇女应该是自己那个一出生就死去的女儿。

为了进一步证实自己的想法，王亚菊没有上前打招呼，而是偷偷地在后面跟着这一家人。几天跟踪下来，王亚菊更坚信自己没看错，这个30岁出头的妇女就是自己当年死去的女儿。于是，趁着只有老莫夫妇在诊所的时候，王亚菊敲开了房门，走进了这个当年自己女儿“死去”的地方。

看到消失了这么多年的王亚菊突然又出现在了面前，老莫夫妇吃惊极了。听到王亚菊说莫莉是她的女儿，他们更为震惊。老莫夫妇坚决否认了王亚菊的说法，异口同声地说：莫莉就是他们的亲生闺女，莫莉怎么可能跟那个抛弃王亚菊的男人像呢？这么多年了，你王亚菊大概已经不记得那个男人长什么样了吧？

难道真是时间太久，王亚菊记不清楚，又老眼昏花，认错了人？然而，王亚菊永远都不会忘了那个男人长什么样。她还是认定莫莉就是自己的女儿。听说，那个男人自从带着老婆去大城市打工后，就在当地住下了，很少回村，现在想找到那个男人来跟莫莉比对长相是不可能的。那么，还有什么能验证这种血缘关系呢？王亚菊思前想后：对了，亲子鉴定！

于是，王亚菊又找到了老莫夫妇，要求做亲子鉴定，来验证莫莉跟自己的关系。老莫夫妇当然不愿意，他们说王亚菊胡搅蛮缠说昏话。王亚菊却说："你们要是不敢做，就是心里有鬼。我一定要做这个亲子鉴定。你们拦着，我就去找你们村长、找镇长、找法院！"

眼见王亚菊不依不饶，不肯罢休，这事情要闹大，闹到莫莉、全村甚至全镇的人都会知道，老莫夫妇沉默了许久，终于开了口，讲起了当年的那个晚上和那个"死去"的婴儿。

那天晚上，怀孕7个月的王亚菊早产生下了一个女婴。由于王亚菊在怀孕时情绪不稳，出现流产征兆，这个孩子在胎里就先天不足，再加上早产，因而一出生就奄奄一息，眼看就不行了。老莫夫妇见孩子没什么希望了，也放弃了抢救。为了不让女儿伤心，王亚菊的父母便央求老莫夫妇告诉女儿，孩子一生下来就死了。随后，他们便带着产后虚弱无力的王亚菊离开了诊所。

老莫夫妇送走王亚菊一家后，转脸看到孩子还没断气，身体还有温度，于是便死马当活马医，又开始抢救这个孩子。这一抢救就是一个多月。这期间，孩子也是几次看着都不行了，但总是一口气不断，还是回转了过来。最后，这个命大的孩子终于熬过了危险期，活了下来。

然而，孩子虽然活了下来，老莫夫妇却发现他们已经无法把她送回王家了。

原来，在孩子度过危险期后，老莫曾去王家报信。当他走到王家门外时，看到的却是王家在准备王亚菊远嫁的喜事。老莫在王家的墙外抽了足足半盒烟，内心是百般纠结。因为在这个时候把孩子活下来的消息告诉王家，不但会毁了王家的喜事，让王亚菊很难做人，更重要的是对这个孩子恢复不利。这个早产的孩子，别看现在暂时脱离了危险，但还需要下一步更细致更长久的看护。而王家既没有这个条件，恐怕也没有这份心情。

老莫夫妇思来想去，最后决定隐瞒此事，把这个孩子当成自己的孩子养，取名为莫莉。他们当时也都三十四五岁了，一直没有自己的孩子，而一个多月的抢救已经让他们对这个脆弱但顽强的小生命产生了很深的感情。

下河村和上河村隔得比较远，老莫一家从不去上河村。而王家二老在三个女儿都外嫁后，也很少出门，后来又相继去世。王家这边只剩下老屋，已经没人了。至于孩子的生父，早就带着老婆跑到大城市过小日子去了。这事便得以瞒了下来。老莫夫妇也从未给莫莉讲过此事，莫莉一直以为自己是他们的亲生闺女。

王亚菊听老莫夫妇讲完事情的经过，放声大哭说："你们自己没有孩子，就拐骗走了我的孩子。你们知道我这么多年每次想起她有多难过吗？你们瞒着我做这种事，就不怕坐牢吗？"老莫一听就生气了，说："你胡说什么？什么拐骗？我们这是收养了莫莉。我们做的是好事，是为了王家好，为了你好，更是为了孩子好。怎么会坐牢呢？"

那么，王亚菊说老莫夫妇拐骗了自己的孩子，有没有道理？老莫夫妇的所作所为算收养吗？他俩到底做的是一件好事，还是一件要坐牢的坏事？

律师说法：合法收养与拐骗的区别>>>

根据收养法的规定，当时的莫莉并不符合被收养的条件，她的生父母都在，不属于被收养的对象。所以，虽然老莫夫妇一直在抚养莫莉，但并不构成法律上的收养关系。而老莫夫妇在三十多年的时间里，故意隐瞒孩子仍活着的事实，其行为已属于法律规定的拐骗儿童。拐骗儿童，就是指以欺骗、引诱或者其他方法，使不满14周岁的儿童脱离家庭或者监护人的行为。这是触犯法律的行为，需要承担相应的刑事责任。

法条链接>>>

●《中华人民共和国收养法》

第四条　下列不满十四周岁的未成年人可以被收养：

（一）丧失父母的孤儿；

（二）查找不到生父母的弃婴和儿童；

（三）生父母有特殊困难无力抚养的子女。

在私下咨询了律师后，老莫夫妇也认识到自己这样做确实是触犯了法律，他们很害怕。对此，王亚菊大度地表示，看在当年老莫夫妇救了自己一命又把莫莉抚养长大的分上，她可以不追究这事。只要老莫夫妇把女儿还给她，让她能跟女儿一起生活就行了。

老莫夫妇跟莫莉生活了这么多年，早就离不开她了，当然不愿意把莫莉还回去。看到王亚菊现在一个人住在破败的老屋里，只靠很少的一点积蓄过日子，没有其他经济来源，老莫夫妇便跟王亚菊商量：他们愿意在去世后把经营一辈子的小诊所和全部积蓄都留给莫莉，让她能过得安稳；他们也愿意把王亚菊接到莫家，让莫莉为她养老送终；但是，有一个条件，就是莫莉必须是莫家的女儿，谁都不再提莫莉的身世。

想到自己微薄的积蓄连自己都养活不了多久，想到莫莉要依靠小诊所为生，想到离了婚的女儿还要抚养外孙女，想到自己把女儿强要回身边只能拖累她……王亚菊最终还是答应了老莫夫妇的提议。

为了不让莫莉起疑，双方便商定王亚菊以莫莉表姑的身份进入莫家。于是，神秘的表姑王亚菊便踏进了莫家，从此莫家的宁静也被打破了。

这个家确实比王亚菊的老屋温暖敞亮得多，更重要的是这个家有王亚菊的女儿和外孙女。她是多么爱她们娘儿俩呀。她为她们娘儿俩忙东忙西，买这买那，深情地看着她们出来进去。

然而，王亚菊的举动却引起了老莫夫妇尤其是莫莉养母的担忧，甚至不满。莫莉养母怕王亚菊这样下去，莫莉迟早会知道一切，怨恨他们的欺瞒，弃他们而去，因为他们跟莫莉毕竟不是血缘至亲。她后悔让王亚菊进入自己的家门，她想撵走这个安全隐患。然而，老莫不同意。因为如果不遵守当初的约定，王亚菊就会把莫莉的身世捅出去。到那时，他们不仅会失去莫莉，还可能要坐牢。于是，老莫夫妇因为王亚菊经常发生争吵。在一次激烈的争吵中，莫莉的养母突发脑溢血，离开了人世。

老伴儿的死对老莫的打击很大，同时他也一直在担心当年的事会败露。不久，他便忧思成疾，病倒了。而莫莉却三番五次地跟父亲提出，要撵走王亚菊。老莫有口难言，只能一再反对。没想到，莫莉却越来越坚持。老莫一激动，病情加重，住进了医院。

王亚菊知道这一切都跟自己有关，有些过意不去，于是更加勤快地忙里忙外，熬药炖汤。虽然累瘦了一圈儿，可是她愿意，因为这也是在帮自己的女儿呀。然而，她万万没想到自己的女儿竟然要撵自己走，还说要去告自己。伤透了心的王亚菊终于忍不住了，她要告诉莫莉到底是谁该被告，谁亏欠了谁！

知道了真相的莫莉，心中乱成了一团。她来到了老莫的病床前，看着他布满吊针眼的苍老瘦削的双手，眼泪一下流了出来：是这双手把自己从死亡线上拉回来，是这双手一把屎一把尿把自己拉扯大，是这双手在自己离婚后把自己接回家。还有逝去的养母，也是一样全心全意地照顾自己，爱护自己。至于王亚菊，这个两年前突然出现在她家的人，先开始让她感到陌生神秘，后来让她感到惶惑不安，再后来让她感到憎恨厌恶，可是她——居然是自己的亲生母亲！

莫莉一时难以接受带给她这么多变故的生母。她考虑了许久，告诉王亚菊说，她还是希望王亚菊能离开莫家，还莫家以平静。王亚菊却说，她不走，她就是要跟莫莉生活在一起，她现在就剩莫莉这么一个亲人，莫莉应该陪着她，为她养老送终。然而，莫莉却没有答应。

因为害怕被女儿抛弃，孤独一人老死在外，王亚菊想起运用法律手段保护自己。她起诉到法院，要求女儿莫莉陪在身边，尽赡养义务。莫莉没想到自己会被王亚菊告，她又急又气，反驳说，自己从出生就是老莫夫妇养大的，跟王亚菊没什么关系，王亚菊没抚养过自己，自己也没义务赡养王亚菊。

听起来，两个人各有各的道理。那么，法院会如何判呢？

律师说法：赡养义务的界定>>>

首先，要弄清楚莫莉对王亚菊是否有赡养义务。因为老莫夫妇对莫莉并不构成法律上认可的收养关系，所以，法律所定的“养子女与生父母及其他近亲属间的权利义务关系因收养关系的成立而消除”的规定，并不适合王亚菊和莫莉。从法律上讲，王亚菊还是莫莉的母亲，莫莉依然有义务赡养自己的母亲。

看着法庭上一脸委屈、哭成泪人的莫莉，王亚菊心疼了。为了不让女儿难堪，也为了不让女儿难过，她当庭撤诉了，并于当晚主动搬出了莫家，孤独地回到了自己的老屋。

第二天，莫莉来到医院看望养父。躺在病床上的老莫劝她把生母接回来。老莫摸着莫莉的头对她说：“你养母去了，我也没几天了。有个人照顾着你，我和你养母都会安心的。去吧，去把你妈妈接回来吧。别让她那么大年纪还在外面一个人飘着。她这一辈子也不容易呀。一家人在一起比什么都好。”

莫莉听到老莫的这番话，眼泪刷刷地往下流。她起身向门外走去。她终于想明白了：不管是养父还是生母，不管有没有养她多少年，那都是爱她的家人。她怎么能看着家人在外老无所依、孤独而终。她要把妈妈接回来，一家人在一起比什么都好！

在这出悲喜剧中，莫莉是所有矛盾产生的源头，也是所有爱汇聚的中心。因为害怕对小莫莉恢复不利，老莫夫妇才没有把她交给待嫁的生母，而是自己担起抚养的重任；因为担心女儿跟着自己吃苦，王亚菊才放弃相认，以表姑的身份进入莫家，默默地照顾莫莉娘儿俩；因为不愿失去莫莉，老莫夫妇才不停争吵，甚至发生了悲剧；因为不忍女儿为难，王亚菊才当庭撤诉，独自回到老屋生活；因为希望多个人照顾莫莉，老莫才劝说莫莉接回亲生母亲……无论是老莫夫妇，还是王亚菊，他们都是世界上最爱莫莉的人，也都是莫莉最亲的家人。而团聚对一家人而言是最幸福的结局。

一场没有父亲的生育

关键词 遗传学上的父亲与法律上的父亲

2011 年 5 月的一天，一大早金家大院就锣鼓喧天，喜气洋洋，鞭炮声不断。因为这天是金家的独生子金家旺娶老婆的日子。人们都兴高采烈地挤在金家大院里看热闹，不断地哄笑着，金家上下更是乐开了花。

就在喜庆的气氛随着婚礼的进行越来越热烈、即将达到沸腾的顶点时，突然闯进来了两个女人。而这两个女人一出现，喧闹的婚礼现场顿时就静了下来，静得是那么古怪，那么让人不安。金家的亲友邻居都面面相觑，不敢言语；金家旺和他的父母更是脸色一沉。还没等金家旺开口，金老太就抢先发话了，她冲着那两个闯进来的女人冷冰冰地问："你们来干什么?"

两个女人对于这样的冷遇似乎早有准备，显得不慌不忙。其中一个比较年轻的，竟然一笑，对着金老太甜甜地叫了声"妈……"金老太一听，赶忙呵斥说："玲子，你可别这样叫我。你跟我儿子早就离婚了。我们金家已经没有你这个儿媳妇了。"

原来，来的这两个女人，比较年轻的那个是金家旺的前妻玲子，另一个是玲子的表姐。自从玲子一年多前跟金家旺离婚、回了县里的娘家后，大家就再没有见过她。而今天——金家旺再娶的日子里，许久不见的玲子突然出现，让在场的人都觉得有些紧张和不安。

听到金老太呵斥自己，玲子却一点都不生气，反而笑眯眯地吐出了一句话："妈，你们金家有没有我这个儿媳妇，等您二老看了自己的亲孙子再说吧！”

什么？亲孙子！人们一听这话全愣住了！大家都知道，金家旺之所以跟玲子离婚，就是因为玲子一直生不出孩子。金家三代单传，最看重的是后继有人。这才又娶了一个新的儿媳妇。可是，这亲孙子又是从哪冒出来的？

这时，大伙儿才注意到，玲子表姐手里横抱着一个包裹，似乎是婴儿的襁褓。玲子把包裹转过来展示给大家看，里面果真躺着一个几个月大的婴儿，虎头虎脑的，应该是个男孩。只听玲子高声说：“爸，妈，这就是您二老的亲孙子！金家旺，这就是你的亲儿子！”这话一出，众人像炸了窝一样议论了起来。

新媳妇小兰在旁边已经忍了半天了，此刻再也忍不住了，瞪着金家旺问道：“你什么时候跟你前妻生了孩子？你不是说，你前妻不能生，你们才离的吗？这孩子是怎么回事？”

金家旺这会儿也似乎懵了，急急火火地说：“这，这……这不可能。自从她上次怀孕流产到我们离婚，我就没碰过她。离婚后，我也没再见过她。她怎么可能怀上我的孩子？再说，当初就是因为她不能生，才离的。要是她怀上了，我们也不能离呀。”

那么，这到底是怎么回事呢？

金老太好像突然转过弯来，气得指着玲子说：“我儿子就没碰过你，你怎么可能怀上他的孩子呢？一定是你气不过我儿子又结婚了，弄个别人家的孩子来这儿闹事！你自己生不了，还不想让我儿子再娶老婆生。你存的什么心呀？”大家听了这话，好像也明白过来了，纷纷指责玲子不该这样破坏前夫的婚事。

面对这些指责，玲子不但没有一丝惭愧，反而昂起头大声说：“这孩子就是我和金家旺生的！至于什么时候怀的，当然是金家旺跟我闹离婚那阵。那阵子他经常喝得醉醺醺的，做了什么恐怕他自己也记不得了。我离婚时也没发现自己怀孕了，离婚后才发现的。”

然而，大家还是有些疑惑：既然玲子怀了孩子，为什么不早告诉金家，非要等到现在金家旺另娶的时候才来说？

玲子振振有词地说，她前三个孩子都是怀了一个月就流产了，这次她就想等生下来再说。而孩子生下来后，身体一直不好。她本想等孩子情况稳定了再来找金家，没想到却听到了金家旺再婚的消息，便提前赶过来了。讲到这儿，玲子转向金家旺说："你还记不记得，你们家说，只要我生出你的孩子，我们就复婚！我今天就是带着孩子来跟你复婚的！"

金家旺一听这话，急得涨红了脸，嚷道："这孩子不可能是我的。你凭什么说他是我的？"玲子瞪着金家旺说："要是你的怎么办？"金家旺气晕了，随口喊道："要是我的，我就认了。我就不信，你能生出我的孩子！"

金家旺情急之下，口不择言，却让新娘小兰忍无可忍了。她冲着金家旺说："你认什么认?！原来你还存着跟你前妻复婚的心。你把我当什么人了！这还结什么婚呀？我不嫁了！"说完，把袖子一甩，就往外走。小兰的娘家人因为玲子带孩子来闹事，已经面子上挂不住了；这会儿又听说了这个复婚的约定，更是恼火。见小兰一说不嫁，娘家人便"轰"地起身都跟着小兰走了，金家是怎么劝也劝不住。

看到喜事变成这样，金家二老便冲金家旺发火："你媳妇怀没怀孕，你都不知道吗？搞成这样，让人笑话！"金家旺觉得自己真是跳进黄河也洗不清了。他上前一把抓住玲子的手臂说："离婚那阵子，我虽然心里烦，总喝酒，但我做什么没做什么，心里清楚得很。我就没碰过你，你怎么就怀上我的孩子了？你一定是拿别人的孩子坏我的事。走，咱们现在就去做亲子鉴定，还我个清白！"

然而，金家旺的清白注定是还不了了。因为亲子鉴定的结果证明：金家旺就是孩子的亲生父亲！

结果一出，盼孙子盼得眼都直了的金家二老连骂自己儿子糊涂，说儿子几口酒喝得连儿媳怀孕了都不知道，还闹离婚，让金家的孙子在姥姥家孤零零地出生，这么大了爷爷奶奶都没见过。更糟的是，这头儿还另娶了一个媳妇。真是糊涂人办糊涂事呀！

可金家旺总觉得哪儿有点不对。一是虽然自己有时会喝得有点迷糊，但碰没碰过玲子，他记得还是很清楚的。二是对于玲子怀孕，金家旺也很疑惑。三代单传的他跟玲子一结婚就想要孩子，可总是要不上。一检查，玲子患有不孕症。7 年了，不知吃了多少药，用了多少办法，总是失败，让急盼孩子的他和他的父母都彻底灰心，这才离了婚。怎么偏偏就在离婚后生下了孩子呢？但是，面对白纸黑字的亲子鉴定结果，金家旺也只能怀疑自己的记忆力和医生对玲子的诊断了。

更让金家旺烦恼的是小兰那边。他对小兰是有感情的，选择小兰也是很慎重的，并且他和小兰已经领了结婚证，虽说婚礼没举行完，但已经是法定夫妻了。可是，小兰跑回娘家，根本不见他。本来他还指望着亲子鉴定结果能帮他摆脱困境，现在看来是雪上加霜了。

不过，金家旺现在也没法把小兰接回婆家，因为玲子住进来了。金家二老虽然埋怨玲子坏了儿子的喜事，让金家丢人，但一看到虎头虎脑的孙子，便什么都忘了。因为玲子不孕，老两口急坏了，这才逼儿子离婚另娶，还撂下话：“玲子生不出孩子，就必须离；只要生出孩子，既使离了也能复婚！”现在，玲子给他们生下了孙子，在他们看来，比起那个没进门的小兰，玲子才算是真正的金家儿媳。因此，玲子便带着孩子又住回了金家。

金家老两口有孙万事足，整天抱着孙子亲来亲去。可就在这亲来亲去中，老两口发现有些不对了。

按照玲子的说法，离婚的时候她就怀孕了，那么这孩子现在应该有 5 个月了。可是，跟同龄的婴儿比起来，孩子明显各方面都不足，倒像是 3 个月左右的样子。看着别人家差不多大的婴儿健壮结实的模样，老两口便担心起来：玲子为了治不孕症曾吃过不少药、接受过不少治疗，怀孕时又离了婚，心情也不好，可别因为这些，生出个带病的孩子，那可就麻烦了。

老两口把他们的担心跟玲子一说，玲子的神情突然慌乱了一下，但她很快就笑着解释说，孩子是因为身体不太好，所以发育慢一些。玲子还反复强调，她当时是去县城最好的妇产医院生的，产后又在那个医院住了一个月，给孩子接生、检查的都是医院里技术最好的医生，医院已经给孩子全面检查过了，绝对没什么问题！

尽管玲子这样说，可是老两口还是担心，毕竟金家是三代单传，但玲子明显不愿再提这茬儿了。老两口便决定瞒着玲子带孩子去医院再看一下。于是，一天上午，老两口借口带孩子出去玩，到了县城，找到了玲子说的生孩子的那家医院，进行检查。

然而，一检查不要紧，竟查出了一个惊人的秘密。

当时，老两口把孩子抱到医生跟前，对医生说，这孩子5个多月了，但不知为什么个子小，他们想给孩子查查看。医生仔细地检查了孩子的身体说："从发育情况看，这孩子不像是5个多月的，倒像是3个多月的。你们是不是弄错出生时间了？""这哪能弄错呢？"老两口说，"我们家孙子是在你们医院出生的，住了一个月才出院的。"医生算了算时间，说出了一句让老两口吃惊的话："按你们所说的这个时间，你家孙子出生前几天，正好我从门诊轮到住院部上班，那段时间没有一对母婴住院一个月呀。"看着老两口又惊又疑的表情，医生又打电话给住院部核实了一下，然后很确定地告诉他们，那段时间确实没有新生婴儿住院一个月。老两口根本不信，赶忙报出了儿媳的名字，说自己儿媳就是因为这家医院技术最好才来这儿生的，是不是医院弄错了，医生记错了？

然而，事实让老两口都惊呆了！在医院既查不到孙子的信息，也查不到玲子的信息。也就是说，玲子根本就没有来这家医院生孩子！

老两口想知道，玲子为什么要说谎骗他们？明明没在这家医院生孩子，却说在这家生的。老两口更想知道，自己的孙子到底是什么时候出生的？怎么不像5个月大的？但这些事，他们不可能去问儿子金家旺。这金家旺连媳妇怀孕都弄不清楚，还能弄清楚什么。他们更不可能去问玲子，因为玲子很明显在隐藏着什么。那么，玲子到底在隐藏着什么呢？

老两口决定先不动声色，暗中进行调查。他们找到了玲子娘家的一个老邻居。据老邻居说，去年玲子确实怀孕了，但总是待在屋里养胎，她也只是串门时见过玲子几次，挺着肚子，但她也不清楚玲子什么时候生。不过，老邻居又说，她觉得那孩子应该是春节生的，因为春节时她去玲子娘家拜年，发现她们家没人，想来应该是玲子生了，都去医院照顾了。

春节生的，那就是2月初了。如果是2月初，那么这孩子3个月大，符合医生的判断，也符合同龄婴儿的发育标准。可玲子为什么要说这孩子是去年12月初生的呢？

不好！老两口突然想到，如果孩子是12月初生的，那么这孩子就是金家旺与玲子准备离婚那阵子怀的；如果是2月初生的，这孩子便是金家旺与玲子离婚两个月后怀的。而玲子跟金家旺一离婚就回了娘家，从此以后她跟金家旺分处两地，互不来往，根本就没在一起过。

那么，玲子怀的又是谁的孩子？

金家二老想到这里，眼前一黑，险些晕倒。这疼了半天的心肝宝贝有可能根本就不是自己的亲孙子。这个玲子是不是为了重返金家，不顾一切，去怀了别人的孩子？但是，为什么亲子鉴定又证明孩子就是金家旺的骨肉呢？

到了这个时候，金家二老觉得有必要跟金家旺好好谈谈了。于是，他们把自己调查得来的情况一五一十都告诉了金家旺。金家旺一听就火了，他恨恨地说，玲子这个女人真是太可怕了，居然跟自己玩儿这一套。他就说他虽然喝多了些，但不至于做没做都记不得。

但老两口提醒他说，那个亲子鉴定可证明孩子是金家旺的亲生骨肉。金家旺又仔细想了想亲子鉴定的事。对于亲子鉴定，金家旺以前听说过，但他从来没有想过自己会去做这样的鉴定。他是在和小兰的婚礼上，被玲子带孩子逼的，不得已才想到以这种方式证明自己的清白。可是，亲子鉴定该去哪里做、怎么做，金家旺是一点都不了解。金家旺记得，当时是玲子说某家机构可以做亲子鉴定。自己一心想赶紧做了，洗清冤枉，也就没多想，便跟着玲子来到了这家机构。

现在，金家旺再前后仔细回想这件事，觉得心眼一向就很多的玲子，事先早就料到事情会走到亲子鉴定这步。这本是她绕不过去的坎儿，但她也可以把它变成支持她的最有力的证据。一定是玲子事先买通了那家做亲子鉴定的机构，出了一个假结果。

想通了这一层，金家旺不由得直打自己的脑袋，懊悔地对父母说："我咋就这么笨呢？就这么稀里糊涂地上了玲子的当。我们都被这个心眼多的女人算计了！"

于是，金家旺在第一时间冲到了小兰家，他要把父母的发现和自己的想法都告诉小兰，希望小兰能明白事情的真相，跟他重归于好。

到了小兰家，不明真相的小兰依然还是不见金家旺，小兰的父母对金家旺的态度也很冷淡。金家旺一看这状况就急了，他"扑通"一下就跪在了岳父岳母的跟前，把事情的来龙去脉都讲了一遍。小兰的父母听完后，恍然大悟，明白自己错怪了女婿，赶紧就把金家旺扶了起来。

小兰妈妈走到女儿的房间里，跟小兰说了一遍事情的原委。其实，小兰早已经不像当初那么气了，她对金家旺还是有感情的。当时的生气、难过也是因为她爱金家旺，所以接受不了玲子的这件事。小兰平静下来以后，想想自己跟金家旺从认识到现在的交往，觉得金家旺的为人还不至于这么糊涂和不负责任。她也觉得玲子的事有些蹊跷和古怪。

现在，听妈妈这么一说，小兰就觉得所有的疙瘩都解开了，心里立刻敞亮了起来，也舒坦了起来。她走出房间，对金家旺说："家旺，我还是相信你的，也希望你能好好处理这件事。去吧，我等你完事后回来接我。"金家旺喜出望外地说："好！我一定很快就来接你。我现在就去把玲子跟那个不知哪儿来的孩子撵走！"

然而，面对金家的气愤和驱逐，玲子却一口咬定，这孩子就是金家旺的，金家旺必须按照约定跟她复婚。

金家旺气得指着玲子说："你简直就是个疯子！看来，你是不见棺材不落泪。我现在就去再做一次亲子鉴定。看看他到底是谁的孩子？"于是，金家旺自己选了一家机构，抱着孩子去做了鉴定。因为怕玲子再生出什么花样，他没让玲子跟自己一起去，也没告诉玲子自己去了哪家机构。金家旺觉得这次鉴定一定能证明自己的清白，从此就能跟这个疯女人和这个不知爹是谁的孩子划清界限。

然而，鉴定结果出乎意料。鉴定证明，这个孩子的亲生父亲就是金家旺！看着鉴定书，金家旺简直不敢相信自己的眼睛。他一不做二不休又去了另一家亲子鉴定机构。结果还是一样，孩子的亲生父亲就是金家旺！

这下金家旺简直要疯了。自从离婚后，他就再也没有见过玲子，这个受孕于离婚两个月后的孩子怎么就成了自己的亲生儿子？金家老两口也觉得无法解释这种诡异的事件，这居然是场没有父亲的生育！小兰听说了，反倒显得比较平静，她劝金家旺再仔细想想，有没有什么遗漏的环节。

突然，金家旺想起一件事，恍然大悟地说："是它们！一定是玲子动用了它们才怀的孕。"那么，它们又是谁？它们怎么就能让玲子完成一场没有父亲的生育？

这要从玲子不孕说起。玲子不孕，试了很多方法，大都没什么效果。即便是曾经勉强怀上过两次，但不出一个月就都流产了。生殖中心的医生建议玲子和金家旺尝试试管婴儿。于是，二人抱着最后一试的态度接受了试管婴儿的手术。不久，玲子怀孕了，但一个月后又流产了。虽然医生说可以再移植一次胚胎试试，屡遭打击的金家旺已经彻底灰心了，不愿再试。于是，两人离婚。

按照医学惯例，采用试管婴儿技术，往往一次会培养成多个胚胎，但移植的胚胎数目不得超过 3 个。那么，剩余的优质胚胎就被置入零下 196℃的液氮中冷冻保存。在此期间，冷冻胚胎停止发育。一旦患者怀孕失败，它们则可能被"唤醒"，再次进行移植。当时，生殖中心的医生为金家旺和玲子培植了 7 个胚胎，并植入了其中两个。而剩余的 5 个胚胎就被冷冻了起来。

金家旺来到了当年接受试管婴儿术的生殖中心，通过查阅病历发现，果真在离婚后两个月，玲子来到这里要求动用冷冻胚胎再次怀孕。而那次怀孕获得了成功，玲子于今年 2 月初顺利生下了孩子。

可是，依据卫生部颁布的《人类辅助生殖技术管理办法》，胚胎植入必须在夫妻间进行，缺少一方签字都不行。对玲子这样的单身妇女是不能实施的。那么，玲子又是怎么完成这项手术的？

原来，离婚后，玲子一心想跟金家旺复婚，但是没有孩子，她就没有复婚的机会，而金家旺已经不可能跟她再要孩子了。这时，玲子想起了那5个冷冻的胚胎。只要把胚胎再次植入体内，她就可以完成一场不需要金家旺参与的生育。于是，玲子决定铤而走险，再试一次试管婴儿。

她做过试管婴儿手术，知道需要什么证件、办什么手续。于是，玲子伪造了相关证件，又找了一个跟金家旺长得比较像的人假扮金家旺，并模仿金家旺的笔迹签了字。就这样，玲子蒙混过关，获得了接受试管婴儿手术的资格，并成功受孕，最后生下了一个儿子。不过，孩子生下后身体不好，她便带着孩子在生殖中心又住了一个月，这才出院。

本来，玲子想等儿子再大一些，身体更壮一点，再去找金家旺复婚。没想到这时传来了金家旺再婚的消息，于是玲子带着三个月大的儿子赶来了。为了掩盖自己的行径，她就把怀孩子的日期提前了两个月，提前到她跟金家旺准备离婚的那几天，并谎称是金家旺醉酒后怀的孕，金家旺不记得了。

事情到此，真相大白，金家对玲子这样的处心积虑、不择手段都感到气愤。金家旺更是直接对玲子说，他不可能跟玲子复婚了，让玲子抱着这个未经他同意就生出来的孩子走。

玲子不干，她起诉到法院：一要金家旺履行当初所说的“只要她生出金家旺的孩子，他们就复婚”的复婚承诺；二要金家旺抚养这个孩子。

对于玲子的第一个起诉请求，金家旺不同意，而且法院也不会强行要求金家旺必须复婚，因为复婚如同结婚登记一样必须是自愿的。所以，这个请求是不会被支持的。

但对于玲子的第二个诉讼请求，争议就非常大。一个不争的事实是，金家旺确实是孩子的遗传学父亲。那么，金家旺是否必须要抚养这个孩子？

律师说法：遗传学上的父亲与法律上的父亲>>>

生活中绝大多数的父母既是遗传学上的父母，也是法律上的父母。但本案却有特殊之处。从遗传学上讲，金家旺是孩子的父亲。但是，从法律上讲，与从遗传学上讲就不一样了。因为金家旺是在不知情、没有参与的情况下“被迫”当父亲的，并不是出于自愿想做父亲。首先，金家旺作为遗传学上的孩子的父亲，与玲子共同拥有胚胎的处置权。其次，金家旺也拥有“不能被迫成为父亲”的基本权利，也就是生育选择权。即便是亲子关系成立，但没证据显示金家旺知情同意，亦无法认定金家旺是孩子法律上的父亲。因此，玲子要求金家旺抚养孩子，理由不成立。

法院经审理后，最终驳回了玲子的诉讼请求。

败诉后，玲子带着孩子灰溜溜地离开了金家，回了娘家。小兰与金家旺重新举办了婚礼，正式嫁入金家。一年后，小兰生下了一个儿子。做了母亲的小兰听说玲子带着孩子艰难度日、受尽嘲笑，于心不忍。而金家旺和父母看到了小兰的这个孩子，也总会想起那个未经同意就出生的孩子。于是，他们商量决定还是要资助一下玲子母子，毕竟孩子是无辜的。

第二天，金家二老便亲自来到玲子的娘家，把钱和礼物交到了玲子手上。玲子羞愧地哭了，孩子却笑了，一双大眼睛是那么明亮纯净……

生育权作为一种带有自然属性的权利，是公民的基本人权。在我国，生育权是指具有合法婚姻关系的男女依照法律规定享有决定是否生育、何时生育和生育子女数量的权利。随着两性观念的变化、生物工程的突飞猛进，新的生育技术已经向生育活动打开大门。生育权不再受技术的限制，但并不意味着就可以随意行使。

首先，男女双方在繁衍后代问题上享有平等的权利，双方都有权利选择生育或不生育，一方生育权的实现不得妨害另一方的生育权。从理论上说，繁衍后代是男女双方的共同行为，因此，该权利的实现应当是以双方协商为基础的两个人共同的意愿。暂且不论玲子已经离婚，无权动用冷冻胚胎，就是她瞒着金家旺自行怀孕，就严重违背了金家旺的意愿，侵犯了金家旺的生育权。

其次，公民应自由且负责任地行使生育权，即要考虑到子女的需要和对社会的责任。公民有生育的权利，但同时应当承担对家庭、子女和社会的责任。玲子为了自己能复婚不顾一切生下孩子，视孩子为筹码，无论是对孩子，还是对双方家庭、社会乃至她自己而言，都是不计后果的轻率行为。切记：生育权是自由的，也是需要负责的。

后　记

最好的相遇

2014年4月14日中午，在中央电视台新址做完CCTV-12《热线12》栏目直播，我来到一楼餐厅门口，准备进去用餐。就在这时，恰巧碰见了《法律讲堂》制片人权勇老师（我们私底下叫他“权叔”）。只见权叔面带微笑走过来，跟我握手说：“兄弟，你变化太大了！恭喜！”

能被权叔这么认可、得到这样的表扬，我实在没想到，感觉有点儿意外，便连忙说：“这都是台里带得好，得感谢我的主编刘念老师。”

望着权叔离开的背影，我思绪翻飞。短短几句寒暄，已经激起我心中无限的感慨……

2011年1月1日，第一期

2011年1月1日，新年第一天，中央电视台“CCTV-12”的标识加入了中文的频道名称，变成了“CCTV-12 社会与法”。而我在《法律讲堂》主讲的第一期节目——《一张祖宗画》就是在这一天播出的。

很多主讲人都说不敢回看过去的节目，我却恰恰相反。时至今日，我还经常回看这一期。也许是因为有太多的情感与情结在里面，我的QQ头像一直都是用的这一期的截图，而我的简历照片也选用的是它。虽然现在看来，在第一期中，我显得是那么青涩，甚至有些幼稚，但对于我来说，却有着非同寻常的意义。同时，它也是我的一面镜子，时常让我想起自己的不足，而努力去改进。

痛并成长着

推荐我进《法律讲堂》的是我的律师导师——郝惠珍大律师。她曾是《法律讲堂》的资深主讲人，获得过中央电视台“普法明星”的殊荣。郝律师不但业务做得好，而且特别重视培养年轻人，而我有幸成为了她的门生，并受益良多，以至于她开玩笑地对我说：“给你点阳光，你就灿烂。”

《法律讲堂》带我入门的是编导李妍老师。她的话虽然不多，但句句切中要害，让我痛并成长着。

还记得第一次见她，是在《法律讲堂》的老办公楼。那里没有电梯，得一层层爬上去。爬到四楼时，我看到了《百家讲坛》的办公区。那会儿的《百家讲坛》做得风生水起，倍受观众青睐。再往上爬到五楼，就到了《法律讲堂》的办公区。

第一次来到《法律讲堂》的办公区，我内心有些紧张。李妍老师看到我进来，便微笑着示意我坐下，给我倒了杯清水。等情绪稍稍平稳了些，我就拿出简历，递到她面前，开始介绍自己。李妍老师很认真地听完，给我的第一个点评居然是：“你的头一直在晃，普通话还可以。”

我这个汗颜啊！我做过校园闭路新闻的男主播、家乡广播电台的业余播音员，大大小小的演讲比赛、辩论赛没少参加，各种晚会、庆典也主持过不下几十场……看来，《法律讲堂》选主讲人比选播音员、主持人还严格！

一回到家，我就站到镜子前，努力修正着李妍老师指出的缺点。之后，试镜录了几次，自我感觉大有进步。

然而，正当我对自己的进步沾沾自喜的时候，李妍老师又给了我这样的点评：“你的形象没有特色，你的声音没有特色，你的讲述也没有特色。”

难道，我只能做一个没有特色的主讲人？我不甘心，我要突破这个瓶颈。

百里挑一

看过《法律讲堂》的人常说，这个节目讲的都是新鲜事儿。这就对了！《法律讲堂》副制片人苏大为老师曾说过：“我们就是要通过讲述吸引观众的案例，来实现普法的目的。如果案例不吸引人，观众换台不看了，还怎么普法？还怎么引人思考？”所以，《法律讲堂》一直追求的是稀奇而不离奇，新鲜而不狗血，出人意料之外，又在情理之中。

而要达到这样的效果，选题是第一关。选题是每期《法律讲堂》的起点，也是根本所在。选题好，往往意味着这期节目成功在望。

《法律讲堂》的每个选题，都是我从海量的原始案例中寻找、挑选出来的。这些原始案例，既有我亲自经办的，也有其他同行经办的，还有见诸报道的。我曾统计过，100 个原始案例，能挑出来做选题的不足 10 个；而做成选题，能通过审核的不足 4 个；审核过的选题写成稿子、录成节目、到最后播出，可能只有 1～2 个。这样严格的精挑细审，让我领教了传说中的“百里挑一”。

记得有一次，苏大为老师毫不客气地说：“姜律，你报的 4 个选题，我都给毙了！《法律讲堂》不缺好故事，需要的是有价值、有张力、有社会意义的好选题。”我很感谢苏大为老师，他让我明白了一个栏目的坚持，一个主讲人的标准。虽然选题被毙，是主讲人最不愿面对的，但它始终严酷地存在着，提醒着我，警示着我，也鞭策着我。

做专业的主讲人

2012 年，我正式进入到《法律讲堂》主编刘念老师门下，成为“念组”主讲人之一。刘念老师是一名资深的电视人，是从 CCTV-10 加盟到《法律讲堂》的。她对栏目发展责任心之强，过选题、看稿子要求之严，带主讲人经验之丰富，都让我心生敬意。

记得有一次，在北京西站附近，刘念老师拿着电脑，把我录好的《流浪汉与小娇妻》那期节目，从头到尾做了一番详细的评析。她一个镜头一个镜头地指导我，从出场怎么走，到站定怎么开讲，再到中间用什么表情、什么手势、什么语言……这次的点拨，让我找到了自身问题所在，获得了极具针对性的提高方案，对我今后的讲述风格和技巧影响相当大。

虽然每录一期节目都会有多次反复，甚至要推倒重来，但刘念老师总是温和耐心地跟我沟通，不仅在稿子里标注修改意见，还经常打电话跟我直接交流。她的表达不过激，评述不过分，一切都恰到好处，适可而止。无论是QQ，还是微信，她用的最多的表情就是“微笑”。

刘念老师要求我们录制时全身心投入，绝不允许使用提字器。她再三强调：“你如果照着念，那就是‘播’，而不是‘讲’，不是跟观众交流，效果肯定不好。而我们要做的是法律‘讲’堂。”因此，每期约七千字的稿子全都需要我们事先背熟，才能登堂开讲。很多人对此难以置信，连央视名嘴元元都说，让他们这些专业的都来不了。

所以，录《法律讲堂》，要先练就“背”的功夫。但是，这种“背”不是死记硬背，而是理解性表达。为此，我曾向《法律讲堂》的金牌主讲人王芳律师请教。她毫无保留地告诉我她的经验：录的时候要拿出最好的状态，把积累了一个月的情感尽情发挥；头一天晚上的准备很重要；前两段要熟记，接下来要按情节发展去讲述……得到了这番“真传”，确实效果好了很多。因此，我也非常感激她。

在这些良师益友的帮助下，我终于突破了自己的瓶颈，渐入佳境，在《法律讲堂》众多的主讲人中树立起了个人的风格和特色。

《法律讲堂》的演播室没有观众，一个主讲人、两个主讲台、四个摄像机就是全部。每次录制开始，我都会听到导演高虹老师喊：“灯光、音响、摄像各就各位，蓝光走带、进点，姜律师报片名、主讲人姓名，三、二、一，开始!”面对摄像机，我必须声情并茂，我必须全情投入，因为摄像机的背后是喜欢《法律讲堂》的无数观众以及为之付出心血的主编、编导、制片……

爱出者爱返

听说我在《法律讲堂》做主讲人，很多同行都会问我：“你通过这个节目，接的案子多吗?”我说：“实在不多，几乎没有。”然而，做好一期《法律讲堂》的节目，要付出的精力和时间却是太多，太多。从选题到写稿，再到录制、播出，3～4个月是正常周期。

这在很多人看来，是回报率极低的一件事，可我却心甘情愿。因为目前以普法为目的、以律师为主体、时长长达30分钟的栏目似乎只有《法律讲堂》。它为律师提供了一个得天独厚、传播爱与善的普法平台。

一个黑龙江的法官说，她常年看《法律讲堂》，觉得节目特别吸引人，情节总是出乎意料，结尾总是发人深思；

一个张家口的县司法局同志说，他每天看《法律讲堂》，一直在收获着知识和感动；

"说给广播"是《法律讲堂》的忠实观众，对于每一期节目、每一个主讲人都如数家珍，因为他们已经融入了他的生活；

……

《法律讲堂》给了我如此好的平台和展示机会，也为我带来了不少天南海北的咨询者。对于他们提出的问题，我尽力用自己的专业知识予以解答和帮助，但绝不收案、收费。因为我理解他们的焦虑和困难，感念他们对我的信任和关心。由此，我更加珍惜为我带来这一份份善缘的《法律讲堂》。

爱出者爱返。正是《法律讲堂》让我有机会去帮助和关爱更多的人，也让我有机会获得了更多的支持和关爱。

特别的期待

2014年3月1日，星期六，在中国民主法制出版社会议室，《法律讲堂》主讲人出书策划会召开，而我有幸参与，成为2014年《法律讲堂》图书出版的主讲人。会后，我便着手出书工作，从我主讲的经典伦理案例中，精心挑选出收视率高、观众反响强烈、最具社会价值和意义的，整理加工，集结成此书。需要说明的是，本书所涉及的人名、地名、单位名称等都是化名，如有雷同，纯属巧合。

在出版社副总编辑刘海涛老师、版权部主任石松老师、责任编辑董理老师、美术编辑聂强老师的指导和帮助下，几易其稿，这本书终于要面世了。

此时此刻，要感谢的人太多了。首先，我要感谢上文提及的各位老师，谢谢你们对我的指教和爱护。其次，我要感谢家人、朋友一直以来的理解和支持。最后，我还要感谢《法律讲堂》的热心观众。没有这些观众，便没有《法律讲堂》，也没有今天的这本书。

这本书是我特别的期待，也是我特别的爱，献给特别的你们——我人生路上最好的相遇！

姜志强

写于2014年6月17日沈阳飞往三亚的飞机上